资金资助：国家自然科学基金面上项目"创新驱动视角下中国服务业发展政策研究：事实特征、内在机理和政策优化"（71873040）；广东普通高校重点科研平台与科研项目"广东服务贸易可持续发展研究基地"（2019WZJD004）；广东普通高校重点科研平台与科研项目"创新与产业发展研究团队"（2018WCXTD005）；国家自然科学基金面上项目"全球价值链下服务业国际竞争力研究：基于贸易增加值的分析"（71573057）

服务贸易与服务经济发展新范式

基于服务主导逻辑的中国制造业服务化战略

马　鹏　李文秀 ◎ 著

知识产权出版社
全国百佳图书出版单位
——北京——

图书在版编目（CIP）数据

基于服务主导逻辑的中国制造业服务化战略／马鹏，
李文秀著. — 北京：知识产权出版社，2022.4
ISBN 978-7-5130-8087-3

Ⅰ.①基… Ⅱ.①马… ②李… Ⅲ.①制造工业—服
务经济—研究—中国 Ⅳ.①F426.4

中国版本图书馆 CIP 数据核字（2022）第 039667 号

责任编辑：赵　昱　　　　　　　　　责任校对：王　岩
封面设计：韩建文　　　　　　　　　责任印制：孙婷婷

基于服务主导逻辑的中国制造业服务化战略
马　鹏　李文秀　著

出版发行：知识产权出版社 有限责任公司		网　　址：http：//www.ipph.cn	
社　　址：北京市海淀区气象路 50 号院		邮　　编：100081	
责编电话：010-82000860 转 8128		责编邮箱：zhaoyu@cnipr.com	
发行电话：010-82000860 转 8101/8102		发行传真：010-82000893/82005070/82000270	
印　　刷：北京虎彩文化传播有限公司		经　　销：新华书店、各大网上书店及相关专业书店	
开　　本：720mm×1000mm　1/16		印　　张：19	
版　　次：2022 年 4 月第 1 版		印　　次：2022 年 4 月第 1 次印刷	
字　　数：288 千字		定　　价：88.00 元	
ISBN 978-7-5130-8087-3			

前　言

面对国内经济进入新常态、国际产业竞争格局发生重大调整、技术创新出现新模式的"三面夹击",以及发达国家纷纷实施再工业化战略重塑制造业竞争新优势和一些发展中国家积极参与全球产业再分工与国际市场空间的"双向挤压"的严峻挑战,中国制造业在国际竞争中面临着巨大的压力。同时,随着世界工业化呈现出制造业服务化的趋势,美国的先进制造业计划、德国工业4.0以及我国《中国制造2025》都将服务型制造或制造业服务化作为未来制造业发展的方向之一。现有的研究较少关注在全球价值链背景下制造业服务化与制造业国际竞争力之间的关系。本书在经济全球化和全球价值链分工的背景下,以服务经济学、产业融合、产业竞争力等经济理论为基础,综合运用文献分析法、数理模型分析法、比较分析法、面板数据模型分析法等研究方法,对制造业国际竞争力及制造业服务化对制造业影响展开了深入研究,对丰富制造业服务化和制造业国际竞争力的研究、提升制造业国际竞争力、实现制造业转型升级具有重要的理论意义和实践价值。本书的主要研究内容及研究发现包括:

第一,制造业服务化的微观机理。全球价值链下制造业服务化本质是消费者、制造企业和服务提供商围绕服务供需与利润分配的动态博弈过程。一般来说,若博弈双方选择合作时,将会有更多的制造企业加入该产业链中,从而实现总利润的最大化,从而提升制造业国际竞争力。相反,如果消费者、制造企业和服务提供商之间不采取合作策略,本土制造企业服务化的动力就会消失,制造业转型升级难以实现,竞争力提升也必定缓慢。但是,无论是从消费者参与视角，还是从制造企业和服务提供商（服务企业）协调发展以及服务化来源视角来看，制造业服务化策略选择都受经济社会发展水平、制造业本身特征的影响。

第二，基于服务主导逻辑的制造业服务化战略内在机理分析：全球价值链下制造业国际竞争力提升视角。全球价值链下制造业国际竞争力主要取决于一国产业在生产过程中的价值增量（价值创造）及其在国际分工中的价值增值获取能力（价值分配）。理论推导显示，一方面，制造业服务化使制造企业通过技术溢出拓展和创造用户需求并满足差异化需求，通过专业化和服务质量提升以及价值链整合扩展价值、催生更多的高端服务业、提升服务业的技术创新能力和技术溢出效应来增加服务有效供给等，实现价值创造能力提升。另一方面，制造业服务化带来的整体方案设计的完善、集聚程度的上升、标准制定可获得性提高及更多使用本国服务投入都会使全球价值链上制造业分配价值得以增加。

第三，基于服务主导逻辑的制造业服务化战略内在实证检验：全球价值链下制造业国际竞争力提升视角。首先是对制造业服务化和制造业国际竞争力关键指标的国际比较及中国特征，包括整体、不同类型、不同服务来源制造业服务化的特征，以及制造业 GVC 地位指数和出口技术复杂度分析。其次是国际检验，分别利用全球主要经济体的国家面板数据和中国制造业的行业面板数据进行实证检验。最后是中国检验，也进行了相应的分类型验证。

第四，基于服务主导逻辑的制造业服务化策略选择：商业模式创新。按照服务主导逻辑，制造企业服务化的策略有三个商业模式创新的路径：以Facebook 为例的平台构建模式、以利丰集团为例的追求价值网络中的中心企业地位模式和以苹果公司为例的整合解决方案提供模式。按照服务主导逻辑，技术产权交易机构商业模式创新的路径：积极搭建网络交易机构鼓励综合服务与综合商业模式发展、积极搭建新兴产业的技术产权交易机构鼓励商业模式选择创新、深入推进技术产权证券化商业模式的改革试验、推进产权交易机构的企业孵化器功能发展、积极与新兴经济平台合作。

第五，基于服务主导逻辑的制造业服务化战略选择。总体策略是强化制造业服务化意识、增强制造业服务化动力、提升制造业服务化能力和完善制造业服务化环境。对劳动密集型制造行业来说,可加大批发零售业、交通运输业和商务服务业等生产性服务对劳动密集型制造业的投入;对资本密集型制造业,考虑到其对技术操作、资本投入等的高要求,可加大信息传输、计算机与软件服务、金融、商务服务等生产性服务的投入;对技术密集型制造业,加大科学研究和综合技术服务、批发零售服务、交通运输服务、商务服务等生产性服务的投入。对中国来说,通过采取差异化的制造业服务化路径、差异化生产性服务业投入策略、提升我国本土化服务投入水平、重点推进技术密集型制造业的服务化、鼓励新兴生产性服务业发展、促进制造业和服务业融合发展和充分利用"一带一路"倡议等重大发展机遇促进制造业国际竞争力提升。

目　录

第一章 导 论

第一节 研究背景及意义

一、研究背景

近年来，全球经济结构的深刻变化重新塑造了全球生产和贸易格局，改变了商品和服务的生产组织模式。以蒸汽机技术为代表的工业革命推动生产和消费在空间上的第一次解绑，促进了以"商品贸易"为特征的全球贸易体系的形成。信息通信技术的广泛运用再次推动生产和消费在空间上的又一次解绑，促进了以"任务贸易"为核心特征（Baldwin，2010）的全球贸易体系的发展。与此同时，中国制造业实现了快速赶超，建立了雄厚的基础。然而，中国制造业在取得显著成绩的同时，诸多深层次问题也逐渐显现。如产品价格低廉而受到反倾销制裁、产品质量和成分不符国际法则而被召回、核心技术主要依赖进口、产品资源能耗大、低端锁定、产能过剩等。近年来，信息技术进步及其与产业的深度融合正引发产业发展理念、模式等重大变革，制造业服务化日益成为全世界制造业企业应对新一轮竞争的重要手段。再加上当前全球产业竞争格局的重大调整，中国产业发展正面临着国内经济发展环境发生重大变化、技术创新出现新模式的"三面夹击"，以及发达国家纷纷实施再工业化战略重塑制造业竞争新优势和一些发展中国家积极参与全球产业再分工与国际市场空间的"双向挤压"的严峻挑战。所有这些变化与特征在重新塑造各国（地区）间相互依存与相互联动关系的同时，也给传统产业带来了新的竞争压力。同时，制造业服务化逐渐成为我国制造业转型升级的重要路径。《中国制造2025》明确提出，传统制造业要通过智能化和服务化实现转型升级。因此，中国要想实现从"世界工厂"向"世界市场"转变或成就"中国创造"的地位，就必须利用"技术变革"和"产业变革"的机遇，通过制造业服务化提升我国制造业国际竞争力。

与此同时，从20世纪六七十年代开始，西方发达国家从工业经济向服务经济转型的过程中，许多优秀制造企业（例如通用电气、IBM、西门子、惠普、ABB等）积极发展各类与产品相关的服务业务，积极从产品向服务转型，最终成为整合产品和服务品解决方案的提供商（刘世锦等，2010）。向服务转型也成为越来越多的中国制造企业的战略选择，例如海尔正在加速从"制造"向"服务"转型，旨在成为"全球领先、服务引领下的美好家居生活解决方案供应商"，中兴通讯正利用服务战略领跑通信制造业，徐少春正带领金蝶这个曾经单纯卖软件产品的公司向服务转型，奇瑞正酝酿从"生产型制造"转向"服务型制造"，等等。但从发达国家的经验和教训来看，中国制造企业的服务转型并不容易，既与传统的经济发展模式相关，也亟须理论支持。然而，现有的文献回顾显示，国内外的大多数研究还停留在探索层面，严重落后于产业实践，难以对制造企业服务转型战略的制定与实施提供有力的理论指导（Baines et al.，2009）。总的来说，我国制造业服务化发展面临如下机遇与挑战。

1. 服务化已成为全球新趋势

首先，全球经济活动呈现服务化新趋势。从全球发达国家看，制造过程融入越来越多的服务要素，价值增值越来越多体现在服务环节。《2014年中国制造业服务创新调查报告》表明，在国际分工发达的制造业中，产品在制造过程中停留时间仅10%，90%以上时间发生在服务领域。其次，制造业创新呈现服务化新趋势。传统产业创新是强调技术主导创新的,但新一代互联网、个性定制、智能制造等制造业创新都需要加强制造业和信息技术、工业设计、技术服务等高端生产性服务业的深度融合,美国的先进制造业伙伴计划、德国的工业 4.0 战略等,都充分体现了服务化的新趋势。全球制造业巨头通过产业链重组,不断将内部业务外部化,逐渐将加工制造环节转移出去,集中要素资源推行依靠服务实现经营差异化的发展战略,从传统产品制造供应商向产品与服务整体解决方案提供商转变,服务化已经成为引领制造业向高端升级的重要路径,国际竞争已经从企业间竞争转向产业链和价值链竞争。

2. 信息技术进步有利于制造业服务化发展

由于服务产品的特有属性对技术要求极高,随着当前信息技术的高速发展,服务正变得容易储存和交易。新一代信息技术的迅速发展及其与制造技术深度融合,从企业层面来看,更有利于制造企业围绕产品提供附加服务模式、创新产品交易便捷化服务,实现制造业服务化。从产业层面来看,信息技术带来的跨界融合更有利于高技术制造业和高技术服务业的深度融合,从而实现制造业服务化。从区域层面来看,信息技术有利于实现制造业与生产性服务业集聚配套发展,通过制造业服务化带动区域经济的结构转型升级。因此,随着知识经济和信息技术的进步,传统生产要素越来越不那么重要,制造业依靠低成本和廉价劳动力的时代正在终结,转而引发产业发展理念、模式、手段、技术体系和价值链的重大变革,推动制造业服务化发展。

3. 中国制造业转型升级面临重大挑战和机遇

中国已经进入中等收入阶段的增长瓶颈,要跨越中等收入陷阱,提升制造业国际竞争力是关键。信息技术的发展虽使得全球价值链呈现出价值网络变化的趋势,但可以肯定的是,未来五至十年国际垂直产业分工的格局不会发生根本改变,中国制造业必须采取措施从全球价值链的低端向中高端升级。然而,我国服务业发展严重滞后,已经出现了连续20年的服务贸易逆差,通过调整激励机制来刺激服务业投资的发展,不但有助于缓解制造业的产能过剩，而且有助于提高居民部门的相对收入水平，最终助中国跨越中等收入陷阱。而且，随着人口红利的消失，中国制造业原有的低成本扩张战略已难以持续，通过加大制造业的服务投入水平、降低资源能源等物质投入水平来提升中国制造业在全球价值链中的分工地位，实现制造业在全球价值链中的转型升级已迫在眉睫。加上发达国家对中国制造业技术赶超和价值链攀升过程进行严密控制等因素的影响，也迫切需要通过服务化实现中国制造业在全球价值链分工中的地位提升。

4. "服务转型悖论"问题与服务主导逻辑的新视野

目前，制造企业服务转型战略的大部分研究是在商品主导逻辑下进行的，商品与服务的明确区分容易使研究在逻辑上陷入两难境地：虽然强调服务创新是制造企业获得持久竞争优势和高利润的重要战略决策，但将看似"水火不容"的服务与制造这两个对立的要素整合在一个组织内会带来无法避免的内在冲突，降低组织效率，甚至导致失败。而新兴的服务主导逻辑将服务重新定义为为了其他实体的利益而使用某人（企业、机构等）的资源和能力的过程，无论是商品还是服务品都是间接和直接提供服务的一种工具；因此，在较好地解决"服务转型悖论"的同时，将为制造企业服务转型战略带来新的语言、透镜和研究视野。

二、研究意义

1. 拓展商品主导逻辑理论研究的需要

在传统的商品主导逻辑下，商品与服务是明确区分的。该逻辑以商品为中心，以价值的"交换功能"为基础，强调价值由企业创造并通过产品和货币交换在市场上进行分配，是建立在工业经济的假设和模型基础上的（Vargo，Lusch，2004）。基于此，Vargo 和 Lusch（2004）建议用服务主导逻辑来代替商品主导逻辑，将研究的中心从单位产出和价格转移到服务过程上。在该逻辑下，服务不再被简单地看成一种产品，而是为了其他实体的利益而使用某人的资源和能力的过程，无论是商品还是服务品都是间接和直接提供服务的一种工具；服务是一切经济交换的根本性基础，消费者不再是价值的毁灭者，生产者和消费者共同创造价值；所有参与者都是资源整合者，共同组成服务价值网络。显然，因为关注点不同，服务主导逻辑与商品主导逻辑有着不同概念体系，商品主导逻辑体现的是"分"的特征，而服务主导逻辑充分体现"合"的特色，更符合当前经济发展实际。

2. 为我国制造业转型升级提供理论指导

改革开放四十多年，我国一跃成为世界上最大的制成品出口大国，目前已进入经济发展新常态。我国制造业面临丧失成本优势、产能过剩等诸多问题，只有通过加快制造业转型升级，提升制造业国际竞争力，方能保持我国经济持续中高速增长。然而，我国制造业的转型升级之路充满挑战，转型未升级的情况比较普遍，究其原因是我国制造业服务化发展滞后。《中国制造2025》明确指出，不论是提升服务业内部结构方面，还是有效促进三次产业融合方面，制造业服务化都是我国产业升级的必经之路。从国际经验看，通过制造业服务化转型提升制造业国际竞争力也是世界各国普遍遵循的路径。诸如德国工业4.0战略、日本工业复兴计划、美国ESS项目、欧盟FP5－FP7计划、芬兰"创新服务"计划、英国成立"复杂产品系统创新中心"等都是在大力促进制造业服务化发展，努力提升本国制造业国际竞争力。尽管中国制造业近几年在国际贸易中取得了显著成绩，但也应清醒地看到，我国制造业全球价值链分工地位仍然比较低，获取的真实价值远低于发达国家水平。为实现我国产业强国目标，亟须通过制造业服务化发展进而解决制造业低端供给过剩和高端供给不足、资源能耗高和产品附加值低、贸易壁垒高筑和低端锁定等困境。基于此，本书将对世界各国的制造业服务化现状进行分析；从国际和国内两个层面探讨制造业服务化对制造业国际竞争力的影响。研究成果将为中国制造业转型升级提供理论指导。

3. 丰富制造业服务化和制造业国际竞争力研究内容

现有制造业服务化的研究主要关注服务化的概念、服务化的演变阶段、服务化的动力与障碍、制造业服务化的路径、制造业服务化的环境效应、制造业服务化对企业及产业的影响以及我国制造业服务化现状等问题，少有学者对制造企业服务化决策行为的内在机理进行分析，也少有学者研究制造业服务化与制造业国际竞争力之间的关系。目前国际竞争力研究的三大主要领域研究成果（国际经济学、战略管理和发展经济学）虽从各自贡献的学科出发对产业出口竞争力的成因与决定机制进行了论证，但从制造业服务化角度探讨制造业国际竞争力提升的研究并不多。本书在梳理现有制造业服务化和制造业国际竞争力研究成果的基础上，拟以一个进化博弈模型对制造企业服务化决策行为机理进行分析，并在此基础上，研究世界主要发达国家和发展中国家制造业服务化对制造业国际竞争力的影响，然后从中国视角验证上述影响，希望能进一步丰富制造业服务化和制造业国际竞争力的研究内容。

第二节 研究思路、框架与内容

本书的基本研究思路是：从制造业服务化的微观动力机制出发，探讨基于服务主导逻辑的制造业服务化转型的内在机制以及基于服务主导逻辑的制造业服务化提升制造业国际竞争力的理论与实证检验，在此基础上给出基于服务主导逻辑的制造企业服务化商业模式创新和基于服务主导逻辑的制造业转型战略。基于此，本书研究内容共分为八章。

第1章，导论。主要介绍本书的研究背景和研究意义，对相关概念进行界定，确定研究的思路、框架、内容和方法，以及主要创新点。

第2章，相关文献综述。本书在对制造业服务化概念及其演进的基础上，从服务主导逻辑、制造业服务化、制造业服务化与制造业国际竞争力关系三个方面对现有相关文献进行梳理。总体来看，制造企业服务转型的重要性和必要性已得到人们的广泛认同，但转型并不容易，面临诸多挑战；国内外的大多数研究还停留在探索层面，严重落后于产业实践，难以对制造企业服务转型战略的制定与实施提供有力的理论指导（Baines et al.，2009）。现有文献多从某一个方面如消费者、分销商、生产服务企业、制造企业等方面分析制造业服务化发生的内在机理，很少从制造业服务化的利益相关者角度综合研究制造业服务化的发生机理；有关制造业国际竞争力的相关研究，从制造业服务化的角度去探讨的成果并不多，且制造业竞争力的测度要么是关注其价值创造、要么是关注其价值分配，两者结合起来的较少。

第3章，制造业服务化转型的微观机理。本书认为制造业服务化本质上是消费者、制造企业和服务提供商（或服务企业）三大利益群体围绕服务中间产品的服务化供需和服务化利润的分配进行的动态博弈。但无论是从消费者参与视角，还是制造企业和服务提供商（服务企业）协调发展以及服务化来源视角来看，制造业服务化策略选择都受经济社会发展水平、制造业本身特征的影响。因此，从服务主导逻辑视角来看，制造业服务化战略既需要考虑消费者、制造企业与服务提供商之间的协同，还需考虑不同经济发展水平、不同制造行业以及国外服务化和国内服务化的差异。

第4章，基于服务主导逻辑的制造业服务化战略内在机理分析：全球价值链下制造业国际竞争力提升视角。本书认为第三次科技革命导致价值导向从商品主导逻辑转向服务主导逻辑，而从服务主导逻辑视角来看，制造业服务化目的是在全球价值链中创造和分配更多的价值，从而实现制造业国际竞争力的提升。基于此，本书在理论分析基础上构建了服务主导逻辑下基于制造业服务化的制造业国际竞争力提升的理论框架。

第5章，基于服务主导逻辑的制造业服务化战略的实证检验：全球价值链下制造业国际竞争力提升视角。本书不仅对制造业服务化和制造业国际竞争力关键指标进行国际比较，还构建制造业服务化对制造业国际竞争力影响的计量经济模型，对服务主导逻辑下基于制造业服务化的制造业国际竞争力提升的内在机理进行国际验证和中国验证。

第6章，基于服务主导逻辑的中国制造业服务化策略选择：商业模式创新。本书结合前述理论和实证分析认为，中国制造业服务化本质上是商业模式的创新。基于此，本书从服务主导逻辑出发，不仅以 Facebook、利丰集团和苹果公司为例探讨中国制造企业商业模式创新选择的路径，也分析了中国技术产权交易机构商业模式创新的路径。

第7章，基于服务主导逻辑的中国制造业服务化战略选择。本书在前述理论和实证研究的基础上，从强化制造业服务化意识、增强制造业服务化动力、提升制造业服务化能力和完善制造业服务化环境四个方面探讨中国制造业服务化战略选择，并探讨通过制造业服务化实现中国制造业国际竞争力提升的路径。

第8章，研究结论与展望。本章给出本书的研究结论，并在研究结论的基础上给出相对应的政策启示，最后分析了本书的研究不足与今后主要努力的方向。

第三节　研究方法

一、文献分析法

本书通过梳理国内外文献，全面了解国内外学术界关于服务主导逻辑、制造业服务化和制造业国际竞争力的最新理论成果，包括商品主导逻辑和服务主导逻辑的转化、制造业服务化、制造业国际竞争力、制造业服务化与制造业国际竞争力关系等相关研究成果，以期为本书写作提供扎实的理论基础及实证依据。同时，在现有文献分析的基础上指出，按照服务主导逻辑，全球价值链视角下制造业在国际市场上的竞争力提升主要关注价值创造和价值分配两个方面，并从制造业服务化如何影响制造业价值创造和价值分配能力的视角对全球价值链下制造业国际竞争力提升的内在机理进行刻画和分析。

二、数理模型分析法

本书在制造业服务化和进化博弈相关理论基础上，构建一个进化博弈模型，分别从消费者、制造业和服务业协调发展视角以及服务化来源视角，对制造业服务化的内在微观机理进行理论推导。此外，本书还尝试建立数理模型对全球价值链视角下的基于制造业服务化的制造业国际竞争力提升进行分析，运用比较静态分析和数值模拟等方法考察制造业服务化是如何影响制造业的价值创造能力和价值分配能力而实现制造业国际竞争力的提升。

三、比较分析法

本书在分析制造业服务化程度和制造业国际竞争力时，运用各个国家的相关数据测算世界主要国家（地区）的制造业服务化的程度以及不同要素密集度的制造业服务化程度，并对制造业服务化中的服务来源分国内外进行对比分析。同时将出口技术复杂度和GVC地位指数这两个传统指标相结合，用来衡量一国（地区）制造业国际竞争力，并进行国际国内比较分析。

四、面板数据模型实证分析法

考虑到全球价值链下制造业国际竞争力的价值创造主要体现在制造业出口技术复杂度方面；价值分配主要体现在全球价值链中的国际分工地位方面，本书运用跨国面板数据建立计量模型，对制造业服务化指数与制造业出口技术复杂度之间的影响、制造业服务化指数与制造业GVC地位指数之间的影响进行了实证研究；同时运用中国行业面板数据，建立面板数据计量经济模型，对中国制造业服务化指数与制造业出口技术复杂度提升进行总体和分要素密集度的实证研究，对中国制造业服务化指数与制造业GVC指数进行总体和分要素密集度的实证研究。

第四节　主要创新点

一、研究全球价值链下制造业服务化的价值导向应从商品主导逻辑转向服务主导逻辑

本书认为，与工业革命早期的技术和社会背景相适应的商品主导逻辑源于商品与服务可以明确区分，且价值是企业以商品的形式创造并可进行交换。但以信息技术和网络技术为特征的第三次科技革命使得商品和服务品的明确区分不仅相当困难，且成为一种负担，价值是企业和顾客共同创造的。因此，研究全球价值链下制造业服务化提升制造业国际竞争力的内在机理必须从服务主导逻辑视角展开。

二、从服务主导逻辑来看，制造业服务化对制造业国际竞争力影响要从全球价值链下价值创造和价值分配视角去探讨

本书认为，按照服务主导逻辑，全球价值链视角下制造业在国际市场上的竞争力提升不仅体现在制造业的价值创造能力的提升上，还体现在制造业在全球价值链中所获得的价值分配能力的提升上。从价值创造角度来看，全球价值链下生产性服务要素对制造业技术水平与技术复杂度提升发挥着越来越重要的作用，制造业服务化可以通过技术导入、技术溢出提升制造业的技术创新能力和满足个性化需求，通过专业化分工和价值整合来创造更多的价值，也可以通过价值链升级、整体方案设计的完善、集聚程度的上升、标准制定的可获得性提高以及更多地使用本国服务投入，提升在全球价值链中利润分配能力。

三、多维度测度制造业服务化程度

不仅从国家层面和产业层面测算国际国内制造业服务化程度，而且区分要素密集度，并对制造业出口中服务附加值贡献来源的国内外差异进行分析，从而为政策制定提供一定的事实依据。

无论是从消费者参与视角、制造业和服务业协调发展视角，还是制造业服务化来源视角，制造业服务化策略选择都受经济社会发展水平、制造业本身特征的影响。因此，不同经济发展水平的国家或地区以及不同类型制造业服务化特征是存在差异的。而且，从全球价值链角度来看，制造业服务化还涉及服务投入来源的国内和国外差异。基于此，本书不仅从国家层面分要素密集型对世界各国（地区）制造业服务化程度（测算了不同维度的服务化指数）的事实特征进行比较分析，还从产业层面分要素密集度对中国制造业服务化程度进行分析。此外，还对制造业出口中服务附加值贡献来源的国内外差异进行比较分析。通过多角度测度制造业服务化程度，为政策制定提供一定的事实依据。

第二章　相关文献综述

第一节　服务主导逻辑的相关研究

一、商品主导逻辑的相关研究

20 世纪 90 年代，以 Gereffi（1999）为代表的学者提出了全球商品链理论，集中探讨了包括不同价值增值部分的全球商品链的内部结构关系，并研究了发达国家的领先公司如何形成和控制商品链发展的问题。如 Gereffi（1994）通过研究一些分散在世界范围内、不同环节之间又相互联系的生产体系后，发现许多价值链都是由一个或几个支配者在进行协调，通常占据价值链中的战略环节，由此决定了整个价值链的基本特征；Koichi Shimokawa（1994）从生产效率和制度方面指出，全球商品链使得对每一个零部件而言，外部资源所占的价值比重提高，从而从总体上降低了商品链中每个企业的平均负担和责任，大大提高了专业化的水平，并赋予企业生产组织上的高效率及生产工艺适应消费需求的高度制度化；Hyung Kook Kim 和 Su－Hoon Lee（1993）从协调成本和整条商品链协调运转方面研究指出，在整条商品链上，核心企业一方面选择并控制了关键或核心环节，并通过约束性很强的特许经营及部分程度上的前向一体化成功地实现前相关联，另一方面通过俘获性的后相关联进而控制了零部件供应，因而得以控制整条商品链；与此同时，不少学者从区分传统垂直一体化和全球商品链的优劣方面对全球商品链进行了研究，如侯若石（2003）认为，全球商品链由传统的垂直一体化——"全能"企业的内部化分工转化成了社会化的专业性分工，是一种更先进的生产组织方式，它突破了股权控制关系为纽带的现代企业产权制度的局限性；彭绍仲、李海舰等（2005）认为，与传统的垂直一体化相比，全球商品链将外部非确定性交易契约变成内部相对稳定的长期合约，降低或减少了通过外部市场交易带来的不确定性；李晓华（2005）认为全球商品链带来的专业化分工水平的提高，赋予了企业在生产组织上的高效率以及生产工艺适应消费需求的高度制度化，因而突破了传统垂直一体化——"全能"企业容易僵化的科层体制及内部人控制所带来的效率陷阱和制度局限。后来，研究者按这一逻辑，研究了制造企业的服务转型。但正如 Baines 等（2009）对能搜到的 58 篇文献进行系统性回顾后指出：尽管研究者不断强调制造企业转向服务的重要性，但这类研究多是描述性和概念性的，是基于案例研究和深度访谈的探索性研究，且主要发表在《哈佛商业评论》《工业营销管理》等管理和商业实践导向的期刊上，还缺乏实证性研究来概化研究发现。与此同时，这些研究主要是针对美国和欧洲的资本商品产业，而对消费商品产业研究比较少，对大型企业研究比较多而对中小企业研究少，几乎没有对发展中国家的相关研究。更重要的是，目前对制造企业服务转型的研究似乎会陷入"服务转型悖论"（Service Transition Paradox）之中：虽然强调服务创新是制造企业获得持久竞争优势和高利润的重要战略，但将看似"水火不容"的服务与制造这两个对立的要素整合在一个组织内会带来无法避免的内在冲突，降低组织效率，甚至导致失败。造成这一现象的根本原因是大多数研究者坚持认为产品和服务品是明确区分的，其背后体现的是建立在工业经济的假设和模型基础上的商品主导逻辑（Goods Dominant Logic）（Vargo, Lusch, 2004）。

按照商品主导逻辑，商品处于中心位置，而服务被认为是"次优"产出。

在新古典经济学的世界里，"生产性"商品自然处于中心位置，而"非生产性"的服务则被定义为不是商品的产出，并具有服务的 IIHP 特性（Valarie et al.，1985）。这实质上是将服务作为商品残余的产物，是一种特殊且次优或低等的商品，目前大部分国家对经济分类经常使用的三部门模型充分反映了上述特点。而且，在商品主导逻辑下，企业作为价值创造者成为主角，而顾客是价值的毁灭者。在新古典经济世界里，只有劳动才能创造价值。

概括起来，在商品主导逻辑下，要么将视野局限于产品服务连续体中服务与产品的所占比重确定上（Tsai Chi Kuo et al.，2010）。要么在组织要素安排上产品与服务品的明确区分自然会导致制造企业与服务企业在组织上存在明显的差异，进而使得服务管理原则通常不被传统的制造企业认同（Sandra Vandermerwe et al.，1998）。而制造企业的服务转型是将服务导向的组织性安排要素添加或替代到制造企业里。但是这意味着会在同一组织内整合混合组织性要素，会给服务转型的过程带来内在的困扰、紧张甚至冲突（Evert Gummesson et al.，2003）。因此，商品主导逻辑是明确区分商品与服务的（Richard Normann，Rafael Ramirez，1993），这与经济发展现实不符。基于此，本研究拟在对商品主导逻辑进行研究的过程中，重点关注商品主导逻辑下的价值创造与占有机制，为后面研究服务主导逻辑中的价值创造与占有机制奠定基础或提供思路。

二、关于服务主导逻辑的相关研究

商品主导逻辑是与工业革命早期的技术和社会背景相适应的，但是在信息革命和全球化的今天，商品和服务品的明确区分不仅相当困难，而且成为一种负担（Evert Gummesson，2008）。在发达国家处于次优地位的服务部门却超越制造部门成为经济主体，这种趋势在中国等发展中国家也越来越明显，这到底是进步还是退步？为此，Vargo 和 Lusch 建议用服务主导逻辑来代替商品主导逻辑，将研究的中心从单位产出和价格转移到服务过程上来。与商品主导逻辑的"分"的特色刚好相反，服务主导逻辑充分体现"合"的特色：

（1）服务是一切经济交换的根本性基础，所有经济都是服务经济；（2）顾客不再是价值的毁灭者，企业和顾客共同创造价值；（3）所有参与者都是资源整合者，共同组成服务生态系统或服务价值网络。于是，一些学者开始将服务主导逻辑运用到制造企业服务转型的研究中。例如，Bjurklo 等（2009）提出制造企业应将它们的战略聚焦从传统聚焦交易转移到长期的顾客关系上；Sebastiani 和 Paiola（2010）认为可以用服务主导逻辑形成服务创新路径，指导制造企业的服务转型；Cova 和 Salle（2008）进一步认为在服务主导逻辑下，制造企业的服务转型不应仅仅局限于设计自身产品和服务品的组合，而且还规划整合服务生态系统的服务架构和产业架构，从而取得架构控制权；等等。

总的来说，因为关注点不同，服务主导逻辑与商品主导逻辑有所不同。而且，服务主导逻辑是 20 世纪 70 年代以来服务研究的有效结论的一种整合，主要是为我们提供一种思考经济交换中的价值和价值创造的新思维逻辑和范式（哲学和精神层面的），进一步的理论化工作才开始（Roderick J. Brodie，Michael Saren，Jaqueline Pels，2011）。基于此，本研究拟在前人研究的基础上，借用文献计量学的方法，建立服务主导逻辑的研究范式，并在这一范式下研究价值的创造与占有机制，为后面研究服务主导逻辑下全球价值链上的价值共创与利益分配机制提供新的语言、透镜和研究视野。

第二节　制造业服务化相关研究

从 20 世纪中期开始，随着技术革新的加快和全球化的加深，制造业竞争愈加激烈。在此背景下，西方发达国家国民经济中的服务业比重快速增加，经济结构逐步实现了从"产品经济"到"服务经济"的转变，制造企业纷纷向服务转型。例如，传统的制造企业 IBM 已经从一个产品制造商逐步转变为一个服务提供商，其经济表现为，在制造业投入环节出现越来越多的服务要素，在制造业产出环节出现越来越多的服务产品，西方称之为制造业服务化。制造业服务化现象引起了实务界和学术界的广泛关注，甚至有学者认为制造企业本质上也是服务企业（Berryand Parasuraman，1991），还有学者更加极端地认为，所有的企业从某种意义上来说都可以被看作服务企业（Bitner，1997）。国内外学者在深入研究制造业服务化概念及其演进的基础上，分别从企业和产业两个层面对制造业服务化现象进行了全面的研究和探讨。

一、制造业服务化概念及演进

由于制造业服务化现象发生于西方发达国家，学术界首次提出制造业服务化概念的是西方学者 Vandermerwe 和 Rada，他们认为制造企业服务化是指制造企业为了提升核心产品价值，需要经历从单单提供物品向物品 + 附加服务转变，进而向产品服务包（bundles）演变的三个阶段，服务在其中处于核心地位，同时也是增加值的主要源泉（Vandermerwe，Rada，1988）。随后，西方不少学者在 Vandermerwe 和 Rada 的研究基础上对制造业服务化概念的内涵和外延进行了深入研究，从不同视角对制造业服务化的概念进行了分析阐述。White 等学者在 Vandermerwe 和 Rada 提出的三阶段理论的基础上，提出了制造业服务化四阶段理论，即在三阶段理论的基础上增加第四阶段即提供物品的服务或功能，界定了制造业服务化演进终结阶段（White，Stoughtonand Feng，1999）。由此，学者认为制造业服务化本质上是指制造企业从以生产有形物品为中心转变为以提供服务为中心（Reiskin，White，Kauffman Johnson，Votta，2000）。制造企业不是卖产品，而是卖产品的功能或服务，并由此提出物品 - 服务连续区理论来揭示这一转变过程（Fishbein，McGarryand Dillon，2000）。

有学者对比分析了服务化前后的经营模式，研究认为制造业服务化不同于传统模式，制造企业应保留产品所有权并负责维修，消费者向企业支付使用费用，从而享受产品的各项功能（Toffel，2002）。有学者从制造企业服务要素所占比重的角度进行了分析论述，认为服务要素的地位日益重要，服务要素不仅体现在制造企业的产出上，也体现在制造企业的投入上；不仅消费者对产品的服务要求增加，制造企业内部对服务的要求也在增加（Szalavetz，2003）。有学者从服务提供类型视角展开了研究，例如从消费者服务需求的角度分成支持消费者产品和支持消费者行为两种服务提供（Mathieu，2001）；从与顾客互动视角分为立足于交易服务提供和立足于关系服务提供两种（Oivaand Kallenberg，2003）；在研究制造业服务化的过程中，部分学者从营销学的角度，提出了服务主导逻辑（Vargo，Lusch，2004）的概念，该概念颠覆了之前的商品主导逻辑的理论，对制造业服务化研究起到了极大的促进作用。Vargo 从九个不同维度分析了商品主导逻辑和服务主导逻辑在价值创造方面的不同，认为服务主导逻辑是一种全新理论（Vargo et al.，2008）。有学者从企业战略层面对制造业服务化的概念进行了总结，从两个维度把制造业服务化战略分成多方供应商营运、自有产品营运、自有产品附加和第三方产品附加等四种服务战略（Raddats，Easingwood，2010）。

国内学者也对此进行了研究。郭跃进（1999）认为制造业服务化是对原制造业功能的拓展，也是企业产品价值和使用价值的延伸。蔺雷和吴贵生首先提出"制造业服务增强"概念，认为具体体现为两个方面：基础性增强和提升性增强。前者指的是服务增强了产品竞争力，后者指的是服务增强了价值创造（蔺雷、吴贵生，2005）。刘继国（2006）基于迈克尔·波特价值链理论对制造业服务化概念进行了研究，他认为服务化可分为投入服务化和产出服务化，制造企业为获取竞争优势会更加关注价值链中的服务环节。孙林岩等在研究制造业服务化概念时，首次使用了"服务型制造"的概念。他认为：服务型制造是一种新的业态，也是一种先进的制造模式，该模式把制造与服务充分融合，实现价值链中各利益相关者的价值增值（孙林岩等，2007）。除了以上研究，周大鹏认为：制造业服务化从微观层面来说，是一种差异化的经营策略；从中观层面来说，是产业转型升级的需要；从宏观层面来说，是新时代发展的必然趋势（周大鹏，2010）。国内学者邱文宏等通过案例分析认为，制造业服务化可分为产品导向服务化和顾客导向服务化两种情况，从战略层面把制造业服务划分为本业差异性服务化等四种战略（邱文宏、林宏嘉、纪慧如，2015）。有学者基于服务生态系统从价值共创的视角研究了制造业服务化，研究认为制造业服务化的价值共创来自制造和服务的深度融合，在服务生态系统中完成，是一个从低级往高级发展的过程，制造企业必须根据自身情况选择适合企业自身的价值共创模式（令狐克睿、简兆权，2017）。有学者从价值网络的视角，分析了制造业服务化价值共创的机理，提出了核心企业和其利益相关者利用价值网络实现价值共创的路径，揭示了制造企业价值共创的原理（李靖华、林莉、闫威涛，2017）。

综上所述，国内外学者分别从过程和结果两个角度对制造业服务化概念的内涵和外延进行了界定，认为制造业企业通过服务化转型，可以实现价值创造。

二、制造业服务化动力

国内外学者从不同角度对制造企业服务化动力源进行了深入研究。首先，制造企业通过服务化可以满足消费者需求增加市场机会。从顾客需求角度，研究认为顾客需求不再单单满足于物品本身，对服务的需求也日益增加，制造企业应为此进行改变，以便及时满足消费者需求（Vandermerwe，Rada，1988）。消费者的需求复杂多变，对于实物产品而言，很难满足消费者不断升级的需求，制造企业通过服务化提高产品服务比重，会有效增加消费者满意度和依赖度，制造企业通过提供增值服务确实能创造更多的市场机会（Mathe，Shapiro，1993；Gebauer et al.，2006；Correa et al.，2007）。随着产品复杂度提高和升级换代加快，消费者更愿意购买整体解决方案的一体化服务产品，产品相关的服务将决定消费者的购买决策（Mathieu，2001；Gebauer，Fleisch，2007）。因此，制造企业如能及时有效提供增值服务，增加和消费者的沟通机会，并成功建立和消费者的信任关系，将能帮助企业销售更多的产品（Gebauer，Fleisch，2007）。有学者研究发现，处于成熟期阶段的制造企业通过创新服务产品，尽可能满足消费者的多元化需求，从而赢得竞争优势，最终可以增加企业自身收入（Kastalli，Looy，2013）。综上研究发现，制造业服务化能通过满足消费者需求，增加消费者满意度，从而巩固并扩大有效市场份额。

其次，制造企业通过服务化可以构建自身竞争优势增加企业绩效。企业对绩效的关注和追求是一种本能。在激烈的市场竞争中，如何构建竞争优势是增加企业绩效的唯一路径。创造竞争优势是制造企业服务化最为重要的动力来源（Vandermerwe，Rada，1988）。制造企业通过服务化产品提供，能从顾客那里获得更高的边际利润和相对稳定的收入来源（Wise，baumgartner，1999；Sawhney，2004；Ward，Graves，2005；Malleret，2006）。实物产品更多地满足消费者一次性消费需求，并且边际效应递减。但如果产品中服务比重较高，就能增加客户黏性，巩固市场份额。同时，实物产品可复制性强，而服务产品不容易复制，非常有利于避开激烈竞争，形成有效的竞争壁垒，创造差异化竞争优势，从而增加企业绩效。学者经研究认为，服务提供具有无形、异质、易逝和消费同步的特点，这些特点是形成以上影响的主要因素，也是与传统实物产品的主要区别（Mathieu，2001；Gebauer，Friedli，Fleisch，2006）。有学者通过对航空引擎维护、办公设备安装、电子通信设备技术升级等企业的研究发现，通过提供技术服务所获得的收入是实物产品收入的一到两倍（Wise，Baumgartner，1999）。制造企业通过服务化可以使得经济效益增加，同时降低不可再生资源投入，减少环境污染（White，Stoughtonand Feng，1999；Mathieu，2001；Olivaand Kallenberg，2003）。有学者通过案例研究认为，市场竞争压力会促使制造企业采取服务化战略，从而帮助企业增强市场竞争优势（Olivaand Kallenberg，2003），有学者研究了安装业务为主的制造企业，发现收入潜力很高，认为主要是企业提供的增值服务改变了企业绩效（Slack，2005）。有学者研究认为，提供服务的利润比销售产品的利润更高，收入波动性更小，现金流也更加稳定（Gebauer，Fleisch，2007）。综上研究发现，通过制造业服务化不仅可以帮助企业构建自身竞争优势，而且可以增加企业绩效。

最后，核心制造企业服务化有利于供应链上下游各方利益的协调。学者经过实证研究后提出了双螺旋轨迹模型，该模型包含了制造企业、零售商和顾客，研究发现供应链各环节在制造业服务化过程中起到积极的促进作用（Hobo，Watanabe，Chen，2006）。还有学者运用实证研究方法研究了服务化对制造企业经营绩效的关系，发现制造企业绩效与服务化程度存在 U 型曲线关系，得出了服务化制造企业经营业绩比纯制造企业整体上都要好的结论（Neely，2008）。另外一些学者从制造业服务化的模式、系统和创新等角度，用仿真模拟研究方法对纺织行业进行了研究，提出了更具优势的操作服务系统（Engin，2009）。也有学者以五大航空公司为例，对具体的服务化模式进行了分析总结（Jagtap，Johnson，2010）。综上，制造业服务化通过供应链上下游各方利益的协调，实现供应链高效运作，从而提升供应链各环节的价值。

相对于国外学者的研究，国内学者更多从企业内部分析了制造企业服务化的动力来源。有学者研究认为，制造企业中生产性服务比重的增加降低了企业的交易成本（吕政、刘勇、王钦，2006）。有学者研究认为，制造业服务化在专业优势、网络协作和消费者体验三个方面有利于提升企业的创新能力（石学刚、齐二石、姜宏，2012）。有学者研究认为，服务化对制造企业作用明显，除了能实现产品附加值提升和规模经济外，通过降低生产过程中的协调成本也能提高企业绩效（周大鹏，2013）。有学者研究认为，通过制造业服务化，在提升制造企业高技术产品比例的同时实现规模经济（刘斌、王乃嘉，2016）。有学者研究认为，制造企业提高绩效通常有增加收入、降低成本和交易费用两种方式，这些均可通过制造业服务化来实现（徐振鑫、莫长炜、陈其林，2016）。有学者研究认为，面对日益复杂的内外部环境，服务化能给制造企业带来战略利益，成为制造企业战略转型的重要驱动力量，有利于传统制造企业摆脱激烈的市场竞争，构建新的竞争优势（周名丁、胡查平，2016）。

综上所述，国内外学者认为制造业服务化的动力源主要体现在以下三个方面，分别是满足顾客需求，增加市场机会；创造竞争优势，增加企业绩效；通过协调供应链上下游利益关系，提升供应链运作效率，从而增加供应链上下游各环节价值。

三、制造业服务化影响因素及挑战

虽然通过服务化可以使制造企业增强竞争优势，获得更多收益。对于传统制造企业而言，服务化的过程是为消费者创造价值的过程，是从产品主导到服务主导的转变（Gebauer et al.，2005；Gebauer et al.，2010）。同时也是企业发展战略的转变。需要制造企业进行资源重置、组织重构和文化再造，需要企业员工进行观念革新和技能提升，也需要处理好上下游合作伙伴的关系（Slack，2005a；Baines et al.，2009；Veronica et al.，2010）。制造企业服务化后也会有新的定价和营收模式，需要新的组织形式匹配和新的价值观（Araujo，Spring，2006），需要企业上下理解一致、行为一致和目标一致（胡查平、江涛，2013），需要将更多职责和决策权赋予公司服务一线的员工（Zeithaml，2014）。因此，对于制造企业而言，服务化的影响因素众多，服务化过程充满挑战。

对于制造业服务化的影响因素，国外学者从不同角度进行了研究。有学者从企业内部组织角度进行了研究，认为不同组织面对服务化的态度是不一样的，对某些组织而言，服务化带来机遇，而对某些组织而言，带来的可能是威胁，会在服务化具体实施的过程中遇到阻力（Mathieu，2001）。有学者从消费者角度进行了研究，认为服务化产品不像实物产品那么具体，要想让消费者接受服务化产品，制造企业就必须提供更有价值的解决方案（Meijkamp，2000）。有学者从零售商角度进行了研究，认为对于零售商而言，希望通过销售更多的物品获取利润，但制造企业服务化进程会导致物品销售量下降，损害其利益（Cooperand Evans，2000）。有学者从企业面临风险的角度进行了研究，认为制造企业服务化过程中存在现金流不确定的风险，因为企业通过销售物品获得短期利润确定性较高，但通过提供服务获取中长期利润就会变得不太确定，制造企业面对这样的不确定风险时会有较大压力，影响服务化进程（Mont，2002）。除了以上研究，也有学者从员工技能提升和组织惰性等角度对此进行研究。因为员工的技能在服务化产品交付的过程中，会带给消费者个性化的感受，有利于企业形成竞争优势（Weeks，Plessis，2011）。也有学者研究发现，制造企业服务化的过程中，组织惰性表现出很强的抑制效应（Veronica et al.，2010）。以上这些因素影响着制造企业服务化进程，导致部分制造企业服务化进程相当缓慢。

国内学者也从不同角度研究了服务化的影响因素。有学者从分销服务化的角度，研究了分销环节服务要素的投入对企业声誉和品牌的影响（聂辉华、李金波，2008）。有学者经过研究认为，影响制造企业服务化的因素不仅仅要求拓展业务领域范围，还需要提升技术水平、管理水平以及企业的外部制度环境水平（顾乃华，2010）。还有学者从市场供需的角度分析了知识对制造企业服务化的影响（李国昊、陈超、罗建强，2014）。有学者则选取装备制造业，分析了环境和组织对制造业服务化的影响（綦良群、赵少华、蔡渊渊，2014）。基于此，学者认为制造企业需要获取最新的消费者需求信息，通过流程再造和激励机制重塑，培育新的资源整合关系管理能力，促进服务化进程（方润生、郭朋飞、李婷，2014）。有学者认为，对于制造企业服务化后更加复杂的服务产品提供，企业需要在组织、流程和文化等方面进行变革（姜黎辉，2016）。学者孙文清从企业文化视角，通过构建制造企业绩效与服务提供关系模型分析了不同企业文化下员工胜任力对企业绩效的调节效应。研究发现，积极的企业文化对制造业服务化绩效具有正向调节作用（孙文清，2016）。有学者利用国内上市制造企业的数据，分析了生命周期对制造企业服务化战略选择和绩效的影响。研究发现相对于成长期和成熟期的企业，处于衰退期的制造企业选择服务化战略的意愿尤为强烈。相反，处于成熟期的企业，服务化对绩效提升帮助最大，而处于衰退期的企业则不明显（陈丽娴、沈鸿，2017）。有学者对制造业和生产性服务业进行了互动演化博弈分析，找出了制造业服务化的影响因素，认为服务化成本、协同创新水平和利润分配制度等对服务化具有显著影响（束端、隆艳平、刘艳，2017）。有学者研究发现，相对于研发投入，制造成本越低越有利于企业服务化，另外包括行业中服务化企业数量、市场份额、规模、寿命和体制等均是制造企业服务化的影响因素（李强、原毅军、孙佳，2017）。

以上影响因素的存在给制造企业服务化带来了挑战。有学者首先从组织文化层面进行了研究，发现以服务提供为主的组织文化和以实物产品提供为主的组织文化存在明显不同，前者更加关注消费者满意度和企业竞争优势，而后者更关注产品和企业自身（Oliva，Kallenberg，2003；Brax，2005；Slack，2005b）。组织文化的变革对制造企业服务化转型成功至关重要（Gebauer et al.，2005）。另有学者研究发现，制造企业未实现服务化转型之前，员工对消费者需求理解不足导致响应迟钝（Veronica et al.，2010）。还有学者从价值共创的角度进行了研究，研究发现，增值服务在价值共创中起关键作用，如何通过供应链上下游以及消费者的合作实现价值共创，是制造企业服务化面临的重要挑战（Stephen，Paul，Melissa，2008）。服务主导逻辑理论出现后，不少学者从服务主导逻辑的视角研究了价值共创的问题，强调了消费者在价值共创中的作用，企业必须面对因此带来的挑战（Ballantyne，Varey，2006）。产品服务系统其实是系统网络各方共同参与的结果，因此，制造企业想打造一个行之有效的产品服务系统，必定会对企业的生产方式和资源调配能力带来巨大挑战（Gadrey，2000）。由此看来，随着市场竞争的日益激烈，制造企业在从以有形产品制造为主向技术知识含量更高的服务产品提供为主过渡的过程中，组织绩效管理难度不断增大，企业生存发展压力也在不断增大（Howard，Caldwell，2011）。

同时，制造业服务化并不总是有利的，研究发现，部分制造企业服务化转型后，净利润比转型之前还低，即存在"服务化悖论"。制造业服务化会对制造企业竞争力和绩效产生负面影响，如果想提高利润，就必须突破服务化转型障碍。组织设计影响制造业服务化的成效，传统制造企业落后的组织体系会阻碍服务提供的开展（Brax，2005）。同样，也有国内学者从组织设计的角度分析了制造业服务化面临的挑战，在考虑互联网和价值共创等因素下，指出了制造业服务化转型背景下不同类型企业的组织结构匹配类型及演进趋势，并认为服务导向的企业文化有利于制造业服务化实施（简兆权、刘晓彦、李雷，2017）。有学者研究发现，如果生产服务处于低端，盲目加大服务投入会导致制造企业成本的上升和管理难度的加大（Gebauer et al.，2005）。当制造企业产品的生产成本比较高，比较适合提供服务化产品；如果企业产品的生产成本比较低，则适合提供物理产品而不宜服务化（Okuda，Nishino，Ueda，2012）。研究发现，制造企业的绩效和服务化不是简单的线性关系而是一种非线性关系，不是所有制造企业都适合服务化，只有当服务化投资达到一定规模时，制造企业才能从服务化中获利（Ivanka，Bart，2013）。同时，研究发现当制造企业面临激烈的竞争，需要提供高水平的服务产品时，服务化对制造企业而言就是好的竞争战略（Sunghee，Shijin，Daeki，2016）。有中国学者研究认为，制造企业的服务化除了业务领域要求更高，对企业运营管理体系和技术知识资源要求也更高（顾乃华，2010）。还有学者从资源和惯性的角度分析了制造企业服务转型的阻力，认为由于这两种刚性力量存在惰性，会使制造企业服务化转型面临阻力（赵亚普、张文红，2012）。也有国内学者研究认为，制造业服务化与企业绩效呈现一种非线性关系，并非线性关系（陈洁雄，2010；徐振鑫、莫长炜、陈其林，2016）。

综上所述，国内外学者分别从组织内部和外部两个方面研究了制造业服务化的动力、影响制造业服务化的具体因素，以及制造企业服务转型面临的障碍与挑战。以上研究有助于认识制造企业服务化的微观规律，了解制造业服务化的影响因素，帮助企业和相关部门采取有效措施加快制造业服务化发展。

四、全球价值链下制造业服务化的测度

构建有效的制造业服务化评价指标有利于衡量制造业服务化程度。Bowen和Wadley（1989）认为，对于制造企业而言，和产品相关的服务种类和数量以及服务质量与产品战略的关系是衡量制造企业服务化水平的指标。蔺雷和吴贵生（2007）认为衡量制造业服务化程度应该从服务产出的质量和服务要素的投入数量两个角度进行。刘继国（2008）认为产出服务化应该包含服务数量、服务广度和对服务的重视程度三个维度。姜铸和李宁（2015）则把制造业服务划分成投入和产出服务化两个维度，服务数量、广度和对服务的重

视程度是产出服务化的衡量指标，而投入服务要素的数量、成本和重要程度是投入服务化的衡量指标。王术峰和李松庆（2016）则认为制造业服务化测量维度应反映服务化结果及实施前后的差异程度，测量服务化程度的指标应包括服务数量和广度两个维度。

现有文献多从产业和企业层面进行测度。从企业微观层面对制造业服务化投入测算的方法目前主要有三种：一是采用全球上市公司数据库中上市公司的数据，计算提供服务业务企业数量的比例以及服务收入占总收入比例等指标；二是通过问卷调查分析制造业服务化投入情况（Neely，2008；黄群慧等，2014）；三是计算单个企业经营性服务收入占总收入比重（Neely，2008；安筱鹏，2012；Ivanka，2013）。从产业层面，学界早期通常采用生产消耗系数来衡量制造业服务化水平，其中生产消耗系数包括直接消耗系数和完全消耗系数，数据获取相对容易，计算也比较简单。近年来，学者们采用相对复杂的指标－贸易增加值核算方法来测度和分析全球价值链下中国制造业服务化水平。贸易增加值核算方法能够很好地区别制造业服务投入的国别，解决传统贸易数据重复使用的问题，指标更加有说服力。魏作磊和李丹芝（2012）利用世界投入产出数据库，选取中、美、日、英、法、德等国的投入产出数据，实证研究发现，发达国家的制造业服务化水平与中国相比存在较大优势。彭水军和李虹静（2014）利用1987—2007年中国制造业数据，测算了制造业整体服务化水平，发现技术和资本密集型制造业服务化水平增长较快，劳动密集型制造业基本没变，中国制造业整体服务化水平有所提高。李俊和马凤涛（2015）利用世界投入产出表数据，计算出中国制造业产品服务增加值，并对各行业的服务化水平进行了对比。潘文卿等（2014）、高运胜等（2015）、王直等（2015）也利用国际投入产出数据从全球价值链角度测算了中国出口附加值。程大中和程卓（2015）利用1995—2009年中国出口贸易数据测算了中国出口贸易中国内外服务含量，结果显示来自国内的服务含量在降低，而来自国外的服务含量在上升。蔡三发和李珊珊（2016）选取25家中美上市制造企业2014年的数据，从投入和产出服务化以及企业战略等维度，用灰色关联分析计算得到制造业服务化水平综合指数，构建了制造业服务化评估体系。

研究结果发现，中国制造企业服务化程度比美国低，中国制造企业想要提高服务化程度，通过加强服务要素投入提高服务提供从而增加产出服务化指标效果最好。戴翔（2016）以制造业出口中服务附加值所占比重作为衡量制造业服务化程度的指标，更全面客观地反映了一国制造业在全球价值链中的服务化水平。

综上所述，学界认为测度制造业服务化程度的指标应该涵盖服务数量和广度两个维度。早期由于数据的限制等因素，采用相对简单的生产消耗系数指标。随着投入产出数据库和相关贸易数据库的完善，通过核算贸易增加值中所含服务附加值来测度全球价值链下各国制造业服务化水平成为主流。

第三节　制造业国际竞争力研究现状

学术界对产业国际竞争力的研究相对丰富。产业国际竞争力作为战略管理和国际经济学的交叉领域，对这一问题的讨论有着悠久的历史。世界经济论坛（WEF）认为国际竞争力就是一国、一公司在世界市场上均衡地生产出比其他竞争对手更多财富的能力，瑞士洛桑管理开发学院（IMD）指出国际竞争力是指一国创造增加值从而积累国民财富的能力，经济合作与发展组织（OECD）发展研究中心认为国际竞争力是受不同生产体制、制度安排和社会组织影响的一国在世界经济中的战略反应能力，迈克尔·波特认为国际竞争力就是一国特定产业通过在国际市场上销售产品及提供服务所反映出来的竞争能力，等等。归纳起来看，国际竞争力的主要表现之一就是产业国际竞争力。学者从不同视角给出了产业国际竞争力定义，如 Porter（1998）的生产率、狄昂照（1992）的市场份额和盈利能力、金碚（1996）的生产力、朱建国（2001）的盈利能力、陈卫平（2002）的生产能力和盈利能力、金碚（2003）和裴长洪（2002）的市场份额和盈利能力、马丹（2006）的盈利能力、刘林青等（2006）的市场份额、贾俐俐（2008）的市场开拓能

力，等等。后来的有关产业国际竞争力的研究也基本上是在上述基础上的
延伸。

一、产业国际竞争力相关研究

国内外经济学者对产业国际竞争力来源的研究成果较多，最早是波特
（1980）提出的影响产业竞争力的六个主要要素模型，后来 Rugman 和 Cruz
（1993）在此基础上提出了双重钻石模型。新贸易理论认为，产品生命周期、
技术周期的不断变化会引起一国产业具有的国际竞争力发生动态变化，并提
出规模效应对产业竞争力的影响。然而对于产业国际竞争力来源最经典的理
论解释是比较优势理论，传统的比较优势理论认为产业国际竞争力来源于本
国在生产能力或资源方面的绝对或相对比较优势，内生比较优势理论认为规
模优势、专业化分工以及技术创新是产业国际竞争力的来源，资源禀赋理论
认为国际竞争力来源于本国相对丰富的要素禀赋（朱建国，2001）。随着全球
价值链的形成，学者们聚焦垂直专业化和分工深入、产品空间、国家空间优
势来分析产业国际竞争力，如 Hidalgo 等（2007）借鉴"出口技术复杂度"
和"产品空间"概念，认为国家改变优势产业组合是产业国际竞争力获取的
方式之一，即产业国际竞争力来源于产业结构的改变（金碚等，2013）。伍业
君等（2012）也用"产品空间"的差异性和产品集的不连续性来解释产业国
际竞争力的来源。刘林青等（2014）指出，以产业空间和国家空间为特征的
竞争力空间会因为提供产品和服务所需要素禀赋程度不同而存在差异（Wezel，
Lomi，2003），国家之间是充满竞争性的，国家以技术复杂度获得领先地位
（刘林青等，2013），等等。相关研究可分为以下四个方面。

（1）传统研究视角。西方经济学界对产业竞争力的研究历史比较悠久。
无论是斯密的绝对优势理论，还是李嘉图的相对比较优势理论，还是俄林的
要素禀赋理论，核心思想都是比较优势。20 世纪 70 年代末，以 Krugman
（1979）为代表的国际经济学家，通过放松传统贸易理论的完全竞争假设和规
模效益为常数的研究假设，通过构建垄断和寡头竞争贸易模型来研究产业竞

争力，大大拓展了产业竞争力的研究内容和范围。在管理学领域，主要是波特用新的钻石模型提出与比较优势相对应的概念－竞争优势，认为不仅是新旧贸易理论的比较优势构成了产品国际竞争力的来源，产业发展所依靠的钻石体系也构成了产业国际竞争力的优势。从而使得关于产业国际竞争力研究从静态方法转向更动态和系统性的解释（Wezel，Lomi，2003）。

（2）出口产品结构视角。2005年以来，一批来自发展经济学领域的学者开始关注出口结构是否影响以及如何影响经济增长与结构转型，进而引发这一领域关于产业国际竞争力的研究。Hausmann和Klinger（2006）通过研究一国的出口结构来分析其国际竞争力，重点关注产业国际竞争力的结构特征，并用出口技术复杂度的相关研究来反映一国出口的"质量"及其与经济增长的关系。Hidalgo等（2007）研究指出，国家增长会沿着技术质量阶梯进行产业结构的升级和转型，等等。与此同时，有学者通过物理学的网络理论和技术手段用可视化的结构性研究产业国际竞争力，即结构观（刘林青，2014）。产品空间的开创性成果大大激发了学者对产业国际竞争力的研究兴趣。

（3）出口技术复杂度视角。学者们从不同角度研究了出口技术复杂度的影响因素及其对产业国际竞争力的影响（Rodrik，2006；Kumakura，2007；Amiti，Freund，2008；Harding，Javorcik，2009；Wang，Wei，2008；Xu Bin，2010）。Schott（2008）研究发现，一国劳动力规模对该国出口技术复杂度有显著非线性影响。Cabral和Veiga（2010）通过对非洲研究发现，制度质量对出口技术复杂度有显著影响，等等。江小涓（2007）研究了外商直接投资对出口技术复杂度的影响。陈晓华等（2011）从加工贸易角度研究了对出口技术复杂度的影响。杨素花（2011）指出，资本劳动比、人力资本、研发等与出口技术复杂度呈正相关关系。张雨（2012）指出，人力资本积累对新型服务贸易领域出口技术含量具有显著影响。梁超（2013）认为，出口技术复杂度与技术水平有很强的相关性。戴翔等（2014）从制度质量角度研究了制度质量对出口技术复杂度的影响。张雨等（2015）则全面研究了影响一国出口技术复杂度的因素，包括服务贸易开放度、基础设施和人力资本等方面。林玲、陈妹和赵素萍（2015）研究指出，人力资本要素对提升出口技术复杂度效果最为显著，FDI和产品内分工也对提升出口技术复杂度有帮助。余姗和樊秀峰（2016）认为，加大研发投入可以提升国内出口技术复杂度，等等。

（4）全球价值链分工视角。随着全球一体化的快速发展，形成了跨国跨区域的全球生产体系，国际分工模式也进一步发生变化，"全球价值链"理论开始兴起（Kogut，1985；Krugman，1995）。第一，学者研究了全球价值链增值的问题。Kogut（1985，1989）从国家比较优势层面分析了不同国家在全球价值链上扮演的角色，通过生产各环节分析了价值增值来源，认为价值增值主要来自国际垂直分工和资源的全球配置；La等（2001）从国家行政干预角度分析了企业在参与全球价值链过程中存在的市场失灵和路径依赖等风险及防范问题；Kaplinsky等（2002）研究发现，全球价值链上不同环节的价值创造能力是不同的，一国产业应该通过控制全球价值链的核心环节达到控制该行业全球价值链的战略目的；Humphrey和Schnitz（2002）从价值链升级的角度进行了研究，他们认为如果想降低市场竞争的压力，应该通过提高劳动者技能从而进入高端环节来实现。第二，学者研究了参与全球价值链的必要性。Kaplinsky和Moris（2003）研究认为，全球价值链会建立一套生产贸易标准和规则，一国的企业或行业可以通过合理利用规则参与全球价值链来实现产品服务升级和行业升级；Humphrey（2004）研究认为，参与全球价值链的企业，为了达到相关标准会使自身的技术和市场竞争力得到提升，从而实现价值链升级；Hummels（2005）认为，全球价值链就是把全球不同地区和企业的碎片化生产过程整合在一起，不同地区和企业在全球价值链内形成不同的分工；Bair和Peters（2006）进一步指出，如果企业不能把参与价值链形成的出口导向变成企业内生增长动力，那么即使参与全球价值链也不一定能实现持续的产业升级。第三，学者研究了全球价值链国际分工地位的问题。一国产业国际竞争力还应体现在其在全球价值链中的国际分工地位。Koopman，Wang和Wei（2012）通过计算贸易附加值来评价国际分工地位，国际分工参与程度可通过计算国外附加值出口额和间接附加值出口额所占总出口额的比例即全球价值链参与指数（GVC_ Participation）来评价，该指数越高，说明该国的国际分工参与度越高,反之越低;国际分工地位可通过计算该国间接附加值出口额和国外附加值出口额的差额即全球价值链地位指数(GVC_ Position)来评价,该指数越高,说明该国国际分工地位越高,反之越低。OECD 和 WTO 于 2013 年 1 月联合推出贸易增加值统计数据库,详细的贸易增加值数据不仅可以体现各国各产业生产分工地位,也可以体现其价值链地位和真实贸易利得,从而综合反映该国的国际分工地位。第四,研究了全球价值链分工地位影响因素。Antràs 等(2012)强调行业技术密集度对产业国际分工地位的影响;杨高举和黄先海(2013)构建包含资本积累、人力资本、技术进步和 FDI 的分工模型分析了这些因素对高科技产业的分工地位的影响;胡昭玲等(2015)认为规模经济、研发投入、融资条件、制度因素和 FDI 都可以促进中国的国际分工地位提升;刘海云和毛海欧(2015)分析了多个国家的技术创新水平、人力资本积累、政府公共物品提供、交易费用和外商直接投资对其国际分工地位的影响规律,此外还要强调劳动生产率和人力资本要素(刘海云、毛海欧,2015)、参与全球生产网络的程度(邱斌、叶龙凤、孙少勤,2012)、垂直专业化和贸易方式(于津平、邓娟,2014)、融入全球价值链分工的模式(王岚,2014)、要素禀赋结构和国内生产配套水平(黎峰,2015)、产业链条技术性质与驱动机制的差异(尚涛,2015)、制度质量等(戴翔、金碚,2014)对产业国际分工地位的影响。

综上所述,学界对产业国际竞争力的研究已从传统的比较优势理论转向全球价值链理论,并通过出口技术复杂度指标反映出口的质量,通过全球价值链参与指数和地位指数反映一国产业国际分工地位。

二、全球价值链下制造业国际竞争力的影响因素

国内外学者从不同角度研究了影响全球价值链下制造业国际竞争力的因素。Cobb 和 Douglas(1928)探讨劳动力供给数量对制造业国际竞争力的影响;Grossman 和 Helpman(1991)研究指出,劳动力质量的提高是提升产业国际竞争力、推动经济增长的主要推动力;Francois(1990),Arnold 和 Mattoo（2011）研究认为，融合在制造业出口中的服务要素降低了服务要素投入成本，提高了服务要素投入品质，并且有利于制造业的专业化和精细化，从而提升服务业的国际竞争力；Glasmeier 和 Howland（1993），Low（2013）指出，作为制造业的高级要素投入的生产性服务业可以大幅度提高制造业的附加值和国际竞争力；等等。国内学者也对此进行了研究。博京燕（2002）从环境成本内部化、成本和产品差异化两方面分析环境规制对产业国际竞争力的影响；张小蒂和孙景蔚（2006）指出长期来看参与垂直专业化分工有利于中国产业国际竞争力的提升；黄薇和任若恩（2008）认为生产要素价格上涨有利于中国制造业竞争力的提高；但江静和路瑶（2010）认为生产要素相对价格上涨对中国产业竞争力的影响存在行业差异；文东伟等（2010）认为FDI 显著提升了中国制造业的出口竞争力；刘志彪和张杰（2009）指出中国制造企业可能被国际大买家锁定于全球价值链分工低端环节造成中国出口竞争力持续下降；程承坪等（2012）认为工资增长对中国制造业国际竞争力有正向影响；刘维林（2012）从产品架构和功能架构嵌入全球价值链角度研究了中国本土企业 GVC 升级的途径和方法。张杰等（2013）结合中国制造业的实际情况，综合考虑贸易代理和间接进口等因素后研究发现，中国各部门包括制造业部门通过嵌入全球价值链可以实现企业国际竞争力提升。王岚和李宏艳（2015）研究认为通过改变全球价值链嵌入位置是中国制造业国际分工地位提升的关键因素；刘斌等（2016）研究发现制造业服务化能够提高生产效率，可以增强制造业国际竞争力；等等。

综上所述，劳动力的数量、质量和工资水平对制造业国际竞争力有显著影响，同时也要考虑环境和制度成本的影响。通过发展生产服务业，积极参与垂直专业化分工，提高出口技术复杂度，改变全球价值链嵌入位置对制造业国际竞争力提升有积极促进作用。

三、全球价值链下制造业国际竞争力的测度

从现有文献梳理整体情况看，围绕全球价值链分工下的产业国际竞争力

测度的方法主要有如下几种：一是对企业生产中各环节增加值的分解（Upward 等，2013；张杰等，2013）；二是从产业层面测算国际竞争力，如垂直专业化指数（VSI）（Hummels 等，2001）、新显示性比较优势指数（NRCA）（王直等，2015；张定胜等，2015）、增加值出口指数（VAX）（Johnson，Noguera，2012；Kwonand Ryou，2015）、国内增加值率指标（Johnsonand Noguera，2009，2012；张海燕，2013）、全球价值链收益指标（GVCI）（Timmer 等，2013；聂聆等，2014）、参与全球价值链的程度指标（GVC_ Participation）和在全球价值链中的地位指标（GVC_ Position）（Backerand Miroudot，2013；Koopman，2014；Stehrer，2012；Foster McGregorand Stehrer，2013；Wang 等，2013）；三是利用出口技术复杂度等指标测算产业国际竞争力（Schott 等，2007；金碚等，2014；戴翔，2016）；等等。下面重点梳理用出口技术复杂度和 GVC 地位指数测度制造业国际竞争力的文献：

（1）从出口技术复杂度角度测度制造业国际竞争力。Michaely（1984）最早提出了出口技术复杂度衡量指标 TSI（Trade Specialization Indicator），通过对各国工资水平进行加权平均来测算一国出口技术复杂度。关志雄（2002）从贸易结构的视角对 Michaely（1984）提出的产品技术复杂度进行了改进，提出了测算一国出口产品技术含量水平的方法。Hausmann 等（2007）在对一国人均 GDP 进行加权平均的基础上构建了出口技术复杂度测度方法。该方法从出口品技术层次的高低来判断一国在国际分工体系中的地位，一国的出口产品技术含量高，技术层次也越高，则该国产业国际竞争力越高。并以各国出口产品在世界市场的份额为权重，分别得出出口产品的技术复杂度指标 PRODY 和一国的出口技术复杂度指标 EXPY，以此来衡量出口技术复杂度。Amiti 和 Freund（2008）对中国的情况进行了研究，通过对加工贸易出口和高技术出口比重研究发现，中国出口产品技术复杂度并没有升高。Van Assche 和 Ganges（2010）利用生产数据在计算中国出口技术复杂度时，结合中国加工贸易导致的进口品技术复杂度高的情况，同样也认为中国出口技术复杂度并没有明显提高。祝树金和张鹏辉（2013）基于投入产出表结合加工贸易背景测算了中国制造业部分部门的出口产品复合技术含量指数及国内技术含量指数，研究发现前者先降低后升高，后者则呈降低趋势，意味着全球生产融合提高了中国出口产品技术复杂度，但国内生产阶段对产品技术含量贡献在降低。

（2）从全球价值链分工地位角度测度制造业国际竞争力。关于全球价值链国际分工地位的测度，最早测度主要是用显示性比较优势与垂直专业化测度指标。Wiesner（1958）用显示性比较优势 RCA（Revealed Comparative Advantage）来评价该国的国际分工地位。Michaely（1962）提出了用 Michaely 指数即 MI 指数测量一国比较优势和国际竞争力的高低；Balassa（1965）在 Wiesner（1958）提出的显示性比较优势指标的基础上提出了用相对出口优势指数 REA（Relative Export Advantage）来测算某国某产业的相对优势；Vollrath（1988）在上述研究基础上进一步提出了相对贸易优势指数；Rooyen 等（1999）提出了相对显示性贸易比较优势指数。Hummels，Ishi 和 Yi（2001）则在 RAC 的基础上提出了垂直专业化份额指标 VSS（Vertical Specialization Share）。Hoen 和 Oosterh（2006）又进一步提出附加显示性比较优势指数，等等。Daudin（2009）研究发现，由于全球化生产中加入的国家很多，生产环节也很多，通过对不同生产环节增加值追踪，才能搞清楚增加值真正属于的国家和行业，并首次提出用贸易增加值对国际分工地位进行测度。之后，学者们纷纷基于贸易增加值的计算来测度全球价值链分工地位（Daudin，2011；Koopman，2012）。Timmer 等（2013）通过对最终产品的价值分解，对全球价值链各环节的价值分布测度国际分工地位。Banga（2014）运用全球价值链参与指数和全球价值链地位指数对 OECD 国家和金砖国家的价值链分工和参与情况进行测算，等等。

在国内，学者们也借用国外学者的方法对产业国际分工地位进行测算，如毛日昇（2006）使用 Vollrath（1988）的方法计算出中国 1990—2004 年的贸易实际竞争力指数和贸易专业化竞争力指数；刘遵义等（2007）构建了能够评价一国产业国际分工地位的"非竞争型投入占用产出模型"，利用 VS 指数来评估一国国际分工地位；金芳（2008）根据一国的出口规模和产业结构评判其国际分工地位是传统评判的方法；黄先海和杨高举（2009，2010）研究后首次提出了"加权的增加值－生产率"指标，通过计算出口品中国内增加值和国内完全增加值来有效评估该国的高技术产业国际分工地位；邓军（2013）把显示性比较优势和贸易增加值结合起来研究，把显示性比较优势指数分为增加值显示性比较优势指数和总出口额显示性比较优势指数；聂聆和李三妹（2014）在测算中国制造业显示性比较优势指数时用全球价值链收入替换了出口总额。近年来用贸易增加值测算国际分工地位的研究也比较丰富。如张海燕（2013）、张咏华（2013）、王岚（2014）、尚涛（2015）、崔岩和臧新（2015）、戴翔（2015、2016）、李惠娟和蔡伟宏（2016）等国内学者都用贸易增加值核算方法测算了中国制造业国际分工地位。周升起、兰珍先和付华（2014）利用 Koopman 等提出的 GVC 地位指数测算中国制造业在全球价值链中国际分工地位，研究结果显示中国制造业国际分工地位呈现"L"型演变，劳动密集型制造业部门的国际分工地位相比资源、技术和资本密集型制造业部门相对较高。程大中（2015）利用投入产出分析从增加值角度研究了中国参与全球价值链分工的情况，结果显示中国包括制造业的多数行业不仅向较高收入经济体出口了较多的增加值，也进口了较多的增加值，中国已经非常深入地融入全球价值链。李媛和金殿臣（2017）通过对比中美制造业的国际竞争力，研究发现中国制造业 GVC 参与指数不断增加，但中国制造业总体 GVC 地位指数远低于美国，高、中、低三类技术制造业的 GVC 地位指数也同样低于美国，并且处于全球价值链下游。戴翔和李洲（2017）把 GVC 地位指数作为制造业国际竞争力的替代变量，利用 Koopman 等提出的 GVC 地位指数方法和世界投入产出数据库测算了全球 44 个国家（地区）2000—2014 年制造业部门全球价值链分工地位指数，结果发现，中国近年来技术密集型产业领域国际竞争力提升较快，且制造业国际竞争力指数的全球排名较为靠前。

综上所述，传统的贸易统计方法基于总值贸易统计数据计算而得，局限于地域分割和最终产品统计，忽视了生产过程中中间贸易的作用，忽略了贸易中各国以及各个产业的净利润分配情况，造成贸易额的重复统计，故不能真实反映产业在全球价值链分工背景下的国际竞争力。目前，学术界采用基于增加值贸易的核算方法可以准确测度全球价值链下制造业的国际竞争力，纠正传统总值贸易核算法对国际竞争力的误判。

第四节 制造业服务化与制造业
国际竞争力关系研究现状

制造业服务化在全球化背景下呈现出加速趋势，服务化转型已经被越来越多的制造企业所接受，制造企业也清楚地认识到，为顾客提供服务产品而不是物质产品，对企业的长远发展至关重要（冯晓，2016），在制造业转型升级的迫切要求下，制造业服务化是当务之急（黄群慧，2017）。国内外学者在测算制造业服务化程度的基础上，进一步研究了制造业服务化对生产率的影响以及制造业在全球价值链下国际分工地位和获取的贸易利益。

一、制造业服务化与企业全要素生产率提升

Arnold 等（2007）研究发现制造业劳动生产率和服务化系数正相关，发展生产性服务业对提高制造企业全要素生产率和转型升级作用明显。Neely（2008）研究认为，在全球价值链分工体系下，如果将生产服务和先进制造有效结合，将对制造业企业生产率提高发挥重要作用。Martin 和 Fei（2012）则运用投入产出表从产业层面对制造业服务化进行研究发现，制造业服务化对提升企业生产率有积极影响。Kommerskollegium（2012）通过对瑞典制造业企业研究发现，服务既提高了企业生产力，又增强了客户关系，使企业竞争优势得以提升。同样，来自中国的经验证据支持国外学者研究结论。江静、刘志彪和于明超（2007）通过企业层面数据分析发现，企业生产率会随着制造业服务化而改善；通过地区层面和细分行业数据分析发现，制造业整体效率随着生产性服务业的发展而得以提升。顾乃华和夏杰长（2010）研究认为，

随着投入服务化程度提高，制造业增加值率也会提高。饶畅（2013）研究发现制造业投入服务化水平与制造业碳生产率水平呈正比。张艳、唐宜红和周默涵（2013）利用 1998—2007 年中国制造企业数据实证研究发现，制造企业生产率会随着服务贸易自由化的提高而提升。黄群慧和霍景东（2014）利用主要制造业投入产出数据，实证分析了制造业服务化的宏观影响因素，认为服务业相对生产率等五项因素对制造业服务化产出作用明显，制造业附加率和投入服务化强度则对服务化具有抑制作用，并建议通过实施自主创新等措施提升服务化水平。吕越和吕云龙（2016）经过研究发现，中国制造业企业随着参与全球价值链的加深，生产率也随之提高。刘斌和王乃嘉（2016）通过研究认为，制造业投入服务化会引起生产率提升、规模经济和创新激励效应，从而优化国内制造企业出口二元边际。周念利、郝治军和吕云龙（2017）利用 2000—2006 年中国工业企业数据库数据，以及 WIOD 数据库等数据，研究了中国制造业中间投入的服务化水平和制造企业全要素生产率的关系。研究发现，中国制造业整体服务化水平比较低，提升空间巨大；制造业服务化的提升会促进全要素生产率的提高，研究说明通过制定合适的产业政策可促进制造业服务化的发展，从而提升制造企业的全要素生产率。吕越、李小萌和吕云龙（2017）实证研究了全球价值链、制造业服务化与企业全要素生产率的关系，分析发现在全球价值链的分工体系下，由于制造业服务化会带来管理、研发、人力的提升，引起规模经济和专业化分工以及交易成本的下降。刘维刚和倪红福（2018）利用全球投入产出数据库和中国工业企业数据研究了制造业投入服务化对企业技术进步的影响，研究发现企业创新和生产分工是服务化投入提升企业技术进步的渠道，低端服务化和传统服务化投入并没有提高企业技术，相反国外服务化和现代服务投入影响显著，中国制造业由于传统服务投入比较高，对企业技术进步有一定抑制效应。夏秋和胡昭玲（2018）基于成本和风险视角研究了制造业投入服务化对全要素生产率的影响，研究发现制造业投入服务化与全要素生产率呈 U 型关系，服务化要循序渐进，同时重视客户参与并建立风险共担机制，努力规避不利影响。

综上所述，企业全要素生产率会随着制造业服务化程度的加深而提高，制造企业在全球价值链中嵌入的程度越深，提升效果越明显。同时这种影响效应也存在异质性，不同行业、不同所有制和贸易的企业，影响程度也不相同。

二、制造业服务化与制造业转型升级

国内学术界近年来研究了制造业服务化对制造业转型升级的影响。周大鹏（2013）通过实证研究表明，由于制造业服务化所带来的知识服务要素的增加，既可以帮助企业增加产品种类从而实现范围经济，又可以通过降低价值链各环节协调成本增加利润，有助于制造业转型升级，特别是对传统制造业转型升级影响显著。杨玲（2015）通过对 OECD 国家制造业的研究发现，这些国家政府非常注意制造业的均衡发展，除了发展先进制造业，传统优势制造业也通过服务化转型实现产业转型升级。白清（2015）研究了全球价值链背景下生产性服务业是如何促进制造业转型升级的。结果显示，生产性服务业所贡献的服务要素投入提升了制造业的生产效率、创新能力和核心竞争力，并产生规模效益，从而促使制造业转型升级。肖挺（2016）从就业角度分析了制造业国际贸易对服务化就业结构的影响。实证研究发现，20 世纪末，外贸强度与制造业从业人数负相关，进入 21 世纪，外贸强度与生产性服务业人数正相关。由此可知，在制造业服务化背景下，制造业将会随着国际贸易的发展而增加更多的生产性服务岗位。胡查平和汪涛（2016）通过对三家本土企业服务化战略转型案例分析认为，制造企业的核心能力通过市场竞争不断演进并推动服务化战略转型升级，从而推动传统制造企业转型升级。郭腾飞（2016）研究发现，基于国内外复杂的竞争环境，服务化是中国制造业转型升级突破发展瓶颈的重要途径。但鉴于中国制造业发展的不平衡，配套的生产性服务应当发挥关键作用，充当知识资本的传输器，通过服务创新，拓展制造业盈利周期。胡昭玲、夏秋和孙广宇（2017）实证研究表明，制造业服务化通过技术创新，从而推动产业结构升级，高端服务化通常发生在高技术制造业，对产业结构转型升级的作用明显；而低端服务化通常发生在低技术制造业，对产业转型升级的推动作用不如高端服务化明显。梁敬东和霍景东（2017）运用 20 个主要制造业国家的数据，研究了制造业服务化与经济转型的关系。研究发现，制造业服务化有利于提升劳动生产率，有利于服务业和制造业的融合发展，有利于经济转型升级。彭水军、袁凯华和韦韬（2017）从贸易增加值的角度，通过测算国内制造业出口服务增加值研究发现，国内制造业出口中服务增加值虽然增幅很小，但结构已经发生变化，国内服务增值占比高于国外服务增值，国内服务替代国外服务的趋势明显。同时认为，市场分割以及亚太市场的低端俘获抑制了制造业出口中的国内服务化水平，为国内制造业转型升级提供了政策参考。周杰、薛有志和李小玉（2018）利用 2011—2015 年中国上市制造企业数据，实证研究了企业价值与服务化程度和产业竞争程度的关系，研究表明，随着服务化程度的提高，企业价值会逐步提升。

综上所述，制造业服务化可以增加产品种类，降低价值链协调成本，提高制造企业生产效率和创新能力，提高制造企业核心竞争力和价值，突破市场壁垒和低端锁定，从而实现制造业整体转型升级。

三、制造业服务化与全球价值链下制造业国际竞争力提升

服务既可以帮助产品、技术和数据的流转，也便于管理信息的传递，使价值链得以高效运转，帮助制造企业在全球价值链国际分工中分享更多的市场份额，从而提升制造业国际竞争力。关于制造业服务化与全球价值链下制造业国际竞争力提升的文献可分为以下三个方面：

（1）制造业服务化与出口技术复杂度相关研究。邱斌等（2012）利用出口技术复杂度的指标，分析了中国 2001—2009 年 24 个制造业行业在全球价值链的地位，研究发现虽然通过参与全球生产网络提升了制造业价值链地位，但中国制造业各行业的技术复杂度存在明显差异，制造业国际分工水平也存在行业差异。参与全球生产网络提升了技术密集型制造业产品出口技术复杂度，但对劳动密集型和资本密集型制造业的出口技术复杂度提升没有帮助。

王玉燕、林汉川和吕臣（2014）实证研究表明，技术进步与全球价值链嵌入呈倒 U 型关系。刘维林、李兰冰和刘玉海（2014）研究发现，服务投入相对产品投入对出口技术复杂度的提升作用更大；刘维林、李兰冰和刘玉海（2014）研究了全球价值链嵌入对中国出口技术复杂度的影响，研究表明中国制造业通过参与全球价值链分工所获取的国外中间投入推动了出口技术复杂度的提升，但全球价值链嵌入程度不同，对出口技术复杂度提升的情况也不同。许和连、成丽红和孙天阳（2017）研究表明，国内制造业投入服务化与制造企业出口国内增加值呈 U 型关系，服务业相对开放和市场化程度高的行业和地区，制造企业通过投入服务化带来技术创新和成本降低，从而引起出口国内增加值率的明显增加。马盈盈和盛斌（2018）利用增加值方法构建了衡量服务化与出口复杂度的指标并进行了实证研究，研究发现服务化有利于提升出口技术复杂度和技术水平，对劳动密集型制造行业的技术复杂度提升尤为明显，对知识和技术密集型制造业的技术提升较为明显。

（2）制造业服务化与 GVC 地位相关研究。国外学者研究发现，制造业服务化有助于提升企业在全球价值链国际生产分工体系的地位，而国际分工地位的提升也加速了制造业服务化的进程。Low（2013）经过研究认为，服务可以将价值链各环节黏合在一起，也可以直接参与到国际生产环节，因此，制造业服务化与全球价值链提升互为促进。Baldwin 和 Yan（2014）通过对加拿大制造企业研究发现，通过参与全球价值链，可以学习先进的技术，分享更大的市场，促进价值链生产率的提高。有学者研究发现，制造企业产品国际竞争力和服务投入强度显著相关（Lodefalk，2014）。国内学者也对此进行了研究。顾乃华（2010，2011）通过对制造业投入服务化的研究发现，增加制造企业服务要素投入特别是知识密集类服务投入，会产生技术溢出、规模经济和投入产出关联等效应，不仅可以直接促使中国制造业价值链地位的提升，而且能间接促进价值链环节攀升。安筱鹏（2012）研究认为，诸如法律、研发和金融等服务投入所占比重日益增加，使国内中间产品使用得以增加，也提升了制造企业出口国内增加值。制造企业价值链中心转移到两端会带来更多的利润，使得价值链上的产业结构呈现"微笑曲线化"。夏杰长（2015）

研究发现，由于国内制造企业处于价值链的中低端，生产性服务相对落后，缺乏产业渗透力和支撑力，导致出口国内增加值较低。陈秀英（2016）利用中国行业面板数据对制造业投入服务化和全球价值链分工地位进行了实证分析。研究发现，高度国有化和行业过度竞争会影响中国制造业价值链攀升，而制造业投入服务化与扩大行业开放等因素都可以帮助中国制造业价值链向上攀升。不同行业投入服务化对制造业价值链攀升的影响效果不同，高技术和半成品贸易行业相对于低技术和零部件贸易行业对中国制造业价值链攀升的促进作用更为明显。刘斌、魏倩、吕越和祝坤福（2016）详细研究了制造业服务化对中国价值链升级的影响，研究结果发现，制造业服务化加深了中国制造企业全球价值链的参与程度，不仅提升了中国制造企业在全球价值链的分工地位，也提升了中国制造企业出口技术复杂度。同时研究发现运输、分销和金融等环节服务化和省际服务要素投入有利于中国企业价值链升级。建议中国应加快服务化进程、加强服务业和制造业产业分工协作，降低区域壁垒，促进制造业服务化发展。

（3）制造业服务化与制造业国际竞争力提升研究。吕云龙和吕越（2017）利用世界投入产出数据库 40 个国家制造行业样本，实证研究了制造业出口服务化对国际竞争力的影响后发现，制造业服务化特别是国内服务投入对制造业国际竞争力提高作用明显，在岸服务外包和出口金融化与电信化对制造业国际竞争力提升影响较大。于明远和范爱军（2018）从制造业结构软化角度分不同产业类型对制造业国际竞争力提升的路径进行了分析，结果显示结构软化对不同产业类型的国际竞争力提升存在差异。郑玉和戴一鑫（2018）利用国际投入产出数据库研究了全球价值链背景下制造业投入服务化对制造业国际竞争力的影响，结果发现制造业投入服务化总体上显著促进制造业行业国际竞争力的提升，但不同类型的服务投入影响效果不同，生产性服务业提升效果显著。杨仁发和汪青青（2018）研究了生产性服务投入对制造业国际竞争力的影响，结果发现通过生产性服务投入提升技术创新能力，从而提升制造业国际竞争力。王思语和郑乐凯（2018）利用 WIOD（2016）数据库数据，测算了制造业服务化对出口复杂度的影响，结果显示国内外服务化的提升均提高了出口技术复杂度，制造业服务化不仅推动了制造业转型升级，而且提升了制造业 GVC 地位和制造业国际竞争力。

综上所述，制造业国际竞争力可以体现在出口技术复杂度和 GVC 地位指数等方面，制造业服务化可以提升出口技术复杂度，但对不同类型的制造行业影响程度不同。制造业服务化也可以提高制造业 GVC 地位指数，但不同行业和不同环节的服务化投入对 GVC 地位指数的提升效果不同。

第五节　总结与评述

国内外有关商品主导逻辑的研究成果尽管较为丰富，但专门针对服务主导逻辑的研究成果并不是很丰富，研究范式也还没能完全建立起来，将其与制造业服务化联系起来的研究更少。尽管如此，相关研究成果对我们研究服务主导逻辑下制造业服务化转型提供了思路。另外，制造企业服务转型的重要性和必要性已得到人们的广泛认同，但转型并不容易，面临诸多挑战。目前，制造企业服务转型的大部分研究是在商品主导逻辑下进行的，商品与服务的明确区分容易使研究在逻辑上陷入两难境地：虽然强调服务创新是制造企业获得持久竞争优势和高利润的重要战略，但将看似"水火不容"的服务与制造和服务这两个对立的要素整合于一个组织内会带来无法避免的内在冲突，降低组织效率，甚至导致失败。而服务主导逻辑通过重新定义"服务"，在较好地解决"服务转型悖论"的同时，也为制造企业服务转型带来新的语言、透镜和研究视野：将研究聚焦从关注产品和服务品本身，转移到企业作为资源整合者在由顾客、企业和伙伴组成的服务价值网络中如何共创价值、培育独特能力进而占有价值。

国内外学者对制造业服务化的研究内容和方法相对丰富。从早期的定性研究转向定量分析和案例分析以及数值仿真等方法，不同学科理论的相互交叉和融合在制造业服务化的研究中体现得越来越充分，管理学、经济学、国际贸易、文化学等学科的交叉应用使得制造业服务化研究视角不断拓展，研究结果的现实针对性日益增强。从文献梳理来看，国内外学者对制造业服务化的内涵、动力、影响因素以及实施障碍进行了研究，同时也研究了制造业服务化的测度问题。但是，现有文献大多从某一个方面如消费者、分销商、生产服务企业、制造企业等方面分析制造业服务化发生的内在机理，很少从制造业服务化的利益相关者角度综合研究制造业服务化的发生机理。同时，现有研究对制造业服务化的测度多从行业整体角度进行，从分行业分国别的角度对制造业服务化进行测度的较少。

国内外学者对产业国际竞争力及制造业国际竞争力的研究相对丰富。理论基础从早期的绝对优势理论到比较优势理论，再到后来的结构观和近年来的全球价值链理论。现有文献多从生产要素质量、相关成本、生产服务业和参与国际生产分工等方面研究其对制造业国际竞争力的影响，但少有文献研究制造业服务化如何影响制造业国际竞争力以及内在的作用机理。同时，国内外学者在研究制造业国际竞争力测度指标时，由于对制造业国际竞争力的内涵没有统一界定，所以相关测度指标虽然比较丰富但却分散。出口技术复杂度和 GVC 地位指数两个指标是常见指标，也有少量文献分别用出口技术复杂度或 GVC 地位指数代表制造业国际竞争力，但未有文献同时运用这两个指标来测度和分析制造业国际竞争力。

国内外学者在研究制造业服务化与制造业国际竞争力的关系时，重点研究了制造业服务化对全要素生产率、制造业转型升级和全球价值链下制造业国际竞争力的影响。从文献梳理情况看，制造业服务化有利于提升劳动生产率，有利于服务业和制造业的融合发展，有利于制造业转型升级。制造业服务化加深了制造企业全球价值链的参与程度，不仅提升了制造业企业在全球价值链的分工地位，也提升了制造企业出口技术复杂度。但是，目前的研究少有制造业服务化与制造业国际竞争力关系方面的实证分析，对两者关系的理论分析也不多见；同时也少有文献从制造业服务化的投入来源角度分析制造业服务化对不同要素密集度制造业国际竞争力的影响。

综上所述，现有研究也为本书的研究奠定了一定的理论基础，但目前的研究仍有较大的提升空间：

第一，继续开辟新的研究视角。现有文献更多地分析了制造业服务化对出口技术复杂度和全球价值链分工地位的影响，也分析了出口技术复杂度和全球价值链分工地位对产业国际竞争力的关系。但现有文献主要是从商品主导逻辑的视角分析制造业服务化对全球价值链下制造业国际竞争力提升的机理与路径，尚没有用服务主导逻辑的思维从提升价值创造能力和价值分配的视角切入分析全球价值链下制造业服务化与制造业国际竞争力的关系。

第二，进一步探究制造企业服务化决策的内在机理。现有文献分析了制造业服务化的影响因素，但少有文献阐述制造企业服务化决策的内在机理，也少有文献利用博弈论理论和数理模型对制造业服务化相关利益方进行博弈分析。

第三，尝试从多角度分析制造业服务化对制造业国际竞争力的影响。现有文献多数只是从整体上分析制造业服务化对出口技术复杂度和全球价值链分工地位的影响，少有文献从服务化投入来源的角度（国内服务投入和国外服务投入）和不同类型制造业服务化的角度来分析对制造业国际竞争力的影响。

第四，给出更具针对性的政策启示。现有文献多数比较笼统地提出了促进制造业服务化和制造业国际竞争力提升的政策建议，少有文献从促进制造业服务化的角度提出全球价值链下提升一国制造业国际竞争力的政策启示。

本书基于现有文献的不足，尝试利用服务主导逻辑的相关思维，从制造业服务化的视角分析全球价值链下制造业服务化是如何影响并提升一国制造业国际竞争力，最后给出相应的政策启示，为我国制造业服务化转型以及通过制造业服务化转型提升制造业国际竞争力提供有价值的参考。

第三章 制造业服务化转型的微观机理

从 20 世纪 70 年代末开始,西方发达国家从工业经济向服务经济转型的过程中,一些知名的制造企业尝试将服务品增加到他们已有的产品中,积极从产品向服务转型,以提高他们的竞争力和绩效。在发达国家向服务经济转型的同时,中国充分利用劳动力比较优势、大规模吸收外国直接投资和大国优势等,吸引跨国公司将越来越多的制造活动转移或外包到中国,快速成长为世界制造基地。在为中国制造业取得的成绩欣喜的同时,我们也注意到这种模式的弊端:过于依赖劳动成本优势和在全球价值链中处于附加值最低端。于是向服务转型也成为越来越多的中国制造企业的战略选择。

随着服务在制造业生产和销售过程中使用的增加及其带来的制造业价值增值和国际分工地位的提升,制造业服务化成为全球价值链中的普遍现象。从制造业服务化文献梳理来看,制造业服务化就是通过在制造业整个价值链中的各个环节投入更多的服务要素,使制造企业能够借助服务不断地创新生产方式,更好地满足消费者多变的个性化需求、抵御多变的市场环境、获得更多的额外收益、向产业链的高价值服务端转移等,客户的参与程度、产业链上下游企业间的关系协调、技术能力和技术开放度、社会环境等都会制约制造业服务化的效果。因此,无论是从制造业服务化的影响因素、动力机制还是服务化最终效果看,制造业服务化通过客户全程参与、产品和服务的融合以及企业相互提供生产性服务和服务性生产,从而实现制造价值链中各利益相关者的价值增值,实现分散化制造资源的整合以及各核心竞争力的高度协同。本质上讲，制造业服务化就是客户（消费者）、制造企业和服务提供商（服务企业）三大利益群体围绕服务中间产品的服务化供需和服务化利润的分配进行的动态博弈。在全球价值链下，这三大群体不仅包括国内的还包括国外的。当然，在这个过程中受博弈各方本身的能力和利益诉求等的差异以及外部环境、竞争等的影响，博弈各方仅具备"有限理性"的特征。

而传统一般博弈理论有着严格的理性要求，对"理性人"过高要求使得其往往与社会经济发展现实脱节。进化博弈理论却将"理性人"等博弈方进化融入博弈理论中，解决了传统博弈理论中对"理性人"要求过高的束缚，因而能更贴近社会经济发展现实，应用也更为广泛。目前也有一些学者尝试着用进化博弈论研究制造业服务化的相关问题，如李国昊等（2014）从知识缺口角度用演化博弈分析方法揭示制造企业和客户之间的行为方式，束端等（2017）用演化博弈的原理和方法研究制造业和生产性服务业两个群体的互动演化过程，等等。尽管如此，很少有学者对制造业服务化中消费者、制造企业和服务提供商（服务企业）三大博弈方的策略选择进行系统分析。基于此，本书基于有限理性假设构建演化博弈模型对制造业服务化中博弈各方的决策行为进行分析，以期找到制造业服务化的关键特征和影响因素。

第一节　制造业服务化转型的进化博弈模型及假设

假设制造业全球价值链中，有企业 A 与企业 B，双方的策略选择集合分别为：X（合作，不合作）、Y（合作，不合作）。制造业全球价值链上博弈各方的支付矩阵介于"囚徒困境"与协调博弈之间，该博弈被称为猎鹿博弈。根据猎鹿博弈的思想建立制造业全球价值链上企业服务化博弈者 A 与博弈者 B，合作竞争博弈的支付矩阵如表 3-1 所示。

表3-1 博弈者的支付矩阵

		企业 B	
		合作（H）	不合作（NH）
企业 A	合作（H）	$A+\Delta\pi_A,\ B+\Delta\pi_B$	$A-C_A,\ B$
	不合作（NH）	$A,\ B-C_B$	$A,\ B$

在支付矩阵中，A，B 分别表示企业不合作时的正常收益；$\Delta\pi_A$，$\Delta\pi_B$ 分别表示博弈者 A，B 合作时所得到的利润，利润总额为 $\Delta\pi$，其中 $\Delta\pi=\Delta\pi_A+\Delta\pi_B$。$C_A$，$C_B$ 分别表示对方不合作，企业 A 与企业 B 选择合作时的成本。假设企业 A 选择合作的概率为 α，则不合作的概率为 $1-\alpha$。企业 B 选择合作的概率为 β，不合作的概率为 $1-\beta$。

对于企业 A 而言，其博弈决策选择合作策略时的得益为：

$$P_A(H,y)=\beta(A+\Delta\pi_A)+(1-\beta)(A-C_A) \tag{3-1}$$

对于企业 A 而言，其博弈决策选择不合作策略时的得益为：

$$P_A(NH,y)=\beta(A)+(1-\beta)(A-C_A) \tag{3-2}$$

企业 A 的平均收益为：

$$\overline{P_A}=\alpha P_A(H,y)+(1-\alpha)P_A(NH,y) \tag{3-3}$$

企业 A 选择合作策略的动力学方程为：

$$\frac{d\alpha}{dt}=\alpha\left[P_A(NH,y)-\overline{P_A}\right] \tag{3-4}$$

$$\frac{d\alpha}{dt}=\alpha(1-\alpha)\left[(\Delta\pi_A+C_A)\alpha-C_A\right] \tag{3-5}$$

对于企业 B 而言，其选择合作策略时的收益为：

$$P_B(x,H)=\alpha(B+\Delta\pi_B)+(1-\alpha)(B-C_B) \tag{3-6}$$

企业 B 选择不合作时的收益为：

$$P_B(x,NH)=\alpha(B)+(1-\alpha)(B-C_B) \tag{3-7}$$

企业 B 的平均收益为：

$$\overline{P_B}=\beta P_B(x,H)+(1-\beta)P_B(x,NH) \tag{3-8}$$

企业 B 选择合作策略的动力学方程为：

$$\frac{\mathrm{d}\beta}{\mathrm{d}t} = \beta (1-\beta) \left[(\Delta\pi_B + C_B) \alpha - C_B \right] \qquad (3-9)$$

企业 A 与企业 B 的合作策略的动力学方程描述了该动力系统的群体动态，根据 Friedman（1991，1996）提出的方法，其均衡点的稳定性可由该动力系统的计算所得的雅可比矩阵来分析其局部稳定性。具体为：

在系统单位平面 $G = \{ (x, y); 0 = x, y = 1 \}$ 中，其局部周期点有五个，分别为：$(0, 0)$，$(0, 1)$，$(1, 0)$，$(1, 1)$ 及 (X_g, Y_g)。其中 $X_g = \dfrac{C_B}{(\Delta\pi_B + C_B)}$，$Y_g = \dfrac{C_A}{(\Delta\pi_A + C_A)}$。在五个均衡点中，仅有 $(0, 0)$，$(1, 1)$ 是演化稳定策略（ESS），分别表示企业 A 与企业 B 均不合作与均合作的策略。$(0, 1)$，$(1, 0)$ 是不稳定均衡点。(X_g, Y_g) 是鞍点。

定义：映射 $F: R^n \rightarrow R^n$ 的周期 m 点 p 称为双曲周期点，如果其雅可比矩阵 $DF^{(m)}(p)$ 在单位圆上没有特征根。当 $m=1$ 时，p 也称为双曲不动点。双曲不动点分为三类：源、渊和鞍点。设 p 是映射 $F: R^n \rightarrow R^n$ 的周期 m 点，若 $DF^{(m)}(p)$ 的特征根的模有一些大于 1，而其余小于 1，则称 p 为鞍点。

由表 3-2 可知，制造业全球价值链上企业服务化的进化博弈均衡结果不仅受到博弈各方策略选择的影响，也受到外部环境变化的影响，有可能双方都采取合作的策略，也有可能双方都采取不合作的策略，全系统的参数初始值将会使博弈的均衡结果向不同的均衡点收敛。

表 3-2　局部稳定性分析结果

均衡点	$DF^{(m)}(p)$ 的行列式及其符号	$DF^{(m)}(p)$ 的迹及其符号	结果
$(0, 0)$	$C_A \times C_B$，　+	$-C_A - C_B$，　-	ESS
$(0, 1)$	$(\Delta\pi_A - C_A) \times C_B$，　+	$\Delta\pi_A - C_A + C_B$，　+	不稳定
$(1, 0)$	$(\Delta\pi_B - C_B) \times C_A$，　+	$\Delta\pi_B - C_B + C_A$，　+	不稳定
$(1, 1)$	$\Delta\pi_A \times \Delta\pi_B$，　+	$\Delta\pi_A + \Delta\pi_B$，　-	ESS
(X_g, Y_g)	$X_g = \dfrac{C_B}{(\Delta\pi_B + C_B)}$ $Y_g = \dfrac{C_A}{(\Delta\pi_A + C_A)}$	0	鞍点

若博弈双方选择合作时，其总利润为 $\Delta\pi$，当 $\Delta\pi$ 越大，该动力系统将越趋于收敛于 (1, 1)，此时，将会有更多的制造企业加入该产业链中从而实现服务化的进步。此时需要产业链中各企业注重协同合作，共享知识、资源等有利因素，从而实现总利润的最大化。当企业选择合作时的初始支付成本越小，系统收敛于 (1, 1) 的概率越大。

第二节　不同利益相关群体的制造业服务化决策行为

一、消费者视角的制造业服务化决策行为分析

无论是国内还是国外消费者，顾客广泛参与生产过程，对顾客而言是满足顾客个性化需求的前提，有利于提高顾客满意度；对企业而言是提高顾客的忠诚度和决策正确的前提，便于利用顾客资源以及发挥顾客创造价值能力。随着技术进步和竞争发展，消费者有机会参与制造业产品创造（Peppers et al.，1997），消费者参与将成为制造业的发展趋势（Prahalad et al.，2000）。虽然服务化带来的产品的多样性和定制性能够更好地满足消费者多变的个性化需求（綦良群等，2014），但服务化程度、客户的参与程度、服务化所形成的差额收益会对制造企业与客户的交互产生影响（李国昊等，2014）。因此，从消费者视角分析制造业服务化决策应从制造企业与客户交互关系分析开始，即分析制造企业进行服务化策略选择时，客户是否愿意参与服务化进程的博弈关系。基于此，假定在"自然"环境下，博弈的双方是制造企业群体和消费者群体，且双方均为理性。以制造企业与客户之间的策略以及收益关系构建博弈模型，根据动力学方程研究博弈双方的行为演化。

假设制造企业不实施服务化，且客户也不参与的情况下，制造企业与客户的收益分别为 P 与 Q。若制造企业不实施服务化，客户积极参与服务化，则制造企业的收益依然为 P，客户的支出成本为 K，参与程度系数为 ρ_1（$0 < \rho_1 < 1$）。当客户完全不参与时，$\rho_1 = 0$；当客户参与制造产品的所有环节时，$\rho_1 = 1$。若企业实施服务化，客户不参与服务化，设企业的收益为 P_1，由于实施服务化后，额外收益为 λ_1，成本为 F_1。此时客户的收益为 Q_1。若企业与客户同时参与服务化，设企业的收益为 P_2（$P_1 < P_2$），超额收益为 λ_2，成本为 F_2（$F_1 < F_2$）。此时客户由于参与的程度不同，其收益为 Q_2，参与程度系数为 ρ_2（$0 < \rho_1 < \rho_2 < 1$）。

根据以上假设条件，列出表 3-3 的支付矩阵。

表 3-3 企业与客户博弈策略支付矩阵

企业	客户	
	参与	不参与
服务化	$P_2 + \lambda_2 - F_2,\ Q_2 - \rho_2 K$	$P_1 + \lambda_1 - F_1,\ Q_1$
不服务化	$P,\ Q - \rho_1 K$	$P,\ Q$

假设在初始条件下，制造企业采取服务化策略的概率为 α，不参与的比例则为 $1 - \alpha$。客户选择参与服务化策略的概率为 β，不参与服务化的概率为 $1 - \beta$。

由公式（3-1）可得制造企业参与服务化的收益函数为：

$$X_1 = \beta\,(P_2 + \lambda_2 - F_2) + (1 - \beta)\,(P_1 + \lambda_1 - F_1) \qquad (3-10)$$

由公式（3-2）制造企业不参与服务化的收益函数为：

$$X_2 = \beta P + (1 - \beta)\,P \qquad (3-11)$$

由公式（3-3）可得平均收益函数为：

$$\overline{X} = \alpha X_1 + (1 - \alpha)\,X_2 = \alpha\,[\beta\,(Q_2 + \lambda_2 - F_2) +$$

$$(1-\beta)(P_1+\lambda_1-F_1)] + (1-\alpha) P \qquad (3-12)$$

同理，由公式（3-6），公式（3-7），公式（3-8）可得客户选择合作的收益函数、不合作的收益函数、平均收益函数分别为：

$$Y_1 = \alpha(Q_2-\rho_2 K) + (1-\alpha)(Q-\rho_1 K) \qquad (3-13)$$

$$Y_2 = \alpha Q_1 + (1-\alpha) Q \qquad (3-14)$$

$$\overline{Y} = \beta Y_1 + (1-\beta) Y_2 = \beta[\alpha(Q_2-\rho_2 K) + (1-\alpha)(Q-\rho_1 K)] +$$
$$(1-\beta)[\alpha Q_1 + (1-\alpha) Q] \qquad (3-15)$$

由公式（3-4），公式（3-5），公式（3-9）可得进化博弈系统的动力学方程：

$$\begin{cases} N = \dfrac{\mathrm{d}\alpha}{\mathrm{d}t} = (1-\alpha)[\beta(Q_2+\lambda_2-F_2) + (1-\beta)(P_1+\lambda_1-F_1) - P] \\[2em] M = \dfrac{\mathrm{d}\beta}{\mathrm{d}t} = (1-\beta)[\alpha(Q_2-\rho_2 K) - \alpha(Q-\rho_1 K) - \rho_1 K] \end{cases}$$

$$(3-16)$$

计算公式（3-16）的雅可比矩阵：

$$J = \begin{bmatrix} \dfrac{\partial N}{\partial \alpha} & \dfrac{\partial N}{\partial \beta} \\[1.5em] \dfrac{\partial M}{\partial \alpha} & \dfrac{\partial M}{\partial \beta} \end{bmatrix}$$

雅可比矩阵的行列式为：

$$\mathrm{Det}J = \frac{\partial N}{\partial \alpha} \times \frac{\partial M}{\partial \beta} - \frac{\partial N}{\partial \beta} \times \frac{\partial M}{\partial \alpha}$$

轨迹为：

$$Tr = \frac{\partial N}{\partial \alpha} + \frac{\partial M}{\partial \beta}$$

根据 Friedman（1991，1996）提出的方法，其均衡点的稳定性可由该动力系统计算所得的雅可比矩阵来分析其局部稳定性。鞍点(X_g, Y_g)的坐标为：

$$X_g = \alpha \frac{\rho_1 K}{(Q_2-\rho_2 K) - (Q-\rho_1 K)}$$

$$Y_g = \beta \frac{P - P_1 + \lambda_1 - F_1}{(Q_2 + \lambda_2 - F_2) - (P_1 + \lambda_1 - F_1)}$$

根据 Friedman 提出的局部稳定性分析可得，$\alpha = 0$，$\beta = 0$ 及 $\alpha = 1$，$\beta = 1$ 时，进化博弈系统的均衡结果为演化均衡策略，分别表示制造企业与客户同时不参与和同时参与服务化时的均衡策略。当 $\alpha = 1$，$\beta = 0$ 及 $\alpha = 0$，$\beta = 1$ 时，进化博弈系统为不稳定均衡策略。下面分析鞍点的情况。

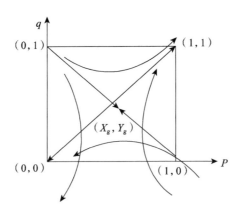

图 3 – 1 动态博弈过程示意图

由图 3 – 1 可知，$\dfrac{d\alpha}{dt} > 0$ 表示鞍点向右移动，$\dfrac{d\alpha}{dt} < 0$ 表示鞍点向左移动，$\dfrac{d\beta}{dt} > 0$ 表示鞍点向上移动，$\dfrac{d\beta}{dt} < 0$ 表示鞍点向下移动。

当制造企业实施服务化后，在鞍点处，有 $\dfrac{\partial\alpha}{\partial P_2} = 0$，且 $\dfrac{\partial\beta}{\partial P_2} < 0$，鞍点向下移动，系统收敛于 ESS 的概率增加。表明制造企业的服务化能够为全系统带来更高的收益，提高客户的感知水平，增加制造企业的收益。当 $\dfrac{\partial\alpha}{\partial F_2} = 0$，且 $\dfrac{\partial\beta}{\partial F_2} > 0$ 时，鞍点向上移动，进化博弈系统收敛于 ESS 的概率降低，不利于全系统的良性演化。表明制造企业大量投入成本进行服务化并不能增加收益，降低企业的盈利水平。

当客户积极参与服务化过程时，$\frac{\partial \alpha}{\partial Q_2} < 0$，且 $\frac{\partial \beta}{\partial Q_2} = 0$ 时，客户积极参与制造企业的服务化过程，客户购买制造企业服务化产品，不仅提高了制造企业的利润，同时也提高了客户的收益，使制造企业与客户双方共同获得最优均衡策略。

综上所述，消费者参与程度不仅会影响制造业服务化动机，而且还会影响制造业服务化的效益。但消费者参与制造产品的条件是多方面的，从全球价值链视角来看，既有外部的经济社会条件，如在社会处于经济发展的早期阶段，焦点就集中于基本产品的消费，顾客参与较少（Dowling, Staelin, 1994）。只有当经济社会水平发展到一定阶段，消费者才会根据特定的风格去定制产品（Tian, 2001; Holbrook, 2006）。因此，处于不同经济发展水平国家的制造业服务化是存在差异的。也有产品本身的差异，如那些易于提供整体解决方案的制造行业、顾客希望通过参与提高对专业知识的掌握能力等行业，顾客参与意愿和程度都比较高。也就是说，不同制造行业顾客参与程度是存在差异的（Meuter et al., 2005）。因此，不同经济发展水平的国家或地区以及不同类型制造业的服务化程度是存在差异的。

二、制造业和服务业协调发展视角的制造企业服务化决策行为分析

对于制造企业来说，虽然服务化有利于提升其竞争力，但如果产业链上下游企业间的关系不协调会严重影响制造企业的服务化决策。例如，当制造企业选择外购服务，但是服务提供商（服务企业）不能协调提供相关服务，则服务化成本就会很高。相反，当制造企业选择内部环节服务化后向市场提供服务，但市场上服务企业仍然加大服务提供量，就会影响成本增加。也就是说，当制造企业无论选择服务化还是不服务化，只要生产性服务企业采取了相对应的有利于协调发展的策略，就有可能取得超额收益，否则就会带来收益风险。基于此，可作如下假设。

假设全球价值链中存在制造企业与相关服务提供商（服务企业），这两类

企业并非完全理性，需要在博弈过程中不断学习进化并调整自身的博弈策略，其博弈策略均为：服务化/不服务化。设制造企业服务化的概率为 α，则不服务化的概率为 $1-\alpha$。服务提供商（服务企业）采取相应协调的概率为 β，则不协调的概率为 $1-\beta$。制造企业的参与程度为 ρ_1，服务企业的参与程度为 ρ_2，且 $\rho_1 \in (1, +\infty)$，$\rho_2 \in (1, +\infty)$。制造企业和服务提供商（服务企业）协调化程度越高，博弈双方的收益越大，但是其成本也会增大。设 F_1，F_2 分别表示制造企业与服务提供商（服务企业）的成本，制造企业服务化程度越高，且价值链上的服务提供商（服务企业）不协调发展的程度也高时，成本越大。$\delta \in (0, 1)$ 表示制造企业与服务提供商（服务企业）的服务化收益比例，该比例由博弈双方对价值链的控制程度及双方的议价能力决定，δ 越接近于1，制造企业能得到的收益越高。当博弈双方采取不同的服务化策略时，产业链协调能力不足，总收益 μ 将会小于双方的成本，即 $\mu - F_1 - F_2 < 0$（表3-4）。

表3-4　制造企业与服务提供商（服务企业）博弈支付矩阵

		服务提供商（服务企业）	
		协调 β	不协调 $1-\beta$
制造企业	服务化 α	$\delta\rho_1\rho_2\mu - \rho_1 F_1$，$(1-\delta)\rho_1\rho_2\mu - \rho_2 F_2$	$\delta\rho_1\mu - \rho_1 F_1$，$(1-\delta)\rho_1\mu - F_2$
	不服务化 $1-\alpha$	$\delta\rho_2\mu - F_1$，$(1-\delta)\rho_2\mu - \rho_2 F_2$	$\delta\mu - F_1$，$(1-\delta)\mu - F_2$

制造企业与服务企业收益矩阵有以下四种可能情形。

情况一：制造企业服务化、服务提供商（服务企业）采取协调化。当制造企业选择服务化将部分服务功能外包时，国内其他服务提供商（服务企业）能够提供相应的服务，或者能够从国外外购服务时，产业链能协调运行，得到最大的服务化收益并进行收益共享，与此同时，服务化成本相应增加。或者制造企业服务化成立部分服务中心向外提供服务，其他制造企业刚好需要这些服务时，也得到最大的服务化收益并进行收益共享。

情况二：制造企业服务化、服务提供商（服务企业）不协调服务化。制造企业将服务化外包给其他生产性服务企业，但是由于服务提供商

（服务企业）并不情愿参与到产业链中，或者发达国家的"高端封锁"导致制造企业不能得到足够的服务供给时，制造企业的收益为 $\delta\rho_1\mu$，成本为 $\rho_1 F_1$。服务提供商（服务企业）的收益降至 $(1-\delta)\rho_1\mu$，同时成本降低至 F_2。

情况三：制造企业不服务化、服务提供商（服务企业）协调化。如果制造企业并没有采取服务化的策略，但服务提供商（服务企业）采取相应的协调策略，导致市场上投入更多的资本和人力资源的同时会使服务产出减少。制造企业不投入服务化，则其获得溢出收益 $\delta\mu$，成本降低至 F_1，服务提供商（服务企业）的收益降低至 $(1-\delta)\mu$，成本为 F_2。

情况四：制造企业不服务化、服务提供商（服务企业）不协调化。制造企业并没有采取服务化策略，服务提供商（服务企业）也不采用相对应的协调策略。此时双方均无法获得超额收益，制造企业的收益为 $\delta\rho_2\mu$，服务提供商（服务企业）的收益为 $(1-\delta)\rho_2\mu$，成本分别为 F_1，$\rho_2 F_2$。

根据公式（3-4）所示支付矩阵，可得制造企业服务化的收益函数 X_1、不服务化的收益函数 X_2，平均收益函数 $\overline{X}$ 分别为：

$$X_1 = \beta(\delta\rho_1\rho_2\mu - \rho_1 F_1) + (1-\beta)(\delta\rho_1\mu - \rho_1 F_1) \quad (3-17)$$

$$X_2 = \beta(\delta\rho_2\mu - F_1) + (1-\beta)(\delta\mu - F_1) \quad (3-18)$$

$$\overline{X} = \alpha X_1 + (1-\alpha)X_2 \quad (3-19)$$

根据公式（3-17）、公式（3-18）、公式（3-19），得制造企业的动力学方程为：

$$\frac{d\alpha}{dt} = \alpha(X_1 - \overline{X}) = \alpha(1-\alpha)(\rho_1 - 1)[\beta(\delta\rho_2\mu - F_1) + (1-\beta)(\delta\mu - F_1)]$$

$$(3-20)$$

同理，服务提供商（服务企业）采取协调服务化的策略时的服务化收益函数 Y_1、不协调策略时的收益函数 Y_2、平均收益函数 $\overline{Y}$ 分别为：

$$Y_1 = \alpha[(1-\delta)\rho_1\rho_2\mu - \rho_2 F_2] + (1-\alpha)[(1-\delta)\rho_2\mu - \rho_2 F_2]$$

$$(3-21)$$

$$Y_2 = \alpha \left[(1-\delta) \rho_1 \mu - F_2 \right] + (1-\alpha) \left[(1-\delta) \mu - F_2 \right] \quad (3-22)$$

$$\overline{Y} = \beta Y_1 + (1-\beta) Y_2 \quad (3-23)$$

根据公式（3-21）、公式（3-22）、公式（3-23），得其动力学方程为：

$$\frac{d\beta}{dt} = \beta (1-\alpha)(\rho_2 - 1) \left[(1-\delta)(\rho_2 \mu \alpha + \mu \alpha + \mu - \mu \alpha) - F_2 \right]$$

$$(3-24)$$

当 $\alpha = 0$ 或 $\alpha = 1$ 时，$\beta = \dfrac{F_1 - \delta \mu}{\delta \mu (\rho_2 - 1)}$ 时，制造企业进化博弈过程中服务化的概率是稳定的；当 $\beta = 0$ 或 $\beta = 1$ 时，$\alpha = \dfrac{F_2 - (1-\delta) \mu}{(\rho_1 - 1)(1-\delta)}$ 时，服务提供商（服务企业）的服务化概率是稳定的。

由公式（3-20）、公式（3-24）联立动力学方程：

$$\begin{cases} \dfrac{d\alpha}{dt} = \alpha (X_1 - \overline{X}) = \alpha (1-\alpha)(\rho_1 - 1) \left[\beta (\delta \rho_2 \mu - F_1) + (1-\beta)(\delta \mu - F_1) \right] \\[3mm] \dfrac{d\beta}{dt} = \beta (1-\alpha)(\rho_2 - 1) \left[(1-\delta)(\rho_2 \mu \alpha + \mu \alpha + \mu - \mu \alpha) - F_2 \right] \end{cases}$$

$$(3-25)$$

计算其雅可比矩阵，根据 Friedman（1991，1996）提出的方法，其均衡点的稳定性可由该动力系统计算所得的雅可比矩阵来分析其局部稳定性。鞍点 (X_g, Y_g) 的坐标为：

$$X_g = \frac{F_2 - (1-\delta) \mu}{(\rho_1 - 1)(1-\delta)}$$

$$Y_g = \frac{F_1 - \delta \mu}{\delta \mu (\rho_2 - 1)}$$

下面分析鞍点的情况。当博弈双方均不占据全球价值链上的主导地位时，博弈双方的收益均为负数，博弈动态演化如图3-2所示。

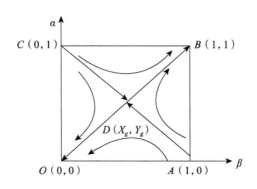

图 3 - 2　动态博弈过程示意图

如图 3 - 2 所示，(0, 0)，(1, 1) 为稳定的 ESS 点，(X_g, Y_g) 为鞍点，(0, 1)，(1, 0) 为不稳定点。由图 1 可知，进化博弈的均衡策略选择取决于鞍点的位置。当博弈的初始位置位于 ΔCOA 内时，鞍点收敛于 O (0, 0)，此时博弈双方均选择不服务化。当初始位置位于 ΔCAB 内时，鞍点收敛于 B (1, 1)，此时博弈双方的均衡策略均为参与服务化。当鞍点的位置越趋近于 0 时，多边形 $COAB$ 的面积则会越大，此时鞍点收敛于 B (1, 1) 的概率越大。这就取决于制造企业与服务提供商（服务企业）的初始成本 F、服务化努力程度 ρ。当初始成本越小，而制造业服务化程度越高、服务提供商（服务企业）能够采取相对应协调策略时，多边形 $COAB$ 的面积则会越大，此时博弈双方收敛于合作的概率越大。因此，制造业服务企业与服务提供商（服务企业）在全球价值链中的协调合作有利于双方共同获得最大收益。

但制造业与服务业的协调发展不仅取决于服务业市场化程度，还取决于制造业的服务业需求。如发达国家跨国公司的"高端封锁"、政策性歧视、生产性服务人才的短缺等会降低服务业的市场供应，服务的市场化程度很低，直接影响制造企业的服务化决策。反之以生产加工为主的制造业、制造业自我服务、外资制造业与本地生产性服务业低关联程度等会抑制造业对生产性服务的需求。但经济发展程度不同的国家制造业服务需求和服务业发展水平是存在差异的，不同类型的制造业对服务业的需求以及融合发展要求是有差异的。而且，全球价值链下制造业服务化的最终产出还取决于其服务来源于国内还是国外。从这个角度来讲，不同国家或地区以及不同制造行业服务化的程度也是存在差异的，制造业服务化的来源也会影响制造业竞争地位。

第三节　从服务化来源视角进行制造业企业服务化决策行为分析

对于制造企业来说，制造业服务化可以通过两个途径来实现。一是加大企业服务投入，即自行提高与产品制造相关的金融、市场销售、人力资源、外购信息技术等服务支出比重，探索通过"服务标准化"与"服务产品化"的方式为不同客户提供统一的、高质量的服务。二是提高服务外部化程度，即从服务提供商（服务企业）购买服务或者将部分服务环节外包，通过与客户、供应商的共同合作提出整体解决方案。这里就存在一个问题，就是如果服务提供商（服务企业）提供的不是满足制造企业的"标准化服务"（或"规范服务"）时，制造企业还需要花费一定的转化成本。因此，如果制造企业实力较强，在市场中占主导地位，相关的服务提供商（服务企业）就会提供面向制造企业的"规范服务"，反之则提供"非规范服务"。基于此，本书提出如下假设。

当服务提供商（服务企业）采取"规范服务"，制造企业服务外购，此时制造企业的收益为 P。若制造企业选择不合作时，制造业自行提供服务，此时投入的成本为 F，由于制造业自行服务化，此时降低了核心竞争力，损失记为 S，此时制造企业的总收益为：$P - F - S$。

若服务提供商（服务企业）采取"非规范服务"，则制造企业选择合作后，其转移的成本为 f，收益为 $P - f$。制造企业自行提供服务的收益为 $P - F$。当制造企业选择购买服务业的服务产品时，服务提供商（服务企业）的收益为 Q，而"非规范服务"则会带来垄断收益，记为 L，则总收益为 $Q + L$。

若制造企业自行提供服务，则服务提供商（服务企业）的收益为 0。

由以上分析，可得策略组合（服务外购，规范服务）的收益为 (P, Q)，（服务外购，非规范服务）的收益为 $(P-f, Q+L)$，（自行提供，规范服务）的收益为 $(P-F-S, 0)$，（自行提供，非规范服务）的收益为 $(P-F, 0)$。

设制造企业服务外购的概率为 α，则自行提供服务的概率为 $1-\alpha$。服务提供商（服务企业）"规范服务"的概率为 β，则"非规范服务"的概率为 $1-\beta$。

假设制造企业服务外购收益函数 X_1、自行提供服务的收益函数 X_2，平均收益函数 $\overline{X}$ 分别为：

$$X_1 = \beta P + (1-\beta)(P-f) - P - f + f\beta \qquad (3-26)$$

$$X_2 = \beta (P-F-S) + (1-\beta)(P-F) = P-F-S\beta \qquad (3-27)$$

$$\overline{X} = \alpha X_1 + (1-\alpha)X_2 = P-F-S\beta + (F-f)\alpha + (S+f)\alpha\beta \qquad (3-28)$$

相应的动力学方程为：

$$\frac{d\alpha}{dt} = \alpha(X_1 - \overline{X}) = \alpha(1-\alpha)\left[(F-f) + (S+f)\beta\right] \qquad (3-29)$$

假设服务提供商（服务企业）"规范服务"收益函数 Y_1、"非规范服务"的收益函数 Y_2，平均收益函数 $\overline{Y}$ 分别为：

$$Y_1 = \alpha Q + (1-\alpha) \times 0 = \alpha Q \qquad (3-30)$$

$$Y_2 = \alpha(Q+L) + (1-\alpha) \times 0 = \alpha Q + \alpha L \qquad (3-31)$$

$$\overline{Y} = \beta Y_1 + (1-\beta)Y_2 = (Q+L)\alpha - \alpha L \qquad (3-32)$$

相应的动力学方程为：

$$\frac{d\beta}{dt} = \beta(Y_2 - \overline{Y}) = L\beta(1-\beta) \qquad (3-33)$$

分析制造企业的情况，当 $\beta = \frac{f-F}{S+f}$ 时，$\frac{d\alpha}{dt} = 0$，表明此时制造企业处于稳定状态；当 $\beta \neq \frac{f-F}{S+f}$ 时，$\alpha=1$，$\alpha=0$ 是稳定状态；当 $\beta > \frac{f-F}{S+f}$ 时，$\alpha=1$ 是 ESS，当 $\beta < \frac{f-F}{S+f}$ 时，$\alpha=0$ 是 ESS。

分析服务提供商（服务企业）的情况，当 $\alpha=0$ 时，$\frac{d\beta}{dt}=0$，表明所有的服务提供商（服务企业）都为稳定状态；当 $\alpha \neq 0$ 时，$\beta = 1$，$\beta = 0$ 是两个稳定状态，由于 α 非负，所以 $\beta = 1$ 是 ESS。

令 $\alpha = \dfrac{f - F}{S + Q}$，即 $S < -F$ 时，由于 F 是制造企业自行投入服务化的成本，其值大于 0，要使得 $S < -F$ 成立，则表明 S 为负值，表明制造企业放弃服务提供商（服务企业）提供的服务产品时，将会使制造企业不仅没有损失，反而产生收益。表明产业链中制造业占据主导地位，而服务业较为落后，制造企业自行提供服务更为有利。或者相反的情况，服务提供商（服务企业）处于主导地位而制造企业较为落后，此时产业链不能产生协调效应。此时进化博弈的稳定策略为 $\alpha = 0$，$\beta = 1$。表明制造企业均选择自行提供服务。

令 $\beta = \dfrac{f - F}{S + Q}$，即 $S > -F$ 时，进化博弈的稳定策略为 $\alpha = 1$，$\beta = 1$。此时制造企业选择外购服务产品，而服务提供商（服务企业）提供"规范服务"，此时双方达到收益均衡。为了使博弈双方更好的合作，制造企业放弃服务产品所降低的核心竞争力 S 大于制造企业自行提供服务产品时，产业链中制造企业与服务提供商（服务企业）经过进化博弈后，最终将达到均衡稳定。

归纳来看，在制造业服务化转型中，制造企业不可能提供所有的服务环节，只能不断将内部生产活动进行垂直分解，留下自身具有优势的部分环节，其他环节都实施内部业务外部化，从外部购买服务。但是是否外购服务以及外购服务的成本还与市场中制造企业和服务提供商（服务企业）的竞争地位有关。从全球价值链来讲，外购服务还包括发达国家是否愿意提供和本土服务提供商（服务企业）提供的服务是否满足外资制造企业的规范需求（Falk，Peng，2013）。而且，制造业产出中到底有多少服务是由本国提供、多少是由国外提供会直接影响一国制造业的真正增加值。因此，分析制造业服务化的特征事实还需区分服务投入的来源（戴翔，2016）。也就是说，全球价值链下研究制造业服务化对制造业国际竞争力影响还必须考虑制造业服务化的来源问题。

第四节　小结

制造业服务化从本质上讲是消费者、制造企业和服务提供商围绕服务供需与利润分配的一个动态博弈过程。一般来说，若博弈双方选择合作时，如消费者愿意接受服务化成本或者需要更多服务附加、制造企业愿意外购非优势服务或者外供优势服务、服务提供商愿意提供规范化服务或者外资企业不采取"高端封锁"等时，将会有更多的制造企业加入该产业链中从而实现总利润的最大化，从而提升制造业国际竞争力。相反，如果消费者、制造企业和服务提供商之间不采取合作策略，如消费者不愿意承担服务附加成本、制造企业不接受服务提供商的服务而进行自行服务、服务提供商没有能力向制造企业提供相关服务或者跨国服务公司不愿意向本土制造企业提供相关高端服务等时，本土制造企业服务化的动力就会消失，制造业转型升级难以实现，竞争力提升也必定缓慢。但是，无论是从消费者参与视角还是制造企业和服务提供商（服务企业）协调发展以及服务化来源视角来看，制造业服务化策略选择都受经济社会发展水平、制造业本身特征的影响。原因是消费者是否愿意承担服务附加成本或享受更完善的服务追求等都与当地经济发展水平有关，而且掌控全球价值链上话语权的跨国公司往往在经济发达国家，不同要素密集型制造业需要的服务投入也是存在差异的，贸易规则也会影响制造企业的服务供给水平，等等。

因此，从制造业服务化视角分析全球价值链下制造业国际竞争力时，既需要考虑消费者、制造企业与服务提供商之间的协同，还需考虑不同经济发展水平、不同制造行业以及国外服务化和国内服务化的差异。通过构建进化博弈模型对制造企业服务化决策行为进行分析，指出全球价值链下制造业服务化本质上是消费者、制造企业和服务提供商围绕服务供需与利润分配的动态博弈过程，从而为下文的制造业服务化提升制造业国际竞争力内在机理提供微观解释。

第四章　基于服务主导逻辑的制造业服务化战略内在机理分析：全球价值链下制造业国际竞争力提升视角

在工业经济时代将商品与服务明确区分是比较容易的，背后体现的是商品主导逻辑；但是在信息化和全球化的今天，这种区分变得相当困难。事实上，自20世纪90年代以来，以信息技术和网络技术为核心的第三次科技革命正在颠覆性地改变商业环境，为企业提供了比以往任何时期都更为丰富的创新途径与创新空间，而商业模式是建立在特定商业环境上的企业组织和系统的架构，这必将催生新一轮商业模式变革。正是在这样的背景下，商业模式与商业模式创新开始引起社会各界的关注并在很短的时间里成为世界范围内企业界与学术界最为流行的词汇之一。然而，以往关于商业模式的研究成果多是基于传统的商品主导逻辑的，产品与服务品的明确区分往往容易导致"服务化悖论"，单纯地追求高端要素会导致"商业模式创新失灵"。对此，学者们提出用基于使用价值的服务主导逻辑代替传统的基于交换价值的商品主导逻辑来指导企业的战略和行动，将研究聚焦从关注产品和服务品本身转移到服务价值网络中如何占据优势位置去创造和占有价值，从仅关注高端环节转向服务网络的构建。基于此，本书并不打算研究一般的商业模式中的价值创造与利益分配，而是从价值内涵演变出发，探讨指导企业战略和行动的主导逻辑演变机理，然后从服务主导逻辑的视角分析全球价值链下制造业服务化提升制造业国际竞争力的内在机理并构建理论模型。

第一节　价值逻辑演变：从商品主导逻辑
转向服务主导逻辑

自 2004 年服务主导逻辑一经提出就引起了管理学界和企业界的普遍关注，2005 年在新西兰奥塔哥大学举办的 Otago 论坛上与会学者从各自的研究视角对服务主导逻辑进行了论述，主要研究成果出版在 2006 年 Lusch 和 Vargo 的著作以及刊登在 2008 年第 1 期的 *Journal of the Academy of Marketing Science* 特刊中。随后，2010 年第 1 期 *International Journal of Quality and Service Sciences*、2010 年第 4 期 *Australa - sian Marketing Journal*、2010 年第 4 期 *Journal of Business Marketing Management*、2011 年第 1/2 期 *European Journal of Marketing*、2011 年第 2 期 *Industrial Marketing Management*、2011 年第 2 期 *Journal of Macromarketing* 和 2011 年第 3 期 *Marketing Theory* 都以特刊的形式刊登了学者们基于服务主导逻辑完善既有观点以及从不同角度完善服务主导逻辑的研究成果。如 Robert F. Lusch, Stephen L. Vargo, Matthew O'Brien（2007）从服务主导逻辑角度研究了通过服务的竞争指出，商品主导逻辑和服务主导逻辑之间的差异密切相关；Irene C. L. Ng, Roger Maull, Nick Yip（2007）研究指出，服务主导逻辑是服务科学的理论基础；Grnroos（2008）沿用服务主导逻辑的思想，对顾客与供应商研究视角进行了整合，提出了基于服务逻辑的十大命题；Gummesson 和 Mele（2010）提出了价值共创的概念框架和五个基本命题；Christian Kowalkowski（2010）以制造企业为例指出，服务主导逻辑并不仅仅意味着增加服务，更重要的是要重构企业在价值共创中的角色；David Ballantyne, John Williams, Robert Aitken（2011）从实践的角度介绍了服务主导逻辑；Chesbrough（2011）认为，除了观念的挑战外，服务业的发展也使创新者在实践中接受服务主导逻辑的指导；David Ford（2011）综述了 Otago 论坛上两个重要主题的观点，即服务主导逻辑和 IMP 研究者；Malcolm Wright 和

Deborah Russell（2012）研究指出，服务主导逻辑目前存在的一些问题还没有解决，并呼吁用进一步的概念发展来解决这些问题；Nathaniel D. Line 和 Rodney C. Runyan（2014）从战略营销资产的资源运作角度分析了目的地营销和服务主导逻辑；等等。但到底为什么商品主导逻辑逐渐退出舞台，服务主导逻辑开始兴起呢？这与以信息技术和网络技术为特征的第三次技术革命是否有关呢？

一、基于交换价值的商品主导逻辑

对价值的讨论可以追溯很远，亚里士多德最先区别使用价值和交换价值的概念，但 Say（1821）提出修正效用概念使得使用价值与交换价值的争论在很大程度上被忽略，后来经济思想之父亚当·斯密再次引发了对价值和价值创造的讨论（Adam Smith，1981），他承认使用价值和交换价值的区别，但很快放弃使用价值而将焦点转向交换价值，使之成为边际效用理论和新古典经济学的基础。商品主导逻辑扎根于新古典经济学（Hunt，2000），经济交换是其主要内容，价值创造是经济交换的中心目标和核心过程。

1. 商品主导逻辑下商品处于中心位置，而服务被认为是"次优"产出

在亚当·斯密等的影响下，新古典经济学对价值的关注从中世纪哲学家的使用价值转向交换价值上，交换的标的——单位产出（Unit of Output）自然成为关注的焦点。处于对国家财富源泉的考虑，这种单位产出应该是"生产性的"，是有形的，生产过程中没有顾客介入，是标准化的，可以被储存直至销售。而其他的非生产性产出虽然对个人和国家的幸福是必要的和有用的，但不能对国家财富积累产生贡献。随着历史的推移，"生产性产出"和"非生产性产出"的区别被转变为今天的"商品与服务"的区别。因此，在新古典经济学的世界里，"生产性"商品自然处于中心位置，而"非生产性"的服务则被定义为不是商品的产出，并具有如下特征：无形性（Intangibility）、异质性（Heterogeneity）、不可分离性（Inseparability）和不可存储性（Perishabilty），简称服务的 IIHP 特性（Zeithaml et al.，1985）。这种将服务作为

商品残余的定义实际上是将服务作为一种特殊的商品，而且是一种次优或低等的商品。目前大部分国家对经济分类经常使用的三部门模型充分反映了上述特点。

而且，商品是对财富累积有贡献的关键产出，而服务仅是"次优"产出。在新古典经济学的世界里，"生产性"商品自然处于中心位置，而"非生产性"的服务则被定义为不是商品的产出。因此，在商品主导逻辑下，最终顾客与企业有着明显区别，是整个价值链系统制造出来的商品的接收者，也是价值的毁灭者和消费者。

2. 在商品主导逻辑下企业作为价值创造者成为主角，而顾客是价值的毁灭者

在新古典经济世界里，只有劳动才能创造价值，工业革命诞生的现代企业正是分工化的劳动者的集合，也自然成为整个经济生活的主角，他们是真正的价值的创造者，且价值是企业以商品的形式创造的。随着工业化的推进，关键性资源的重力中心从自然资源、谈判优先权和地理位置转移到对生产技术和支撑它的资本的掌握，手工生产转变为以标准化和专业化为特征的大规模生产（Normann，2001）。在牛顿思维范式下，通过生产过程使产品的某些属性增加或扩大，劳动也转为某种顾客需要的"效用"嵌入商品，实现了价值的增值。当然这种有价值的商品拿到市场上去交换以实现价值，从生产者传递到顾客（Porter，1985），被顾客消费掉而价值毁灭。因此，在商品主导逻辑下只有企业才是价值的创造者，而价值是企业以商品的形式创造的；而最终顾客则是整个价值链系统制造出来的商品的接收者，位于价值创造活动之外，是价值的毁灭者和消费者。换言之，原材料经过价值链被逐渐生产成商品的过程中，价值在不断增加；但是在通过市场交换商品转移到顾客手中后，顾客却在使用商品满足其某种需要的过程中销毁价值。

概括起来，在商品主导逻辑下制造企业服务转型的研究不可避免地会陷入服务转型悖论的陷阱中。具体说来，在制造企业的提供物（Offerings）选择上，要么是建议企业外包（或舍弃）制造而向服务升级，要么将视野局限于

产品服务连续体中服务与产品的所占比重确定上。❶ 而在组织要素安排上，产品与服务品的明确区分自然会导致制造企业与服务企业在组织上也存在明显的差异，服务管理原则通常不被传统的制造企业认同。❷ 因此，制造企业的服务转型也是一种组织战略，即将服务导向的组织性安排要素添加或替代到制造企业里。但是这意味着会在同一组织内整合混合组织性要素，会给服务转型的过程带来内在的困扰、紧张，甚至冲突。❸

二、基于使用价值的服务主导逻辑

亚当·斯密将价值的聚焦从使用价值转移到交换价值，正好契合了他对可供出口交换商品的关注，即在交通不便利、通信技术不发达、资本无法跨国界自由流动的情况下，通过出口盈余的有形商品来积累国家财富，这无疑是最有效率的一种方式。因此，基于商品主导逻辑与工业革命早期的技术和社会背景相适应。但是在信息革命和全球化的今天，亚当·斯密对有形商品在贸易中扮演至关重要的角色的隐含假设越来越失效，商品和服务品的明确区分不仅相当困难，而且成为一种负担，❹ 商品主导逻辑越来越不令人信服、内在缺陷越来越明显（Vargo，Lusch，2004）。应将对价值的聚焦重新从交换价值回到中世纪哲学的使用价值的轨道上，将研究的中心从单位产出和价格转移到服务过程上，用服务主导逻辑来代替商品主导逻辑（Vargo，Lusch，2004）。而在发达国家处于次优地位的服务部门却超越制造部门成为经济主体，这种趋势在中国等发展中国家也越来越明显，这到底是进步还是退步？

---

❶ Tsai Chi Kuo, Hsin – Yi Ma, Samuel H. Huang, Allen H. Hu, Ching Shu Huang. Barrier Analysis for Product Service System Using Interpretive Structural Model, *International Journal of Advanced Manufacturing Technology*, Vol. 49, No. 1 – 4, 2010, pp. 407 ~ 417.

❷ Sandra Vandermerwe, Juan Rada. Servitization of Business: Adding Value by Adding Services, *European Management Journal*, Vol. 6, No. 4, 1998, pp. 315 ~ 324.

❸ Chandru Krishnamurthy, Juliet E Johansson, Henry E Schlissberg. Solutions Selling: Is the Pain Worth the Gain? *McKinsey Marketing Solutions*, Vol. 1, 2003, pp. 1 ~ 13.

❹ Evert Gummesson. Extending the Service – dominant logic: From Customer Centricity to Balanced Centricity, *Journal of the Academy of Marketing Science*, Vol. 36, No. 2, 2008, pp. 15 ~ 17.

为此，Vargo 和 Lusch 建议用服务主导逻辑来代替商品主导逻辑，将研究的中心从单位产出和价格转移到服务过程上。基于此，服务主导逻辑提出了 10 个基础性假设前提（FPs）：FP1，服务是交换的根本性基石；FP2，间接交换掩饰了交换的根本性基石；FP3，商品是服务提供的分销机制；FP4，操纵性资源是竞争优势的根本性源泉；FP5，所有经济是服务经济；FP6，顾客通常是价值的共同创造者；FP7，企业不能传递价值，只能提供价值主张；FP8，以服务为中心的观点是内生性的顾客导向和关系性；FP9，所有经济性和社会性行动者都是资源整合者；FP10，价值总是被受益人独特地和现象地决定。与商品主导逻辑的"分"的特色刚好相反，服务主导逻辑充分体现"合"的特色：（1）服务是一切经济交换的根本性基础，所有经济都是服务经济；（2）顾客不再是价值的毁灭者，企业和顾客共同创造价值；（3）所有参与者都是资源整合者，共同组成服务生态系统或服务价值网络。

1. 服务主导逻辑下服务是一切经济交换的根本性基础，所有经济都是服务经济

与商品主导逻辑下将服务定义为单位产出的一种类别不同，服务主导逻辑的中心是对"服务"重新定义：服务（Service）是为了其他实体的利益而使用某人（企业、机构等）的资源或能力的过程，无论是商品还是服务品都是间接或直接提供服务的一种工具。❶ 通过服务的重新定义，服务主导逻辑将过去的商品与服务之分统一到服务上面来。该逻辑的第一教义就是服务是所有经济交换的根本性基础（FP1），即法国著名经济学家巴斯夏（Bastiat）所说的"为服务而交换服务"❷。所有经济交换的目的和内容就只有一个——服务，即所有经济就实质而言都是服务经济（FP5）。但这种"服务对服务"的经济交换的本质特征经常被间接交换所掩盖（FP2）。商品在服务主导逻辑里扮演非常重要的角色，但仅被看作服务提供的分销机制，而不是价值创造和交换的首要要素（FP3）。因此在商品主导逻辑下商品与服务的区别，在服务

---

❶ Stephen L. Vargo, Robert F. Lusch. Service – dominant logic: continuing the evolution, *Journal of the Academy of Marketing Science*, Vol. 36, No. 1, 2008, pp. 1 ~ 10.

❷ Frédéric Bastiat. *Harmonies of Political Economy*, London: J. Murray, 1860.

主导逻辑下变成直接与间接的服务提供的区别。服务是经济活动的基本成分，以服务为中心的过程是经济活动目标；这些活动从根本上被引导为寻找和提供解决方案，即直接和间接服务（商品）的服务复杂组合。

2. 服务主导逻辑下顾客不再是价值的毁灭者，企业和顾客共同创造价值

服务主导逻辑的第二个重要教义就是对价值创造的重新认识。商品主导逻辑关注的焦点是交换价值，因此价值是商品的属性，是由企业创造并分销给"消费者"的，而消费者会毁灭和消费它。而服务主导逻辑关注的焦点是使用价值，价值不是单位产出在市场交换中被实现，而是在一定情景下单位产出被使用而实现。以软件工具为例，购买者仅仅获取或拥有软件是不能够获取价值的，只有为了特定目的使用该软件才能获得其价值，这也就不奇怪"软件作为一种服务"（Software as a Service，SaaS）为何成为软件业的一种共识。企业不能单独创造价值只能提供价值主张（FP7），然后在被顾客接受后与其一起合作创造价值（FP6）。企业直接或通过商品间接提供服务，也仅仅是顾客价值创造中的一种投入。在价值可被实现前，这些投入必须与其他资源整合起来，这些资源一些是通过市场获得的，另一些是私人（如个人、朋友和家庭）或公共性（如政府）提供的（FP9）。不仅如此，只有顾客才能对价值进行评价；换言之，价值总是被受益人独特地和现象地决定着（FP10）。

3. 服务主导逻辑下所有参与者都是资源整合者，共同组成服务生态系统

将顾客作为价值共同创造者的思想实际上意味着企业和顾客在价值创造中扮演的角色是一样的；不仅如此，价值创造需要的资源超过了两方面，需要企业、顾客、供应商、雇员和股票持有者和其他网络伙伴的卷入，而不仅仅是企业或企业—顾客界面。这样，一个像网状一样的价值创造网络被用来替代价值链隐喻；价值不再是在分离的线性价值链中前后相继地被创造，而是在顾客、供应商和雇员等组成的网络中由大家交互地共同创造。在服务主导逻辑中，这样的价值创造网络被称为服务生态系统（Service Ecosystems）——服务系统组成的松散耦合系统。一个服务系统是资源（包括人、技术和信息等）安排的集合，目的是整合它自己的资源和其他服务系统的资源来共创价值。因此，这些服务系统又被称为"资源整合者"（FP9）。一个

服务系统提供服务仅仅代表资源的一个子集，必须被另一个服务整合进来创造价值。

按照服务主导逻辑，顾客不再是价值的毁灭者，而是与企业一起共同创造价值，企业不能单独创造价值，只能提供价值主张，价值主张在被顾客接受后与其一起合作创造价值，且只有顾客才能对价值进行评价（Vargo，Lusch，2004）。而顾客真正关心的不是企业提供的是商品还是服务，而是能否解决他遇到的问题，给他带来效用和便利，这些更多地取决于顾客的体验和感受，因而更像"服务"而不是"商品"（Vargo，Lusch，2004），服务成为价值创造和交换的首要要素，是所有经济交换的根本性基础（Bastiat，1860）。这样，价值不再是在分离的、线性价值链中前后相继地被创造，而是在顾客、供应商和雇员等组成的网络中交互地共同创造（Normann，Remirez，1993），企业扮演的角色是"服务系统提供者"或"资源整合者"。

因此，将价值创造的聚焦从交换转向使用，意味着将我们对价值的理解从基于企业的单位产出转向整合资源的过程。在服务生态系统中，一个成功的企业不再仅仅是"增加价值"，而是"再造价值"，战略分析的聚焦不再是公司，甚至产业，而是服务生态系统本身。企业的战略任务是重新配置服务生态系统中行动者的角色和关系，目的是使价值创造进入新的形式，以新的协同关系再创价值（罗珉，2006）。

三、第三次技术革命导致的价值导向演变：从商品主导逻辑转向服务主导逻辑

在牛顿思维范式下，通过生产过程使产品的某些属性增加或扩大，技术也转为某种顾客需要的"效用"嵌入商品而实现价值增值。也就是说，因能源应用上的技术性突破而产生的工业革命，使工厂系统成为经济世界的基本单元（Normann，Remirez，1993），商品和服务的区分很容易。因此，将商品与服务明确区分的商品主导逻辑（Vargo，Lusch，2004）与工业革命早期的技术和社会背景相适应。同时，技术变革带来的分工使得价值链主要用来描述发生在一个企业里的所有价值增值活动，即将一项产品或服务从提出概念与

设计，经过不同阶段的加工，制成成品送到消费者手中，直到消费者使用后的最终处置的整个过程（Porter，1985），最终顾客与企业有着明显区别，是整个价值链系统制造出来的商品的接收者。也就是说，价值是企业以商品的形式创造的，但这种有价值的商品必须被拿到市场去交换以实现价值从生产者到顾客的传递，并通过公平交换而被衡量（Porter，1985）。

但是以信息技术和网络技术为特征的第三次技术革命，不仅使产业融合趋势不断加剧，产业边界日趋模糊，且顾客开始不断追求将过程、产品和服务创新相集成的，更一般化的服务生态系统为其提供的，能够创造顾客价值的新服务体验或新服务解决方案。即客户不仅仅希望能得到制造商已经设定好的价值，还能根据自己想要的价值而寻求服务。这样，商品和服务品的明确区分不仅相当困难，而且成为一种负担（Gummesson，2008）。而且，信息技术和网络技术的广泛运用，使得不仅仅技术是服务提供（Bitner et al.，2010）和价值创造（Maglio，Spohrer，2008）的一个重要组成部分，制造业提供的商品也仅仅是服务提供活动的一个分支，服务是经济活动的基本成分，各种活动从根本上被引导为寻找和提供解决方案（Solutions）。根据这一逻辑，企业希望通过向顾客提供能满足其需求的服务而实现价值增值，顾客希望企业能根据其需求来提供各种服务。因此，与传统技术分离观相适应的商品主导逻辑显然无法解释当今的一些现象，第三次技术革命促使指导企业战略和行动的价值导向从商品主导逻辑转向服务主导逻辑。

显然，服务主导逻辑能较好地解决"服务转型悖论"。不仅如此，因为关注点不同，服务主导逻辑与商品主导逻辑有着不同概念体系（如表 4 - 1 所示）；换言之，可为制造企业服务转型带来新的语言、透镜和研究视野。因此，一些学者已开始将服务主导逻辑运用到制造企业服务转型的研究中。例如，Bjurklo 等提出制造企业应将他们的战略聚焦从传统交易转移到长期的顾客关系上；❶ Sebastiani 和 Paiola 认为可以用服务主导逻辑形成服务创新路径，

---

　　❶　Margareta Bjurklo , Bo Edvardsson, Heiko Gebauer. The Role of Competence in Initiating the Transition from Products to Service, *Managing Service Quality*, Vol. 19, No. 5, 2009, pp. 493~510.

指导制造企业的服务转型；Lusch 等提出制造企业通过服务转型实现价值液化（去物质化），进而通过价值富集在服务价值网络中占据有利位置；❶ Cova 和 Salle 进一步认为在服务主导逻辑下，制造企业的服务转型不应仅仅局限于设计自身的产品和服务品的组合，而且还规划着整合服务生态系统的服务架构和产业架构，从而取得架构控制权；❷ 等等。应该说，服务主导逻辑是 20 世纪 70 年代以来服务研究的有效结论的一种整合，主要是为我们提供一种思考经济交换中的价值和价值创造的新思维逻辑和范式（哲学和精神层面的），进一步的理论化工作才开始。❸

表 4 - 1　不同主导逻辑下的概念体系

商品主导逻辑下的概念		过渡性的概念		服务主导逻辑下的概念
商品	----→	服务品	----→	服务
产品	----→	出售物	----→	体验
特征/属性	----→	受益	----→	解决方案
价值增值	----→	共同生产	----→	价值共创
价值最大化	----→	金融工程	----→	金融反馈
价格	----→	价值传递	----→	价值主张
均衡系统	----→	动态系统	----→	复杂适应系统
供应链	----→	价值链	----→	价值创造网络
促销	----→	整合营销	----→	对话
产品导向	----→	市场导向	----→	服务主导逻辑

来源：Vargo & Lusch（2008）

---

❶ Roberta Sebastiani, Marco Paiola. Rethinking Service Innovation Four Pathways to Evolution, *International Journal of quality and Service Sciences*, Vol. 2, No. 1, 2010, pp. 79~94.

❷ Bernard Cova, Robert Salle. Marketing Solutions in Accordance with the S - D logic: Co - creating Value with Customer Network Actors, *Industrial Marketing Management*, Vol. 37, No. 3, 2008, pp. 207~77.

❸ Roderick J. Brodie, Michael Saren, Jaqueline Pels. Theorizing about the Service Dominant Logic: The Birdging Role of Middle Range Theory, *Marketing Theory*, Vol. 11, No. 1, 2011, pp. 75~91.

第二节　制造业服务化提升制造业
国际竞争力的内在机理：服务主导逻辑视角

一、价值创造视角分析

技术水平是决定产业生产率和竞争力的基本因素，也是一国实现产业质量提升和全球价值链上高端转移的关键。而制造业服务化不仅会增加制造业生产过程中的服务产品投入，如设计研发、商务咨询、信息技术等知识和技术密集型服务，使制造企业能够获得更多处于前沿的新技术、新产品、新方法，提高制造业的技术创新能力。而且，制造业服务化也增强了制造业内部及其与其他行业之间的产业关联度，提高了先进技术在企业之间和行业之间扩散的速度，企业能够更容易习得供应商、合作伙伴等企业的生产技术，发挥技术溢出效应。此外，制造业服务化会带来制造企业对服务需求的增加，会促使更多更高端生产性服务业的产生，而当这些专业化生产性服务业导入制造业时，不仅可以获得专业化和规模化的优势，还能通过产品服务包或整体解决方案满足消费者日益个性化的需求，也有利于制造业和服务业在融合过程中取得价值链整合效应。总之，服务可以通过各种形式融入价值各环节，只要有价值创造的可能就有服务形态的出现。因此，全球价值链下生产性服务要素对制造业技术水平与技术复杂度的提升发挥着越来越重要的作用，制造业服务化可以通过技术导入、技术溢出提升制造业的技术创新能力和满足个性化需求，通过专业化分工和价值整合来创造更多价值，进而影响制造业的国际竞争力。下面将分别运用数理模型和理论分析从价值创造视角探讨全球价值链下制造业国际竞争力提升的动力机制。

1. 需求分析

假设产品中包含制造和服务两个部门的价值，且服务部门能够带来产品的差异化，因而行业中厂商之间的产品不具有同质化，所有商品皆在垄断竞争的市场中交易。若某一地区的国际竞争力为 C_i，国际竞争力越强对本地区的商品需求越强烈，制造业产品 j 进行国际贸易，相应的运输成本为 t_{ij}，则对 i 地区的产品 j 的需求量为 d_{ij}，参照 Redding 和 Venables（2004）的分析框架：

$$d_{ij} = \frac{(P_j t_{ij})^{-\sigma}}{\sum_j N_j (P_j t_{ij})^{1-\sigma}} C_i (P_j t_{ij})^{-\sigma} C_i (G_i)^{\sigma-1} \qquad (4-1)$$

其中，G_i 为该地区的价格指数，P_j 为商品 j 的价格，N_j 为地区 i 的所有商品种类，σ 为商品的替代弹性。对地区 i 所有产品加总即为总产出，以 D_i 表示。

$$D_i = \sum_j d_{ij} = (P_j)^{-\sigma} \sum_j (t_{ij})^{1-\sigma} C_i (G_i)^{\sigma-1} \qquad (4-2)$$

设 $x_{ij} = \sum_j (t_{ij})^{1-\sigma} (G_i)^{\sigma-1}$，则由式（4-2）可得商品价格的表达式：

$$P_j = x_{ij}^{1/\sigma} C_i^{1/\sigma} D_i^{-1/\sigma} \qquad (4-3)$$

由式（4-3）可知商品的价值创造与国际竞争力为正向关系，而与总产出为负向关系。

2. 供给分析

从供给的角度来分析制造业服务化对厂商行为的影响。假设厂商在生产中的唯一投入为劳动，则生产函数可设定为：

$$q_j = \alpha_j l_j^{1-\eta} \qquad (4-4)$$

其中，q_j 为产品 j 的产量，$0 < \eta < 1$，l_j 是厂商投入的劳动量，α_j 为全要素生产率。技术创新能力是企业发展的源泉，制造业服务化促使产品技术含量的提升，以 I_j 为企业技术创新能力。制造业服务化加快了企业之间信息共享、知识更新的速率，则 F_j 代表技术外溢。分工提升了生产的效率，降低了生产成本，同时更细的分工满足个性化的需求，分工的优化以 di_j 表示。在全球价值链中，对价值链的整合程度能够带来生产效率的提升，以 in_j 代表价值链的整合。则 α_j 可表示为：

$$\alpha_j = \alpha_0 I_j^{\lambda_1} F_j^{\lambda_2} di_j^{\lambda_3} in_j^{\lambda_4} \qquad (4-5)$$

其中 α_0 为除以上因子外影响全要素生产率的要素，λ_1，λ_2，λ_3，λ_4 皆为

大于 0 的常数。制造业服务化的劳动量为复杂劳动，且与本地区的国际竞争力有关，所以 l_j 可表示为：

$$l_j = l^{C_i} \qquad (4-6)$$

其中，l 代表简单劳动，本地区的国际竞争力越强，劳动量的素质越高。当产品市场达到均衡时，由式（4-1）、式（4-2）可得厂商利润最大化的均衡价格 $\overline{P}$ 为：

$$\overline{P} = \frac{\sigma}{\sigma - 1} \frac{W_j^\eta}{\alpha_j} \qquad (4-7)$$

其中，$W_j = \dfrac{(1-\eta)(\sigma-1)}{\sigma} x_{ij}^{\frac{1}{1+\sigma\eta-\eta}} \alpha_j^{\frac{\sigma-1}{1+\sigma\eta-\eta}}$

结合式（4-4）、式（4-5）、式（4-6）以及式（4-7），消去商品价格的变量，可得国际竞争力 C_i 的表达式：

$$C_i = \omega_0 x_{ij}^\xi I_j^{\omega_1} F_j^{\omega_2} di_j^{\omega_3} in_j^{\omega_4} \qquad (4-8)$$

其中 $\omega_0 = \rho(1-\eta)\alpha^{\frac{\sigma-1}{1+\sigma\eta-\eta}}$，$\xi = \dfrac{\sigma}{1+\sigma\eta-\eta}$，$\omega_1 = \dfrac{\lambda_1(\sigma-1)}{1+\sigma\eta-\eta}$，$\omega_2 = \dfrac{\lambda_2(\sigma-1)}{1+\sigma\eta-\eta}$，$\omega_3 = \dfrac{\lambda_3(\sigma-1)}{1+\sigma\eta-\eta}$，$\omega_4 = \dfrac{\lambda_4(\sigma-1)}{1+\sigma\eta-\eta}$。

由式（4-8）可知，制造业服务化带来的技术创新能力越强、技术外溢强度越大、个性化需求满足程度越高、专业化分工程度以及价值链整合程度越高或者有效供给越有效，则制造业创造价值的能力越强，制造业服务化动力越大。

二、价值分配视角

全球价值链下与竞争力更为密切的因素是价值链地位。在全球化过程中，随着日益强烈的市场竞争和国家间壁垒的逐步减少，越来越多商品的价值链在空间上分布于全球各地。某个特定行业或企业能否在国际产业竞争中取得优势，关键就看它能否在全球价值链中抓住战略环节，这决定了其能否在整个价值链中处于治理者地位，以及能否拥有价值链的控制权。同理，一国制造业国际竞争力将主要由辖区内的企业在其所属全球价值链中的位置的平均水平决定。下面将运用数理模型从价值分配视角探讨全球价值链下制造业服务化的动力机制。

1. 需求分析

假设制造业服务化 s 的效用为 U，且各种服务之间具有不变的替代弹性 σ，可得：

$$\text{Max } U = \left[\int_{\omega \in \Omega} s(\omega)^\rho \right]^{1/\rho}$$

$$\underset{s.t. \omega \in \Omega}{\int} s(\omega)p(\omega) = E$$

$$0 < \rho < 1 \qquad\qquad (4-9)$$

其中，ω 为特定服务类型，Ω 为服务集合，ρ 与 σ 之间的关系为 $\sigma = \dfrac{1}{1-\rho}$，$p$ 为服务的价格，E 为支出总额，则由式（4-9）可知 ω 的需求函数：

$$s(\omega) = \left(\frac{E}{P}\right)\left[\frac{p(\omega)}{P}\right]^{-\sigma} \qquad\qquad (4-10)$$

其中 P 为购买一单位服务最小支出成本。

2. 供给分析

制造业服务水平的高低代表提供的服务 ω 存在差异，为简化起见，假设企业制造业服务化水平 M 只有两种状态：低端（L）和高端（H），或者 $M \in \{L, H\}$。企业处于两种状态下的固定成本和边际成本分别为 F_L（F_H）和 C_L（C_H），制造业服务化水平高的企业在前期的固定投资中为了占得领先地位，需要较多的固定成本支出，而随着领先地位的确立，可以通过价值链攀升、整体方案的设计、标准的制订、集聚发展、增加本国投入等方式降低成本，从而实现企业国际竞争力的提升，获取更多的利益。所以有 $F_L < F_H$，$C_L > C_H$。由此可得企业的总成本 T_M：

$$T_M = F_M + C_M \qquad\qquad (4-11)$$

$$C_M = f\left(\frac{1}{\upsilon}\right) \qquad\qquad (4-12)$$

C_M 为 υ 的函数，f 为单调增函数。υ 囊括了价值链、方案设计、集聚等因素，且可知价值链攀升，整体方案设计能力的提高，集聚程度越高，标准制

订的权威性，本国投入增多等都可使得企业的边际成本支出降低。由式（4 -
10）、式（4 - 11）和式（4 - 12），可得：

$$P^M = \left(\frac{1}{\rho}\right) C_M \tag{4 - 13}$$

则利润函数可表示为：

$$\pi^M = \left(\frac{1}{\sigma}\right) E\left(P^M \frac{\rho v}{C_M}\right)^{\sigma - 1} - F_M \tag{4 - 14}$$

由此可知制造业服务化高端和低端的利润差为 d^{HL}：

$$d^{HL} = \pi^H - \pi^L \tag{4 - 15}$$

式（4 - 15）为 v 的函数，对 v 求偏导可得：

$$\frac{\delta d^{HL}}{\delta v} = \left[\frac{\sigma \ (F_H - F_L)}{C_H^{1-\sigma} - C_L^{1-\sigma}}\right]^{\frac{1}{\sigma - 1}} \left\{\frac{1}{v^\sigma} E \ (\rho P^H)^{\sigma - 1} \left[\frac{1}{v^{\sigma - 1}} E \ (\rho P^H)^{\sigma - 1} + E \ (\rho P^L)^{\sigma - 1}\right]^{\frac{\sigma}{\sigma - 1}}\right\}$$

$$\tag{4 - 16}$$

由于 $F_L < F_H$，且 $C_L > C_H$，可知 $\frac{\delta d^{HL}}{\delta v} > 0$，也即当制造业服务化能够带来
价值链升级、整体方案设计的完善、集聚程度的上升、标准制订的可获得性
提高以及更多的使用本国服务投入时，就会影响制造业在全球价值链中利润
分配的能力，进而影响制造业服务化的动力。

第三节　服务主导逻辑下基于制造业服务化的
制造业国际竞争力提升的理论机理与模型构建

一、理论机理分析

1. 价值创造视角分析

技术水平是决定产业生产率和竞争力的基本因素，也是一国实现产业质

量提升和全球价值链高端转移的关键。而制造业服务化不仅会增加制造业生产过程中的服务产品投入，如设计研发、商务咨询、信息技术等知识和技术密集型服务，使制造企业能够获得更多处于前沿的新技术、新产品、新方法，提高制造业的技术创新能力。而且，制造业服务化也增强了制造业内部及其与其他行业之间的产业关联度，提高了先进技术在企业之间和行业之间扩散的速度，企业能够更容易习得供应商、合作伙伴等企业的生产技术，发挥技术溢出效应。此外，制造业服务化会带来制造企业对服务需求的增加，会促使更多更高端生产性服务业的产生，而当这些专业化生产性服务业导入制造业中时，不仅可以获得专业化和规模化的优势，还能通过产品服务包或整体解决方案满足消费者日益个性化的需求，也有利于制造业和服务业在融合过程中取得价值链整合效应。总之，服务可以通过各种形式融入价值各环节，只要有价值创造的可能就有服务形态的出现。因此，全球价值链下生产性服务要素对制造业技术水平与技术复杂度提升发挥着越来越重要的作用，制造业服务化可以通过技术导入、技术溢出提升制造业的技术创新能力和满足个性化需求、专业化分工和价值整合来创造更多价值，进而影响制造业的国际竞争力。下面将分别运用数理模型和理论分析从价值创造视角探讨全球价值链下制造业服务化提升制造业国际竞争力的机理。

（1）通过技术创新实现制造业价值增值。

按照 Humphrey（2004）的观点，全球价值链的每一环节都对应着不同的技术层级；Chung 等（2003）研究也显示，研发投入与企业价值间存在正相关关系。也就是说，全球价值链上各环节的技术能力与价值创造能力之间存在着相关性。而在全球价值链下，制造业服务化有利于制造企业将国内外更多的高端服务要素投入制造业各环节中，而这些高端服务要素所内含的知识资本、技术资本和人力资本可以大幅度提升制造业的技术创新投入能力、技术创新产出能力，增强制造业的价值创造能力，进而提升制造业的国际竞争力。因此，制造业服务化通过提升制造业嵌入全球价值链中各环节的技术能力而实现价值增值，是提升制造业国际竞争力的重要途径。

①通过技术创新和导入实现制造业价值增值。

在价值链中，技术研发位于靠左的区域，是产业（企业）发展的基本动力。制造业服务化是将服务要素导入制造业生产过程，随着越来越多的知识技术密集型服务（如信息服务业、科学研究与技术服务业、教育等）投入制造业各行业企业中去，传统制造业的技术得到不断改造和创新，技术水平得到不断提升，必然会促进制造业企业创新和技术进步。而且，投入了更多服务要素的制造企业更倾向于研发新的产品。如一些技术密集型制造业产品更新换代的频率很高，接受研发类服务投入后更有助于产品的更迭以及新产品的生成。此外，制造业服务化还会使制造企业和服务提供商（服务企业）进行协同，共同参与到技术研发和产品创新中去，协同方式由企业内部门到产业内企业再到产业间企业的转变，知识、技术和管理经验等生产要素不断进行密切交换，突破产业壁垒，降低交易成本，提升制造业竞争力。

②通过高端人力资本的积累和嵌入提升制造业价值创造能力。

技术创新需要依靠人力资本和知识资本等高级生产要素，而这些高级生产要素主要来源于生产性服务的投入。也就是说，制造业服务化有助于服务业高端人力资本的积累。一般来说，高端生产性服务本身具有高技术含量、人力资本密集型、知识密集型的特点，而从事这些行业的人往往是高级研发或者高级管理人员。制造业服务化会促使企业不断地通过教育、培训等方式积累人力资本，也可从不同的层面对劳动力进行资本投资；而且生产性服务作为技术和知识的流动载体，进口国外高端服务有利于进口国对先进技术的学习、消化、吸收及创新能力，从而加速人力资本的积累（王菁，2016）。因此，制造业服务化的推进为制造企业进行产品研发创新提供动力和条件，同时又有利于制造企业通过技术创新带来价值创造能力的提升，在全球价值链中实现价值增值。

（2）通过技术溢出创造价值。

生产性服务本身作为一种中间投入要素，既要消耗其他产业的产品，也是其他产品的消耗品。因此，制造业服务化有利于增强制造业内部及与其他产业之间的产业关联度。而在全球价值链分工下，生产性服务在全球价值链的各个环节的嵌入更有利于生产者的技术密集、知识密集的特性扩散至其他产业，促使技术溢出效应发生。而且，随着全球价值链深化和新一代信息技术带来的国际技术转移和合作创新日益深化，全球生产网络中越来越多的技术落后国家希望通过技术引进、吸收消化和自主创新过程最终缩小与技术发达国家之间的技术差距。但如果一国（地区）制造业自身整体技术水平不高、吸收能力不强时，往往很难在短期内吸收由发达国家引进的先进技术。而制造业服务化的推进，有利于外资制造企业在本地的技术溢出效应发挥，也有利于本地制造企业利用外资的技术溢出实现价值创造能力的提升。

①加速外资制造企业在进口国的技术溢出。

制造业服务化战略的推进会使进口国从国外获得更多的生产性服务投入制造业中，加强本国制造业对知识密集型、技术密集型服务要素的积累，为技术进步奠定要素基础。原因是在传统的国际分工形式下，由于跨国公司核心技术保护措施的实施，以加工为主的外资制造业与本国服务业的产业关联是被割裂开来的，很难发挥技术溢出效应和协同带动作用。而制造业服务化战略的推进带来的专业性、高端生产服务业的供给增加，有利于推动外资制造业开放产品与服务支撑系统，加强产业链的本地化延伸和配套，这样外资制造企业的部分技术溢出就进入本地化的协作与配套系统，这反过来会提升本地专业性生产服务业的供给能力，增强本地制造业的价值创造能力，进而提升国际竞争力。

②有利于提升进口国制造业的技术吸收能力。

制造业服务化推动制造企业从制造向研发设计环节延伸，通过"干中学"掌握产品创新、设计的隐含性知识和技能，创造更多的价值。而且制造业服务化带来的本国制造业人力资本和知识资本投入的增加，会在很大程度上增强本土制造业的吸收能力，从而使制造企业能够在短期内吸收来自发达国家的先进技术，然后通过吸收消化和自主创新过程最终缩小与技术发达国家之间的技术差距，提升本国制造业的价值创造能力，进而实现国际竞争力的提升。同时，制造业服务化带来的本地制造企业生产性服务业需求市场的扩大，会鼓励各类外资服务提供商（服务企业）在产业链上下游合作，建立产业联盟，有利于一国制造业通过外购生产性服务业的技术溢出效应获取创造更多的价值，进而提升国际竞争力。

（3）在满足个性化需求过程中创造价值。

①通过拓展和创造用户需求实现价值创造。

信息技术的发展带来了服务的便利化，各种新的服务开始兴起，而服务含量的增加是增强产品差异化的有效手段，服务逐渐成为制造企业争夺客户的重要手段。对此，拓展服务需求也成为制造企业提升国际竞争力的一个重要手段，而制造业服务化有利于拓展服务需求，包括对现有服务需求的拓展和创新服务需求。

②在需求拓展过程中创造更多种类的制造品和创新更多的服务内容。

目前，越来越多的制造企业利用物联网、大数据等信息技术通过顾客体验、在线设计等生产满足顾客需求的差异化产品，在创造新价值的过程中提高制造企业的竞争能力（吕云龙、吕越，2017）。制造业服务化会促使本国企业通过学习、模仿、吸收外国的先进技术，并在"干中学"中实现本国企业技术的进步与创新，最后通过企业之间的有效竞争或示范效应带动整个行业的技术进步。因此，分离出来的生产性服务业会因为专业化而效率提升，能够更进一步提升制造业国际竞争力。

（4）通过价值链整合创造价值。

在全球价值链分工体系下，生产跨越国际边界扩展速度加快，一国（地区）更多地专注于价值创造过程中某一工序或区段，价值链生产和服务各环节不断以新的方式拆分和重组，制造业效率提升不仅取决于自身生产制造的效率，更取决于不同生产环节间的组织协作关系。而制造业服务化不仅会使从制造业价值链中分离出的生产性服务，在市场因素和产业关联的作用下重新嵌入制造业相应环节，与制造业价值链动态匹配进行价值链重构（白清，2015），而且价值链重构的过程本身也是竞争优势重塑的过程。并且，生产性服务业在与制造业关联的密集区域集聚会带来知识溢出、劳动力池、间投入品共享效应，提升制造业的价值创造能力。

①通过价值链整合扩展价值。

一方面制造业服务化会促使制造业产业链向服务业延伸；另一方面制造业服务化会促使服务企业产业链向制造业延伸。制造业服务化与服务业制造化的融合协同发展，使得产业价值链既包含制造业价值链增值环节，又包含服务业价值链增值环节，与制造业价值链和服务业价值链相比，能够提供系统解决方案、定制化设计及生产等（徐东辉，2016）具有更广阔的利润空间和增长潜力，能扩展制造业价值创造能力。

②通过价值链整合提升价值。

制造业服务化促进了制造业和服务业的协同集聚，这种协同集聚不仅能够使制造商和服务提供商共享基础设施、技术、人才等资源要素，同时大大降低双方的信息搜寻成本、交通成本、生产成本、服务成本、交易成本等，提升全产业链的增值能力和竞争力。而且这种协同集聚的不断演变，会使产业价值链的增值环节变得越来越多，服务效率、增值空间、利润空间决定全产业价值增值、利润来源，也是全产业控制力的决定因素，进而获得更多的价值创造。

③通过价值链整合创新价值。

一方面，选择以产品制造为核心的企业自主加大其优势价值链环节的投入，而将其他服务环节外包，用相关的生产性服务业价值链与之整合，形成新的完整价值链（张福，2016），获得更多的价值创造，如富士康集团通过这种方式成为全球最大的电子产业科技制造服务商；另一方面，选择以服务提供为核心的制造业企业会构建以实现客户价值、为客户提供全方位服务为核心的价值链，既加强自身控制的各环节的投入，又选择与其他的生产性服务性企业开展必要的合作，形成新的全产业链，在为客户提供创新服务的同时实现价值创造，如海尔向平台型企业转型，利用共享的交互平台收集新奇实用的设计方案并将其投入最后的生产活动，大大提高了产品的研发水平和速度，为顾客提供个性化和多样化的产品与服务（张福，2016）。此外，现代通信和网络技术的发展，使制造业和服务业价值链整合的深度和广度得以拓展，新技术、新业态、新管理模式不断涌现，智能制造、创新设计等革命性的制造方式不断兴起，制造业与服务业边界越来越模糊。重建市场边界，再造产业格局，获得更多的创新价值。

（5）通过增加服务有效供给促进制造业价值创造。

虽然生产性服务业是依附于制造业而存在的，制造业为生产性服务业发展创造需求，也是生产性服务业发展的基础和支撑。但制造业要想实现价值增值，也离不开生产性服务业的发展，因为生产性服务业是制造业构成产品差异和决定产品增值的决定因素。因此，生产性服务业的有效供给会影响制造业的价值创造。

①制造业服务化会催生更多的高端服务业。

从需求来看，随着制造产品中复杂知识含量的提升，消费者对专业化服务的需求越发强烈，制造企业为了满足顾客的需求，必然会通过服务化提供更大范围"产品＋服务"，从而催生更多的高端服务。从供给来看，越来越多的制造企业把服务增强作为一种差异化战略时，竞争的加剧会使更多制造企业通过不断地增加服务投入来提升其竞争力，而制造企业也不可能提供所有的环节，只能选择自己的优势部分，这反而会催化一些高端服务业的产生。

②制造业服务化有利于提升服务业的技术创新能力。

制造业作为科技创新最为活跃的部门，既是创新的来源方，也是创新的应用方，随着制造业服务化的推进，越来越多的技术密集型服务业必须和制造业紧密结合，为制造业创新发展出更多的服务。因此，对于服务业而言，制造业服务化本身也是提升服务业创新能力的内在要求。而且，制造业服务化的推进会催生越来越多的服务业态或服务企业，市场上服务的供给也会越来越多，服务市场的竞争也会加剧，这种竞争效应必然会促使更多的服务企业采取技术创新来提升其竞争能力。此外，制造业服务化会促使更多制造企业加速进口国外的知识密集型、技术密集型的服务业，这样国内的服务企业尤其是生产性服务企业就会在示范效应的带动下，通过学习、模仿、创新等不断地促进自身技术的进步与创新。

③制造业服务化有利于提升服务业的技术溢出效应。

随着制造业服务化的推进，也会吸引越来越多国外生产性服务企业在本国的进驻，从而对本国服务企业产生技术溢出效应。如当跨国公司主导国出现前沿的新技术、新产品时，本国服务企业也能通过这些国外企业及时地了解到最新信息、先进的技术和管理经验，有利于本国服务企业技术水平的提升；当跨国公司在为东道国分公司进行专业培训、定期的跨境人员技术交流时，为本国服务企业未来发展提供了更多的高端人力资本，有利于本国服务企业的技术进步；全球化进程的加快和世界制造业服务化的推进，任何一国的制造业服务化过程中所需的服务投入都面临着国际和国内两个市场选择，为了在竞争中获胜，企业就必须不断地进行技术创新，国际市场带来的这种技术溢出效应，会提升整个行业的技术创新能力。因此，制造业服务化可通过提升生产性服务业的有效供给促进制造业国际竞争力提升。

2. 价值分配视角分析

全球价值链下与竞争力更为密切的因素是价值链地位。在全球化过程中，随着日益强烈的市场竞争和国家间壁垒的逐步减少，越来越多商品的价值链在空间上分布于全球各地。某个特定行业或企业能否在国际产业竞争中取得优势，关键就看它能否在全球价值链中抓住战略环节，这决定了其能否在整个价值链中处于治理者地位，以及能否拥有价值链的控制权。同理，一国（地区）制造业国际竞争力将主要由辖区内的企业在其所属全球价值链中的位置的平均水平决定。下面将运用理论分析从价值分配视角探讨全球价值链下制造业服务化提升制造业国际竞争力的机理。

（1）通过价值链攀升获取更多的价值分配。

自20世纪90年代Gereffi提出全球价值链的概念以来，围绕全球价值链的研究成果就层出不穷。纵观已有的研究成果可发现，全球价值链既反映了世界各国之间的分工格局与经济联系，也揭示了世界各国之间的利益分配状态。一般认为，发达国家利用其在资本和技术上的绝对优势占据着价值链的高端位置，从而在全球价值链上获得更多的利益分配。而发展中国家由于自身的实力所限以及发达国家在全球价值链上的封锁，只能参与到全球价值链上的低附加值环节，在全球价值链上获取的利润分配就较少。因此，在全球竞争聚焦价值与效率的新趋势下，提升制造业国际竞争力的关键在于提升其在全球价值链中的分工地位。理论上讲，要素禀赋结构优化、生产性服务业与制造业的良性互动等都可能会促进制造业沿着全球价值链升级，占据更高的价值链环节，获得更多的价值分配。而服务化是制造企业适应产品价值链延伸、产品异质化需求变动、科技迅猛发展以及资源能源的约束发展起来的，可以通过高效的企业组织、充裕的人力资本和完善的研发创新体系促进制造企业向上游延伸，也可以通过制造业和服务业的融合发展提升自身在价值链中分工地位实现价值链升级。

①制造业服务化通过改变要素禀赋结构实现价值链攀升。

制造业服务化通过服务要素的导入深化制造业价值链内的分工、降低制造业价值链内部的相关成本和促进制造业价值链内的创新（周鹏等，2010），使制造业要素禀赋结构发生改变，实现价值链的攀升，如制造业中运输服务的投入使制造企业降低物流成本和出口违约成本，以及优化生产要素调节，生产率和产品附加值得到极大提高；制造业中电信服务投入使得制造企业可以有效控制产、供、销各个环节的经营运作，提高产出效率，还可以通过企业间信息共享和协同运作提升供应链的运作效率；分销服务的导入可以有效缩短厂商与顾客之间的"距离"，增强其在产业链下游环节的参与程度，有效缩短出口企业和东道国的文化距离、制度距离和地理距离，获得更多利润分配；等等。事实上，在新的技术变革、产业变革和消费者需求变化的背景下，单纯的生产制造环节所创造的产品价值增值在整个产品价值链中所占比重日趋下降，服务环节特别是知识密集型服务逐渐成为价值增值的核心，全球价值链上的利润分配开始由中间的生产制造环节向上下游的服务环节转移。而制造业服务化因可以促进制造业要素禀赋结构的改善，在提升制造企业价值链的参与程度的同时，显著提升其在价值链体系中的分工地位，获得更多的利益分配。

②制造业服务化通过促进制造业和服务业融合而实现价值链向高端攀升。

制造业服务化有利于制造业与服务业深度融合，大大提高研发设计、生产运作和品牌营销等各环节效率，扩大价值增值流量，促进制造业价值链攀升。首先制造业服务化会增加制造业生产中的服务要素投入供给，有利于提升制造企业出口的产品质量和技术复杂度，促进企业产品升级。如金融服务、人力资源服务、研发服务和商务服务等专业性服务在制造企业的投入，对制造业生产率的提升效果更明显；物流运输服务、售后服务以及渠道服务的专业化提供，还会促使制造企业由传统制造环节向价值链下游延伸。一般来说，由于发展中国家在全球价值链分工中处于低端位置，导致对本土研发、技术服务或金融服务等高端服务需求较少，本土高端服务业难以依靠国内市场规模而发展壮大。制造业服务化有利于推动和支持在技术、人才或品牌营销等高级要素上优势明显的企业向价值链上游攀升，增强其对国内研发、信息咨询等高端服务的需求，利用规模经济或学习效应带动国内相关服务业的发展，进而提升制造业的全要素生产率。另一方面，制造业会围绕产品功能扩展服务业务，不仅提高制造企业的价值链参与程度，也促进制造企业向价值链高端进行攀升，进而提高制造企业在价值链中的分工地位。另外，制造业服务化还会提升制造业和服务业的产业分工协作水平，使制造业价值链中各个价值增值环节得以"链接"和连续，再加上电信业和网络业发展带来的地区行政割据消除，企业间的产业分工和黏合度更强，改变当前产业园区"只集聚、不融合"的现状，区际间服务业与制造业的深度融合，充分发挥服务业嵌入制造业的成本降低效应和技术创新效应，不断提高制造业出口附加值，增强在制造业全球价值链分工中的国际分工地位，促进企业价值链攀升。

（2）通过整体方案提供突破"高端封锁"和"低端锁定"。

①制造业服务化使制造企业在满足消费者服务需求的同时实现自身高端封锁的突破。

技术进步和经济发展使大部分顾客不再满足于物品本身，而是需要更多的与物品相伴的服务。而且，顾客需求越来越复杂和个性化，期望制造企业提供的服务能够完全覆盖需求或者更加复杂的产品。为适应这种需求变化，制造企业的服务意识不再仅仅停留在销售，而是深入价值链的每一个环节，并提升各环节的服务质量，致力于为满足顾客需求而提供产品相关服务或整体解决方案的商业模式创新。IBM长期以来一直定位为"硬件制造商"，但20世纪90年代后IBM成功地由制造业企业转型为信息技术和业务解决方案公司；GE 曾是世界最大的电器和电子设备制造公司，但今天 GE 已经发展成为集商务融资、消费者金融、医疗、工业、基础设施和 NBC 环球于一体的多元化的科技、媒体和金融服务公司；家电制造商（海尔、TCL、康佳等）与苏宁、招商银行连手推出免息分期付款；等等。也就是说，制造企业为了满足消费者整体解决方案的需求，必然会借助服务化向高端服务环节延伸，不仅借助整体服务方案吸引消费者获得更多利润分配，打破价值链高端控制的现状，提升制造业在全球价值链中的国际分工地位；且可通过逐渐向高端环节的延伸，突破发达国家对全球价值链高端环节的封锁。

②制造业服务化使制造企业能够成为整体解决方案提供者，从而突破发达国家的低端锁定。

随着国际竞争的加剧，企业的边际利润下降，不再仅仅关注分销商和其他中间商，它们日益关注最终的使用者，企业交易已从分散的产品销售转到提供产品和服务的整合上，通过提供一体化解决方案提高信誉、创造需求。而信息技术和新一轮技术变革使得全球价值链向全球价值网演变，产品和服务可以在产品生命周期的任何一个阶段相互关联而形成一个"包"，许多制造企业已经由物品提供者向物品－服务包提供者转变，成为整体解决方案的提供者。整体方案作为一种独特的提供物，并不需要制造企业一定处于价值链高端，而是制造企业在顾客、供应商和竞争对手组成的战略网络中，一起围绕和服务于某种特定产品生产及提供服务，使处于价值链上不同阶段和具有相对专业化优势的企业及利益相关者彼此组合在一起共同创造价值，并且在不断的动态分化与整合过程中形成价值链模块，全球价值网本质上是由不同价值链模块组成的价值网络。相应地，全球价值链上的利益分配将不再局限于价值链环节的高端与否，而是各个价值链模块之间的竞争。因此，对于一些并非处于价值链高端的制造企业来说，就可以绕过一些跨国公司的技术控制与封锁，通过价值环节整合和优化方案的实施提供更加好的整体解决方案，获得更多的利润分配。如华为不仅制造世界上最好的手机，还提供面向商用场景的 5G 核心网解决方案、个性定制化云服务、基于人工智能的百度大脑语音和图像识别服务等，借助服务增强国际竞争力，通过价值模块的形式突破发达国家的低端锁定，围绕制造环节的整体解决方案同样可以在全球价值链上获得更多的利益分配。

③制造业服务化促进平台型服务机构的产生，突破发达国家的高端封锁。

如制造业服务化的推进促进一些专门为制造企业提供专业化服务的平台型服务机构的产生，其专门为制造企业提供研发设计、生产制造、经营管理、市场销售等服务。我们知道，如果单个服务企业和国外高端服务企业进行竞争，必然处于被动挨打的地位。但平台型服务企业却能够凭借自身资源整合能力，与专业化的跨国公司一较高下，突破发达国家的高端封锁。此外，我们虽没有像沃尔玛、家乐福等那样的大型流通企业，但是有速卖通这样的跨境电商服务平台，同样可以跨越发达国家对流通领域的封锁。

（3）通过标准制定权获得更多利益分配。

虽然全球经济推行的是经济自由化，但受各国政府与企业自身利益的影响，必然受到各种"规则"的治理。而全球价值链治理的核心是标准，确保国际分工得以实现的先决条件也是"标准"的实施，谁掌控标准，谁就取得竞争的主动权，也就具有将标准转化为经济收益和垄断市场的能力（黄锦华、谭力文，2012）。但现实中，在全球标准问题上，发展中国家产业往往是"标准接受者"而非"标准制定者"，发达国家的政府和企业也经常用标准新建贸易壁垒或重构价值链治理体系，以保护其现有的在全球价值链中的价值分配优势。发展中国家企业要想在全球价值链中获得更多的价值分配，不可避免地面临着提高本国产业及企业应对标准竞争力挑战的能力或成为标准制定者。而且，标准竞争不仅体现在制造领域。目前，服务业的快速发展也加大了企业对服务标准化的需求，服务标准化不仅直接影响服务质量的评价和服务效率的提升，还是服务利益分配的手段。因此，服务标准化具有重要的经济价值，不仅是各国推动技术进步、拉动经济增长、促进社会发展的有效工具，也是各国参与国际竞争、获取"非价格竞争优势"的重要战略手段（张端阳，2012）。但要对抗标准竞争，必须有专业化市场和领导型企业。而制造业服务化可以通过价值链模块、整体解决方案优化、服务模式和组织创新等向市场领导企业迈进。因此，制造业服务化有利于提升我国企业应对全球标准竞争或参与标准制定的能力，进而帮助企业在全球价值链上获得更多的价值分配。

①制造业服务化带来的信息化可实现优势制造领域标准制定权的获取。

一方面，通过服务剥离实现制造环节的专业化优势，或者利用互联网信息技术开展远程运维、远程监控等服务，共同提升制造业在制造环节的国际竞争力，获得标准控制权；另一方面，将剥离出来的服务环节利用互联网领域的改革，在现有优势制造业领域衍生出信息服务、系统集成、运维服务等一系列专业性服务企业，并制定和推广这些领域的服务标准，在新一轮全球价值链竞争中获得价值分配权。如抓住跨国界标准协同快速发展的机遇期，将高铁、通信等优势领域的相关能力集成起来变成国际标准，并利用中国自身庞大的市场和发达国家开展多边或双边合作，共同制定国际标准。

②制造业服务化通过催生各类平台型服务机构实现非优势制造领域标准制定权的获取。

我国有很多中小制造企业，在国际竞争中永远都是国际标准的遵循者，在全球价值链中完全没有话语权，获得价值分配也很少。而制造业服务化使一些大型制造企业通过向价值链的上下游延伸，转型为专业的平台型服务机构，专门为制造企业提供研发设计、生产制造、经营管理、市场销售等服务，并利用现代信息网络技术开展物联网平台服务，以平台服务的形式带领或代表广大中小制造企业参与全球竞争，在全球价值链中获得一定话语权，参与全球标准的制定，进而获得更多的利益分配。

（4）通过集聚发展提升控制权。

产业集聚不仅是推动地区经济发展的重要方式和手段，如当今世界经济版图上许多色彩斑斓、块状明显的"经济马赛克"，也是实现产业国际竞争力提升的重要手段，如美国硅谷的高新技术产业、日本丰田城的汽车产业、瑞士制表区的中标产业、印度班加罗尔的计算机软件产业等。产业集聚不仅能解决产业资源错配、引导产业资源优化配置、提升产业国际竞争力，还能通过关联产业在劳动分工、制度、资本以及创新上的协同互动不断强化集聚产业的"集体效率"和"外部经济"，实现产业升级。但必须指出的是，解决制造业与生产性服务业协同集聚的"短板"问题是为了避免中国处于全球价值链的低端，成为低水平的"世界工厂"，这是提升制造业在全球价值链中的分工地位的关键。因为制造业与生产性服务业"身手合一"的协同集聚能降低制造业服务外包的成本，促进产业的规模外部经济和专业化分工，产生有价值的溢出效应，提升产业各自的技术水平与生产效率，促进创新和提升产业质量，共同应对国际竞争，实现制造业的国际竞争力提升。而制造业服务化是制造业与服务业融合发展的一种新型模式，必然会推动制造业和服务业的协同集聚或者制造业集聚发展。因此，制造业服务化有利于制造业通过集聚效应的获得而提升国际竞争力。

①制造业服务化有利于推动本地制造业和服务业的协同集聚。

制造业服务化使得制造企业实行主辅分离、辅业改制，选择自己具有优势的服务环节，其他环节通过外包进行资源整合。一方面，分离出来的专业服务会发展成为投资运营企业、拥有自主发明专利的研发企业、拥有自主创新设计的设计企业、拥有独立网络的物流公司等，但生产性服务业尤其是高端生产性服务业具有高度的智能化、专业化的特征，短期内不可能培育出可以分散化服务的能力。而且分离出来的这些企业都以中小微企业为主，只有通过与本地制造企业协同发展或者自身集聚打造生产性服务业平台，才能吸引更多的制造企业在本地集聚，提升本地制造业在全球价值链中的竞争地位，获得更多的价值分配。另一方面，留下来的专业服务成为本地制造企业的职能中心等，制造企业开始向上下游产业延伸，形成上控资源、中联物流和下建网络产业链，利用龙头企业的带动作用，积极发展总承包、总集成，与客户合作，提出整体解决方案。两方面的力量共同作用，使本地制造企业和服务企业，通过网络协作关系来实现知识的共享，实现资源的优化配置，协同集聚提升本地制造业在全球竞争中的地位，获得更多的利益分配。

②制造业服务化有利于推动外资制造业与本地服务业的协同集聚。

当以加工为主的外资制造业与本地服务业的产业关联被割裂时，不利于发挥技术溢出效应与协同带动作用。通过制造业服务化的鼓励措施，引导或推动外资制造业将产品与服务支撑系统对本地开放，鼓励外资制造业购买本地的产品研发、高级管理人员培训、物流服务、法律服务、广告策划、市场调研等生产性服务，实现外资制造业产业链的本地化延伸和配套，进入本地化的协作与配套系统，进而在实现外资制造业和本地服务业协同集聚的同时，通过技术溢出、本地市场效应和绕过"低端封锁"来提升我国制造业在全球价值链中的分工地位，获得更多的价值分配。

（5）通过增加本国服务投入获得更多价值分配。

技术进步带来的"时空障碍"消除和服务业快速发展共同促进了制造业离岸服务外包的快速发展，中间服务跨境流动带来生产要素优化配置成为提升制造业国际竞争力的重要途径。因此，当一国制造业的国内中间服务投入缺乏时，企业就倾向于采用国外中间服务，弥补本国中间产品或最终产品生产上的比较劣势。在全球价值链背景下，企业获取中间服务投入的渠道要么是通过服务贸易获得来自发达国家的中间服务，要么是促进本国服务业的效率提升来生产出更多种类的服务产品。对于前者来讲，如果制造业国际竞争力的提升主要是依赖进口国外服务，就有可能导致对国外高端服务的过度依赖和"低端锁定"，以外资为主力的"为出口而进口"的贸易模式会增大本土制造业价值链低端锁定的风险；对于后者来讲，如果本国服务业的效率提升太慢，就有可能不能满足制造业升级的需要和走不出国门。现实中，发展中国家以出口商品、进口服务（尤其是高端服务）为特征，发达国家则以出口服务、进口商品（尤其是低端商品）为特征。因此，降低对国外高端服务的过度依赖和提升本国服务业效率对提升制造业国际竞争力同等重要。

①通过制造业服务化增加本土制造业的生产效率，增加话语权。

随着制造业产品复杂程度的提高，信息技术的发展，服务的效率对制造业的转型发展、效益提升、外贸增长等诸多方面来说日益重要。制造业服务化通过"服务分离"或"制造剥离"使得企业都聚焦于核心业务，一方面制造企业将投入集中在自己有优势的制造环节或部分核心服务环节，使得制造环节生产效率不断提升的同时，其为其他企业提供的专业化服务，对提升整个制造业生产效率起到重要的支撑作用。如美的集团中央研究院立足于家电行业基础共性技术研究者、未来产业孵化者、创新与技术进步推动者，在为自身提供技术服务的同时，也推动我国家电行业提供技术服务的生产效率的整体提升。另一方面，制造企业之间合作成立专业性的服务提供机构，为整个行业的前沿技术的发展或标准的制定而努力，提升整个制造行业在全球价值链的分工地位。如佛山在制造业服务化的推动下，依托行业内的优势企业组建工程技术研究中心，以行业内的企业为主要服务对象，提供企业技术发展战略制定、技术研发支撑、技术交流与合作、技术人才培养等服务，共同提高本行业的生产效率。此外，制造业服务化使得制造企业将一些服务环节外包，促使社会上逐渐发展出第三方专业的制造服务企业，整合形成了一定规模的制造服务业，生产服务型企业的专业化程度也会越来越高，这些制造服务企业不再仅仅为特定的某个制造企业服务，而是面向整个制造产业，从而得以不断聚集资源，不断提高专业技能、服务效率和扩大服务规模，也就提高了整个制造产业的制造生产效率。如在市场需求的推动下，在政府引导和企业努力下，高校、科研院所和科技创新公共服务机构以及一些专业服务企业自身发展或者组建一些平台服务机构，为相关行业和重点领域提供共性技术攻关、先进装备研制、标准制定、检验检测、信息咨询和科技创新人才培训等生产服务，共同提升制造业生产效率。

②通过制造业服务化减少本国制造业对跨国服务企业的服务投入依赖。

制造业服务化可以使一些制造企业在生产制造环节基础上强化研发设计，走创新驱动的道路；或者强化销售服务环节，甚至实施延伸服务，走顾客至上的道路；或者把服务全部外包，专注于制造环节。但无论哪种模式，都可以促进本国生产性服务业的发展，这反过来又增加制造企业的国内服务化投入，降低本国制造企业对跨国服务企业的过度依赖，从而在全球价值链中获得更多的价值分配。华为和中兴通讯的例子也说明，只有减少对跨国公司的服务依赖，才能在新一轮的竞争中立于不败之地。众所周知，华为采取的是比较激进的研发策略，完全自主研发，产品研发较早，在国内外建立了大量的研发实验室从事新技术开发，对国外的研发服务依赖程度很低，因而能生产世界上可以"挡子弹"的手机，在中美贸易摩擦中也能免于受难。相反，中兴主要采用和其他企业合作开发的形式开发新产品，尤其是一些技术含量很高的关键器件还依赖国外供应商，当中美贸易摩擦发生时，中兴通讯全球价值链所采购的高速光通信接口、大规模 FPGA 等核心部件按照出口管制规定被美国企业停止供货，中兴通讯的生产就难以为继。

二、理论分析框架构建

信息技术的变化带来了生产方式的变革，新一轮技术革命使得新技术、新产品、新服务以及新商业模式不断兴起。在全球价值链分工体系中，分析一国产业参与国际分工的竞争优势不再基于最终产品或者某种产业的角度，而是从全球价值链分工的某一环节来分析其是否具有竞争优势（王金敏，2018）。过去，发达国家牢牢占据着 GVC 的高端环节和战略资源，获取了相对多的分工利益。优化要素配置结构只是促进制造业提升国际竞争力的重要条件之一，更为关键的是与技术进步相融合，真正实现提质增效和转型升级，提升一国制造业在生产过程中的价值增量及其在国际分工中的价值增值获取能力。而制造业服务化带来的创新要素投入和专业化等可提升制造业的价值创造能力和分配能力，能有效促进制造业国际竞争力的提升。

1. 全球价值链下制造业国际竞争力的内涵、来源与测度

①全球价值链下制造业国际竞争力的内涵。

学术界已从不同角度对制造业国际竞争力的内涵进行了研究。在经济全球化背景下，随着通信成本下降、技术进步以及政治经济自由化这三者的共同作用，国际生产分割的进程加速，使全球价值链成为经济全球化的最显著特点。在全球价值链下，各国产业必须通过发挥自身的发展优势在全球价值链中确定自身的国际竞争地位。自身发展优势与其拥有的竞争资源密不可分，且现代科技的发展使得可利用资源的内涵在不断变化扩充。必须说明的是，拥有最多最好的资源并不等于具有较好的自身发展优势，还取决于资源利用效率或者竞争主体对各种可利用资源的优化整合创新能力。此外，国际市场的竞争状况（市场的开放度、公平性、国际化程度及市场文化等特征）也会影响产业国际竞争力的发挥。因此，在全球价值链下，国际分工从产业间水平分工向价值链分工的转变使得不同生产环节企业的所有权归属和中间产品

所有权归属发生了变化，不同国家产业国际竞争力的比较应该基于价值环节。基于此，本书认为在全球价值链下，产业国际竞争力是指一国产业在全球价值链中参与竞争时表现出来的市场力量和领导力量，体现为产业的"质量"和"地位"。从价值角度来看，其中市场力量取决于该产业在其嵌入的全球价值链中的价值创造能力，领导力量取决于该产业在其嵌入的全球价值链中的价值分配能力。全球价值链下制造业国际竞争力是指一国制造业在全球价值链中的价值创造能力和价值分配能力。

②全球价值链下制造业国际竞争力的来源。

国内外经济学者对产业国际竞争力的来源的研究成果较多，新贸易理论认为，产品生命周期、技术周期的不断变化会引起一国产业具有的国际竞争力发生动态变化，并提出规模效应对产业竞争力的影响；传统的比较优势理论认为，产业国际竞争力来源于本国在生产能力或资源方面的绝对或相对比较优势；内生比较优势理论认为，规模优势、专业化分工以及技术创新是产业国际竞争力的来源；资源禀赋理论认为，国际竞争力来源于本国相对丰富的要素禀赋。随着全球价值链的形成，学者们聚焦垂直专业化和分工深入、产品空间优势、国家空间优势来分析产业国际竞争力，等等。国际竞争力理论演变经历了从强调要素禀赋到强调产业自身不断发展完善能力的过程，全球价值链分工背景下产业的国际竞争力不完全取决于先天比较优势，更多决定于后天的培育与辅佐，可以通过自身的技术创新扩大原有优势产业竞争力，促进一国产业沿着价值链高攀；也可以通过创新突破以往国际分工的限制，使自己在国际分工的价值链上占据有利的地位，获得更多的控制权。基于此，本书认为全球价值链下制造业国际竞争力主要取决于一国产业在生产过程中的价值增量（价值创造）及其在国际分工中的价值增值获取能力（价值分配）。

③全球价值链下制造业国际竞争力的测度。

根据文献分析，围绕全球价值链分工下的产业国际竞争力测度的方法主要有三类：一是对企业生产中各个环节增加值的分解；二是从产业层面测算国际竞争力，如 VSI、NRCA、VAX、国内增加值率指标、全球价值链收益指标、参与全球价值链的程度指标（GVC_ Participation）和全球价值链中的地位指标（GVC_ Position）等；三是利用出口技术复杂度等指标测算产业国际竞争力。传统的贸易统计方法局限于地域分割和最终产品统计，忽视了生产过程中中间贸易的作用，造成贸易额的重复统计，不能真实反映产业在全球价值链分工背景下的国际竞争力。基于增加值贸易的核算方法可以测度产业的真实国际竞争力，纠正传统总值贸易核算法对产业国际竞争力的误判。全球价值链下制造业国际竞争力的测算应该更加关注产业在全球价值链中的价值增值能力（价值创造）和价值增值获取能力（价值分配）。

综上所述，从全球价值链下制造业国际竞争力内涵、来源和测度来看，结合前文文献和理论分析，本书认为，在全球价值链下衡量一国产业国际竞争力应从产品视角转向价值视角，全球价值链下制造业国际竞争力应重点关注两个方面：价值创造能力和价值分配获取能力。其中，价值创造能力反映的是一国制造业在全球价值链中的产业生产能力和价值增值能力；价值分配获取能力反映的是一国制造业在全球价值链中的产业利润获得和占有能力，这两方面的指标能较全面地反映一国制造业国际竞争力的真实水平。

2. 全球价值链下制造业服务化提升制造业国际竞争力的理论分析框架

在全球价值链分工体系下，一国（地区）主要是专注于价值创造过程中某一工序或区段而不再是某种产品。如苹果公司发起和主导的 iPhone 价值链，iPhone 手机设计在美国，主要零部件由韩国 LG 和三星、美国博通和德州仪器、日本 AKM、欧洲意法半导体和中国台湾地区的鸿海等公司提供，组装由中国的富士康和英华达公司完成，最后由中国公司出口给美国苹果公司（刘维林，2015）。如果按照传统的统计核算方法来看，中国每出口一部苹果手机就会按照出厂价计入中国的出口额，就会出现中国制造业"国际竞争力悖论"。但事实上，大部分价值增值都来自于美国的设计和日韩的高端制造（OECD，2011）。因此，在全球价值链分工背景下，一国制造业要想提升自身的国际竞争力，就必须借助一定手段或方法来创造更多的价值，提升自身的价值创造能力，向距离本国该产业竞争力水平最近的高一级的分工定位跃进。

早期全球价值链在考察参与主体间的利润分布规律时，多是按照功能链条单维度进行价值创造的分解，这种分析逻辑过多强调了全球价值链中不同功能环节的利润分布，但信息技术的发展带来的全球价值链网的形成，使得全球价值链中谁占据了其核心环节，谁就掌控了整个价值链的财富和利益分配的流向（张茉楠，2015）。目前，主要发达国家占据了全球价值链中的核心环节，他们通过设计各种指标来控制发展中国家以代工者身份参与其价值链体系时抢占本土企业的利润空间、延缓技术赶超和价值链攀升的进程，使得以代工为特征的发展中国家被锁定在低利润环节或者被动跟随，在全球价值链中获得的利润分配非常少。王敏（2017）用贸易增加值核算了全球价值链下中国制造业出口的价值分配，发现中国制造业尤其低技术制造业出口所占的价值分配比例很低。也就是说，因失去在全球价值链上的市场能力或者领导力量，而获得了更少的价值分配。因此，要想提升一国制造业国际竞争力，还需提升一国制造业在全球价值链中的价值分配能力。一国制造业国际竞争力，也主要体现在其在全球价值链中的价值分配能力，也就是市场地位。

同时，从世界产业演化趋势和发展规律看，制造业转型升级及国际分工地位提升有赖于生产者服务业的支撑和引领（戴翔，2016）。而前面制造企业服务化决策行为分析说明，制造企业要想通过服务化获得更高收益，必须关注消费者、制造企业和服务提供商（服务企业）协调发展以及服务投入来源。反过来说，如果制造业服务化能够有利于消费者参与（接受服务化成本）、制造业和服务业协同发展、本土服务化投入增加或者外资高端服务的投入的话，必然会提升制造业的价值创造能力和价值分配获取能力，进而提升制造业国际竞争力。对中国来说，当前正面临中美贸易摩擦、全球经济格局调整、经济全球化规则重构、国内要素价格上升、资源和环境约束日益严峻等深刻变化，中国制造业出口亟待转型升级和提升国际分工地位（戴翔，2016），更加需要通过制造业服务化来提升我国制造业的价值创造和价值分配能力，实现制造业在全球价值链中的高端攀升和地位重构。基于此，本书提出如下理论分析框架（图4-1）。

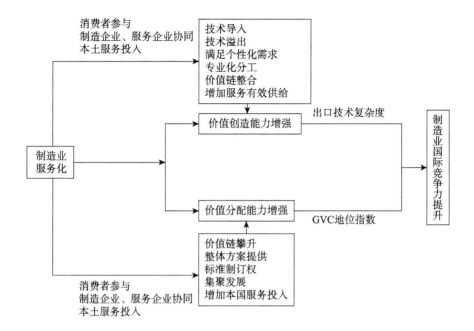

图 4 - 1　全球价值链下制造业服务化提升制造业国际竞争力理论分析框架

如图 4 - 1 所示，本章从微观制造企业服务化决策行为分析出发，指出制造业服务化本质上是消费者、制造企业和服务提供商（服务企业）围绕服务供需与利润分配的一个动态博弈过程，在全球价值链分工背景下其博弈结果受消费者、制造企业和服务提供商（服务企业）之间的协调和服务来源的影响。接着分析了全球价值链下制造业服务化实现的同时如何提升了制造业价值创造能力和价值分配能力，并从价值创造和价值分配视角通过模型推导和理论推导探讨制造业服务化促进制造业国际竞争力的内在机理。

第五章　基于服务主导逻辑的制造业服务化战略的实证检验：全球价值链下制造业国际竞争力提升视角

第一节　制造业服务化的国际比较及中国特征分析

由前面理论分析可知，无论是从消费者参与视角、制造业和服务业协调发展视角，还是制造业服务化来源视角，制造业服务化策略选择都受经济社会发展水平、制造业本身特征影响。因此，不同经济发展水平的国家或地区以及不同类型制造业服务化特征是存在差异的。而且，从全球价值链角度来看，制造业服务化还涉及服务投入来源的国内和国外差异。基于此，本章将从多个维度对制造业服务化的事实特征进行分析。不仅从国家层面对制造业服务化程度的事实特征进行比较分析，还从产业层面分要素密集度对中国制造业服务化程度进行分析，此外还对制造业出口中服务附加值贡献来源的国内外差异进行比较分析。

一、制造业服务化的测算方法与数据来源

1. 服务化指数指标测算

由前面文献分析可知，制造业服务化程度的测算有从企业层面进行的，也有从产业层面进行的，目前学术界并没有形成统一的衡量方法。本书借鉴 KPWW（2010，2011）的方法，通过建立投入产出模型，从产业层面测算全球价值链下一国制造业出口内涵的服务增加值，这种测算方法能更精确反映一国制造业在全球价值链下的服务化水平，本书称为制造业服务化指数，并以此作为衡量制造业服务化水平的替代变量。在全球价值链下，一国某产业的总产出将被作为中间投入品或最终产品被本国和其他国家所消费。因此，根据国际投入产出表，各国的总产出为：

$$X = AX + Y = (I - A)^{-1} Y = BY \qquad (5-1)$$

其中，X 是 $GN \times 1$ 的总产出向量（G 为国家数量，N 为行业数量），A 为 $GN \times GN$ 的直接消耗系数矩阵，Y 为最终需求向量，B 为列昂惕夫逆矩阵。

在上式的基础上，将最终需求向量替换为出口向量，并左乘各国各行业的附加值系数，即可以得到一国的出口额增加值：

$$VT = VBE = \begin{bmatrix} VT_{11} & VT_{12} & \cdots & VT_{1G} \\ VT_{21} & VT_{22} & \cdots & VT_{2G} \\ \vdots & \vdots & \ddots & \vdots \\ VT_{G1} & VT_{G2} & \cdots & VT_{GG} \end{bmatrix}$$

$$= \begin{bmatrix} V_1 & 0 & \cdots & 0 \\ 0 & V_2 & \cdots & 0 \\ \vdots & \vdots & \ddots & \vdots \\ 0 & 0 & \cdots & V_G \end{bmatrix} \begin{bmatrix} B_{11} & B_{12} & \cdots & B_{1G} \\ B_{21} & B_{22} & \cdots & B_{2G} \\ \vdots & \vdots & \ddots & \vdots \\ B_{G1} & B_{G2} & \cdots & B_{GG} \end{bmatrix} \begin{bmatrix} E_1 & 0 & \cdots & 0 \\ 0 & E_2 & \cdots & 0 \\ \vdots & \vdots & \ddots & \vdots \\ 0 & 0 & \cdots & E_G \end{bmatrix}$$

$$(5-2)$$

上式中，V 为 GN 行 GN 列，是全球各国直接国内附加值系数矩阵，其中

V_s（$1 \leqslant s \leqslant G$）为 N 行 N 列的对角矩阵，其对角线上的元素为国家 S 各行业直接附加值系数；B_{SR} 为 N 行 N 列，表示国家 R 增加一单位最终需求对生产国 S 的总产出需求量；E_s 为 N 行 N 列的对角矩阵，其对角线上的元素为国家 S 各行业的出口额。式（5-2）描述了每个国家（产业）出口中的附加值在国与国之间的分布。矩阵 VT 为 GN 行 GN 列，是全球出口附加值矩阵。矩阵中的"行"则显示的是出口附加值在国与国之间的分布；"列"表示出口贸易附加值的"创造"。矩阵 VT 中第一列即国家 1 出口中的附加值，包括两个部分：第一部分是矩阵元素中 VT_{11} 项，该项为国家 1 出口的国内附加值部分；第二部分为矩阵元素中除 VT_{11} 以外的其他项，即 VT_{s1} 项（$s \neq 1$），这些是国家 1 出口中的国外附加值部分，其代表的含义就是，国家 1 为了生产出口产品而需要从国外进口的由国家 i 行业所创造的附加值。因此，对 VT 中任一分块矩阵 VT_{SR}（$1 \leqslant S$, $R \leqslant G$），其代表了 S 国总出口中附加值的来源。

$$VT_{SR} = (vt_{SR}^{ij})_{(N \times N)} = \begin{bmatrix} vt_{SR}^{11} & vt_{SR}^{12} & \cdots & vt_{SR}^{1N} \\ vt_{SR}^{21} & vt_{SR}^{21} & \cdots & vt_{SR}^{2N} \\ \vdots & \vdots & \ddots & \vdots \\ vt_{SR}^{N1} & vt_{SR}^{N2} & \cdots & vt_{SR}^{NN} \end{bmatrix} \quad (5-3)$$

vt_{SR}^{ij} 代表 S 国 i 行业向 R 国的出口中 j 行业的增加值。

从投入的角度看，制造业服务化表现为在制造业的生产过程中所投入的服务要素的数量和质量。在全球价值链的视角下，进出口贸易在制造业领域越来越普遍且比重越来越大，并且随着制造业国际生产分工的深化，一国制造业在生产过程中投入的服务要素可能同时来自国内和国外。因此，为了衡量全球价值链视角下制造业服务化及其与制造业国际竞争力的关系，需要从制造业参与国际分工的程度及投入服务要素的价值生产源头来测算一国制造业的服务化程度。

（1）某国某行业制造业服务化指数测算。

$$Ser_S^i = \sum_R \frac{\sum_{j \in ser} vt_{SR}^{ij}}{E_{SR}} \quad (5-4)$$

其中，Ser_S^i 表示 S 国 i 行业的服务化程度，$\sum\limits_{j \in ser} vt_{SR}^{ij}$ 衡量了 S 国 i 行业向 R 国的出口中服务行业的增加值，E_{SR} 表示 S 国向 R 国的总出口额。

对上式计算的各行业制造业进行加总处理即可得到一国整体制造业服务化指数。根据服务要素价值的来源不同，又可以将制造业服务化分为国内服务化和国外服务化。

（2）某国国内服务化指数测算。

$$Ser_{S-}^i \; D = \frac{\sum\limits_{j \in ser} vt_S^{ij}}{E_S} \tag{5-5}$$

（3）某国国外服务化指数测算。

$$Ser_{S-}^i \; F = \sum_{R \neq S} \frac{\sum\limits_{j \in ser} vt_{SR}^{ij}}{E_{SR}} \tag{5-6}$$

基于上述测算方法，要计算一国制造业的服务化指数，需先计算出该国制造业出口中的国内外服务附加值。本书采用 WIOD 2016 年公布的世界投入产出表（WIOTs）进行计算，可利用此数据测算制造业服务化水平。同理，也可以据此方法和公式测算各国不同类型制造业的整体服务化指数，以及不同类型制造业的本国服务化指数和国外服务化指数。

2. 数据来源

基于上述方法想要测算一国产业出口中的国内外附加值，需要用到全球各国产业总产出和附加值增值数据以及世界投入产出矩阵数据。目前比较常用的世界投入产出表数据库主要是：欧盟的世界投入产出数据库（WIOD）、亚洲国际投入产出表、GTAP 数据库、经合组织（OECD）和世贸组织合作开发的国际投入产出表。本书使用的国际投入产出数据来自于 WIOD 2016 年版的最新投入产出数据库，该数据库提供全球 42 个国家[1] 2000—2014 年 56 个产业（其中包括 18 个制造业部门、4 个初级产品部门和 34 个服务部门）之间中间产品与最终需求的贸易往来，可为本书测算制造业出口中的服务附加值

---

[1] 其中包括 28 个欧盟成员国和 14 个其他国家。因英国 2014 年尚未脱欧，该数据库将英国列入欧盟成员国，特此说明。

比重等提供翔实数据，因而可利用此数据测算制造业服务化指数。

二、制造业服务化的国际比较

1. 世界各国制造业服务化水平

为了便于比较，本书把这 42 个经济体分为 4 类：一是非欧盟发达经济体，包括美国、加拿大、澳大利亚、日本、韩国、瑞士和挪威 7 国；二是欧盟发达经济体，包括德国、法国、英国、比利时、奥地利、西班牙、葡萄牙、卢森堡、丹麦、爱尔兰、荷兰、希腊、意大利、芬兰、瑞典 15 国；三是欧盟发展中经济体，包括保加利亚、匈牙利、塞浦路斯、捷克、克罗地亚、斯洛文尼亚、斯洛伐克、波兰、爱沙尼亚、罗马尼亚、拉脱维亚、立陶宛、马耳他 13 国；四是非欧盟的其他发展中经济体，包括中国、土耳其、墨西哥、印尼、巴西、印度、俄罗斯 7 国。根据前面所述的测算方法，本书首先测算了 2000—2014 年 42 个经济体的制造业整体出口中的服务附加值比重，即制造业整体的服务化指数❶（见表 5 - 1 和图 5 - 1）。

（1）不同国家制造业服务化指数。

①欧盟发达经济体的制造业整体的服务化指数最高，平均在 36.57% —39.52% 之间波动，大都呈上升趋势。其中，法国、卢森堡、爱尔兰、意大利、荷兰和希腊 6 国大部分年份在 40% 以上，比利时、瑞典、西班牙、芬兰 4 国制造业整体的服务化指数较高且呈上升趋势，英国、德国、奥地利、丹麦、葡萄牙 5 国相对较低且低于欧盟发达经济体的平均水平。②欧盟发展中经济体制造业整体的服务化指数较高且稳定，在 35.65% —36.03% 之间波动。其中，保加利亚、克罗地亚、波兰等国家制造业服务化指数比较突出且高于整体平均水平，捷克、斯洛伐克、斯洛文尼亚等国的制造业服务化指数较低。③非欧盟发达经济体的制造业整体的服务化指数并不高且非常稳定，在 31.69% —

---

❶ 为节省篇幅，这里只列出了 2000 年、2005 年、2010 年和 2014 年这 4 个代表性年份的服务化指数。本书计算了所有年份的服务化指数，详见附录。因本书测算的数据范围为 2000—2014 年，彼时英国未脱欧，故本书将英国列入欧盟发达经济体，特此说明。

表 5－1　2000—2014 年各国制造整体的服务化指数

单位：%

地区	2000 年				2005 年				2010 年				2014 年			
	合计	国内	国外	国内占比	合计	国内	国外	国内占比	合计	国内	国外	国内占比	合计	国内	国外	国内占比
非欧盟发达经济体	31.69	22.35	9.34	70.53	31.72	21.9	9.82	69.04	31.98	21.14	10.84	66.10	31.88	21.43	10.45	67.22
美国	31.12	26.21	4.91	84.22	31.3	25.8	5.49	82.43	30.3	23.99	6.31	79.17	28.84	23.24	5.6	80.58
加拿大	31.47	19.68	11.78	62.54	32.92	20.59	12.33	62.55	33.3	21.21	12.09	63.69	31.41	19.66	11.75	62.59
澳大利亚	33.45	25.64	7.81	76.65	32.24	24.98	7.26	77.48	31.61	23.39	8.22	74.00	33.26	25.91	7.35	77.90
日本	32.27	28.34	3.93	87.82	31.41	26.1	5.3	83.09	33.01	25.7	7.31	77.86	32.54	25.92	6.62	79.66
韩国	28.17	16.83	11.34	59.74	29.43	17.82	11.61	60.55	28.91	14.95	13.95	51.71	29.13	16.11	13.02	55.30
瑞士	29.57	15.23	14.33	51.50	28.88	14.15	14.73	49.00	29.83	14.44	15.39	48.41	30.94	15.72	15.22	50.81
挪威	35.78	24.52	11.26	68.53	35.85	23.83	12.02	66.47	36.91	24.27	12.64	65.75	37.02	23.47	13.55	63.40
欧盟发达经济体	36.57	21.18	15.39	57.92	38.48	21.91	16.58	56.94	39.52	21.08	18.44	53.34	39.45	19.45	19.99	49.30
英国	34.89	25.3	9.58	72.51	36.85	26.47	10.37	71.83	36.36	24.99	11.37	68.73	34.13	20.78	13.35	60.88
法国	39.42	28.02	11.4	71.08	41.43	28.98	12.45	69.95	42.29	28.99	13.31	68.55	40.31	25.78	14.53	63.95
德国	35.84	24.49	11.35	68.33	36.99	25.25	11.74	68.26	38.02	24.89	13.13	65.47	36.82	23.45	13.37	63.69
奥地利	31.9	16.79	15.11	52.63	34.35	16.83	17.52	49.00	35.66	17.2	18.46	48.23	35.39	16.73	18.67	47.27

续表

地区	2000年				2005年				2010年				2014年			
	合计	国内	国外	国内占比	合计	国内	国外	国内占比	合计	国内	国外	国内占比	合计	国内	国外	国内占比
比利时	39.14	19.05	20.09	48.67	38.45	19.53	18.92	50.79	39.27	18.3	20.98	46.60	39.49	14.54	24.95	36.82
卢森堡	34.45	7.73	26.73	22.44	37.84	6.93	30.91	18.31	41.24	5.35	35.89	12.97	45.39	6.38	39.01	14.06
丹麦	29.6	16.38	13.22	55.34	32.4	17.18	15.22	53.02	33.92	16.86	17.06	49.71	34.13	17.69	16.44	51.83
西班牙	36	21.74	14.26	60.39	39.57	25.92	13.66	65.50	41.34	27.36	13.98	66.18	38.68	23.89	14.79	61.76
葡萄牙	32.5	18.67	13.83	57.45	34.8	19.93	14.87	57.27	35.33	18.93	16.41	53.58	35.77	19.91	15.86	55.66
爱尔兰	40.63	12.17	28.46	29.95	42.94	11.67	31.27	27.18	45.71	12.35	33.36	27.02	48.47	8.12	40.35	16.75
意大利	40.36	30.42	9.94	75.37	42.67	31.91	10.76	74.78	43.32	31.57	11.75	72.88	40.66	28.05	12.61	68.99
瑞典	36.44	22.16	14.27	60.81	38.11	22.9	15.21	60.09	38.71	21.93	16.78	56.65	36.33	19.67	16.66	54.14
芬兰	33.72	21.41	12.31	63.49	35.68	20.71	14.97	58.04	37.05	19	18.05	51.28	39.06	20.64	18.43	52.84
荷兰	40.98	25.03	15.95	61.08	40.27	23.52	16.75	58.41	40.19	21.6	18.59	53.74	39.66	15.4	24.26	38.83
希腊	42.66	28.33	14.34	66.41	44.9	30.89	14.01	68.80	44.41	26.93	17.48	60.64	47.4	30.79	16.61	64.96
欧盟发展中经济体	35.9	18.67	17.23	52.01	35.65	16.83	18.82	47.21	35.92	16.01	19.91	44.57	36.03	16.15	19.88	44.82
保加利亚	39.94	21.78	18.15	54.53	38.73	18.22	20.51	47.04	38.77	15.72	23.04	40.55	41.18	20.52	20.66	49.83
塞浦路斯	44.91	28.73	16.18	63.97	29.94	13.05	16.88	43.59	31.36	11.73	19.64	37.40	32.22	12.51	19.71	38.83

续表

地区	2000年				2005年				2010年				2014年			
	合计	国内	国外	国内占比	合计	国内	国外	国内占比	合计	国内	国外	国内占比	合计	国内	国外	国内占比
克罗地亚	35.37	22.08	13.29	62.43	38.79	24.24	14.55	62.49	39.67	24.59	15.08	61.99	41.26	27.48	13.78	66.60
匈牙利	32.49	9.21	23.28	28.35	34.64	11.77	22.87	33.98	36.06	10.87	25.19	30.14	35.7	9.65	26.05	27.03
捷克	29.9	14.14	15.75	47.29	33.97	15.59	18.38	45.89	35.38	16.15	19.23	45.65	36.12	15.29	20.82	42.33
斯洛伐克	33.93	15.39	18.53	45.36	33.25	12.08	21.17	36.33	34.38	11.9	22.48	34.61	34.94	12.07	22.88	34.54
斯洛文尼亚	32.32	15.94	16.38	49.32	34.48	15.46	19.03	44.84	35.78	15.53	20.25	43.40	36.42	15.98	20.44	43.88
波兰	38.49	25.5	12.99	66.25	40.38	26.51	13.87	65.65	40.6	24.77	15.83	61.01	39.23	21.95	17.28	55.95
罗马尼亚	34.4	21.05	13.35	61.19	33.16	18.83	14.33	56.79	33.22	20.27	12.95	61.02	30.75	18.93	11.82	61.56
爱沙尼亚	33.77	16.42	17.35	48.62	35.28	16.11	19.17	45.66	35.23	14.89	20.35	42.27	36.34	14.82	21.52	40.78
立陶宛	35.34	19.63	15.71	55.55	33.05	13.97	19.08	42.27	35.09	13.23	21.87	37.70	34.07	13.39	20.69	39.30
拉脱维亚	35.3	21.74	13.56	61.59	38.17	21.82	16.35	57.17	37.37	20.36	17.01	54.48	36.85	20.33	16.52	55.17
马耳他	40.59	11.06	29.52	27.25	39.67	11.15	28.52	28.11	34.11	8.15	25.96	23.89	33.25	7	26.25	21.05
其他发展中经济体	31.08	21.83	9.25	70.24	31.3	21.16	10.14	67.60	30.79	20.49	10.3	66.55	31.33	21.61	9.72	68.98

续表

地区	2000年				2005年				2010年				2014年			
	合计	国内	国外	国内占比	合计	国内	国外	国内占比	合计	国内	国外	国内占比	合计	国内	国外	国内占比
中国	26.38	19.47	6.91	73.81	27.23	18.04	9.18	66.25	27.07	18.6	8.47	68.71	28.26	20.33	7.93	71.94
土耳其	37.33	27.04	10.29	72.44	34.51	22.87	11.63	66.27	36.76	23.56	13.2	64.09	36.23	24.34	11.9	67.18
墨西哥	28.42	14.39	14.03	50.63	30.89	16.47	14.42	53.32	30.4	15.74	14.67	51.78	30.56	15.84	14.72	51.83
印尼	26.22	17.33	8.89	66.09	25.49	16.58	8.91	65.05	22.65	14.97	7.68	66.09	23.1	16.09	7.01	69.65
巴西	34.7	29.05	5.65	83.72	35.65	29.73	5.92	83.39	36.36	29.63	6.73	81.49	36.36	30.86	5.49	84.87
印度	34.82	28.18	6.65	80.93	37.58	27.9	9.68	74.24	32.53	22.3	10.24	68.55	33.99	23.91	10.09	70.34
俄罗斯	31.59	25.88	5.7	81.92	31.67	26.82	4.86	84.69	33.53	29.36	4.17	87.56	35.43	31.87	3.56	89.95

数据来源：作者计算。

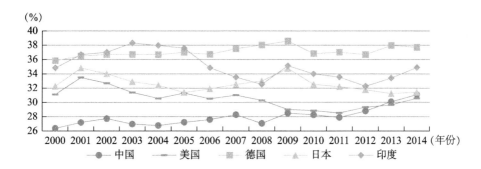

图 5 – 1 2000—2014 年国家制造业服务化指数折线统计图

32.55% 之间波动。其中,挪威的制造业整体服务化指数较高,一直在 35% 以上,其次是澳大利亚,大部分年份在 33% 以上;日本制造业整体服务化指数保持在 32% 以上;美国大部分年份在 30% 以上,而韩国、瑞士的制造业服务化指数较低,大部分年份在 30% 以下。④其他发展中经济体的制造业整体的服务化指数最低,在 31.08% —32.12% 区间。其中,土耳其、巴西、俄罗斯和印度的制造业服务化指数较高;墨西哥、印尼的制造业服务化指数较低,其中印尼尤为低下,大部分年份在 25% 以下;中国也较低,大部分年份低于 30%,稳定在 27% —28% 之间。

(2)不同国家国内服务化和国外服务化整体水平。

通过对各国制造业服务化指数的测算,可呈现服务投入在各国制造业出口中的占比及其变化趋势。为进一步说明到底是国内服务投入还是国外服务投入对制造业出口中服务附加值的贡献更大一些,将服务化指数附加值分解为国内服务化指数和国外服务化指数两部分。表 5 – 1 展现了各国制造业整体的国内服务化指数和国外服务化指数,发现世界各国制造业整体的国内和国外服务化指数存在很大差别。

①整体来看,不同类型国家制造业整体国内和国外服务化指数差异悬殊。非欧盟发达经济体和其他发展中经济体制造业整体国内服务化指数较高,国内占比均在 60% 以上;欧盟发达经济体一直低于 60%,但大部分年份在 50% 以上;欧盟发展中经济体大部分年份低于 50%。②非欧盟发达经济体的制造业整体服务化指数的国内占比很高,但大都处于下降趋势。在四类国家中,

2000—2008 年非欧盟发达经济体的制造业整体国内服务化指数最高，但 2009 年开始被其他发展中经济体超越。在非欧盟发达经济体内部，各国差异也很大。其中，美国制造业整体服务化指数的国内占比很高，大多在 80% 以上，但呈明显下降趋势；澳大利亚、日本一直在 70% 以上，但日本下降很快，而澳大利亚比较稳定；加拿大、挪威在 60% 以上；韩国在 50% 以上；而瑞士大部分年份低于 50%。③欧盟发达经济体的制造业整体服务化指数的国内占比不高且呈不断下降趋势，整体水平从 2000 年的 57.92% 下降到 2014 年的 49.30%。欧盟发达经济体内各国的制造业整体服务化指数的国内占比也存在很大差异。其中，英、法、德等国均在 60% 以上，瑞典、芬兰等国均在 50% 以上，都较高。而卢森堡、爱尔兰制造业整体服务化指数的国内占比却很低，在 30% 以内；荷兰制造业整体服务化指数的国内占比下降速度飞快，从 2000 年的 61.08% 下降到 2014 年的 38.83%。④欧盟发展中经济体的制造业整体服务化指数的国内占比较低，大部分年份低于 50%，且呈明显下降趋势，从 2000 年的 52.01% 下降到 2014 年的 44.82%，下降了约 7 个百分点。欧盟发展中经济体内各国的制造业整体服务化指数的国内占比也存在很大差异。克罗地亚、波兰、罗马尼亚、拉脱维亚等国服务化指数的国内占比较高，大都在 50% 以上，其他国家大都在 50% 以下，而匈牙利和马耳他服务化指数的国内占比很低，在 30% 以下。⑤其他发展中经济体制造业整体服务化指数的国内占比较高且较稳定，在 65% —70% 之间。其中，巴西和俄罗斯制造业服务化指数的国内占比尤为突出，在 80% 以上；中国和印度次之，在 70% 以上；其次是土耳其、印尼，其制造业服务化指数的国内占比在 60% 以上；最后是墨西哥，其制造业服务化指数的国内占比在 50% 以上。

综上，整体上经济发展水平较高的国家制造业服务化指数较高，欧盟和非欧盟发达经济体的制造业整体的服务化指数较高，而其他发展中经济体的制造业整体的服务化指数最低。但不同类型国家制造业整体的国内和国外服务化指数差异悬殊，非欧盟发达经济体和其他发展中经济体的制造业整体的国内服务化指数较高，欧盟发达经济体和发展中经济体的制造业整体国内服务化指数较低。

2. 世界各国不同要素密集型制造业的服务化指数

为进一步明晰不同要素密集型制造业部门出口中服务附加值比重情况及其变动趋势，从而更深入地说明服务化指数在不同要素密集型制造业部门间的差异，接下来本书将各国 16 个制造业部门，按其要素密集度进行分类。为此，我们根据 OECD - ICIO 数据库构建的相关说明，将制造业部门按照技术层次划分为劳动密集型、资本密集型和知识技术密集型部门三大类。据此，我们进一步将各国制造业投入服务化数据按照要素密集度特征进行整理归类，表 5 - 2 至表 5 - 4 分别是各国劳动密集型制造业、资本密集型制造业和知识技术密集型制造业的投入服务化水平。

（1）不同要素密集度整体服务化指数。

①就非欧盟发达经济体而言，整体上劳动密集型制造业的服务化指数最高，比制造业整体平均高出大约 2.5 个百分点；资本密集型制造业的服务化指数较低，在 30.27% —33.24% 之间；知识技术密集型制造业的服务化指数也不高，在 31.38% —32.95% 之间，大部分年份略高于资本密集型制造业，但近几年呈下降趋势。其中，除了挪威的劳动密集型制造业服务化指数大部分年份低于制造业整体水平以外，其他国家都是均高于制造业整体水平，加拿大劳动密集型制造业服务化指数比制造业整体平均要高出 5.8 个百分点，美国、瑞士高出制造业整体水平 3.8 个百分点，澳大利亚、日本和韩国高出幅度低于 2 个百分点。大部分非欧盟发达经济体资本密集型制造业的服务化指数不高，低于制造业整体水平，但瑞士和挪威两国却是高于制造业整体水平。大部分国家知识技术密集型制造业的服务化指数低于制造业整体水平，澳大利亚和挪威例外，其大部分年份知识技术密集型制造业的服务化指数高于制造业整体水平。②就欧盟发达经济体来说，也是劳动密集型制造业的服务化指数最高，且大都呈不断上升趋势；其次是知识技术密集型制造业，其大部分年份中服务化指数高于资本密集型制造业，但近几年资本密集型制造业的服务化指数上升快速，2013 年开始突破 40% 。其中，大部分国家劳动密集型制造业的服务化指数高于制造业整体的服务化指数，尤其是德国和希腊，其劳动密集型制造业的服务化指数比制造业整体的服务化指数高约 4 个百分点，而

表5-2 各国劳动密集型制造业的服务化指数

单位:%

地区	2000年				2005年				2010年				2014年			
	合计	国内	国外	国内占比	合计	国内	国外	国内占比	合计	国内	国外	国内占比	合计	国内	国外	国内占比
非欧盟发达经济体	32.99	25.28	7.71	76.63	34.25	26.34	7.91	76.91	34.89	26.71	8.18	76.55	34.85	26.08	8.77	74.84
美国	33.43	29.49	3.94	88.21	34.90	30.27	4.64	86.73	33.07	28.48	4.59	86.12	35.91	30.85	5.07	85.91
加拿大	37.52	27.65	9.87	73.69	38.45	28.69	9.76	74.62	36.64	27.98	8.66	76.36	38.44	28.69	9.75	74.64
澳大利亚	33.56	26.80	6.76	79.86	34.38	28.73	5.65	83.57	35.68	30.27	5.41	84.84	34.33	28.85	5.49	84.04
日本	33.19	29.97	3.21	90.30	34.64	30.54	4.10	88.16	33.91	29.37	4.54	86.61	32.21	26.28	5.93	81.59
韩国	29.41	20.64	8.77	70.18	30.11	21.21	8.90	70.44	32.00	21.99	10.01	68.72	31.29	21.34	9.94	68.20
瑞士	31.59	17.77	13.82	56.25	32.65	18.32	14.33	56.11	35.73	21.76	13.98	60.90	35.82	21.20	14.62	59.18
挪威	32.26	24.63	7.62	76.35	34.65	26.65	8.00	76.91	37.21	27.11	10.10	72.86	35.96	25.36	10.60	70.52
欧盟发达经济体	36.94	24.03	12.91	65.05	39.65	25.69	13.96	64.79	40.53	23.82	16.71	58.77	40.21	22.67	17.54	56.38
英国	35.19	27.73	7.46	78.80	36.49	28.14	8.34	77.12	32.04	22.03	10.01	68.76	31.28	22.01	9.27	70.36
法国	37.24	28.65	8.59	76.93	39.48	29.44	10.04	74.57	40.55	28.34	12.20	69.89	40.25	27.06	13.19	67.23
德国	38.43	27.39	11.04	71.27	40.85	29.72	11.13	72.75	42.08	29.36	12.71	69.77	42.70	29.26	13.44	68.52
奥地利	32.07	18.94	13.13	59.06	35.27	19.91	15.35	56.45	37.62	21.14	16.48	56.19	38.42	20.17	18.25	52.50

续表

地区	2000 年				2005 年				2010 年				2014 年			
	合计	国内	国外	国内占比	合计	国内	国外	国内占比	合计	国内	国外	国内占比	合计	国内	国外	国内占比
比利时	41.15	24.00	17.15	58.32	41.28	25.08	16.20	60.76	41.83	19.38	22.44	46.33	43.36	18.31	25.05	42.23
卢森堡	32.55	8.40	24.14	25.81	38.20	7.95	30.24	20.81	44.14	7.24	36.91	16.40	39.89	5.81	34.08	14.57
丹麦	31.53	18.51	13.01	58.71	35.73	20.64	15.09	57.77	37.76	20.42	17.34	54.08	39.43	18.85	20.58	47.81
西班牙	36.08	25.36	10.72	70.29	40.24	30.06	10.18	74.70	38.55	28.58	9.97	74.14	39.24	28.21	11.03	71.89
葡萄牙	32.38	21.62	10.76	66.77	33.47	22.95	10.52	68.57	33.87	22.78	11.09	67.26	35.09	22.62	12.46	64.46
爱尔兰	39.72	14.72	24.99	37.06	42.51	16.35	26.16	38.46	46.96	12.12	34.84	25.81	47.58	10.25	37.34	21.54
意大利	42.86	34.73	8.13	81.03	45.46	37.18	8.29	81.79	42.25	32.64	9.61	77.25	41.95	31.71	10.24	75.59
瑞典	34.93	22.94	11.98	65.67	40.22	26.83	13.39	66.71	39.03	24.46	14.58	62.67	40.00	24.68	15.31	61.70
芬兰	32.85	24.36	8.49	74.16	37.57	26.45	11.12	70.40	41.86	28.49	13.37	68.06	42.83	28.64	14.19	66.87
荷兰	38.49	24.94	13.55	64.80	39.83	25.83	13.99	64.85	37.41	19.20	18.21	51.32	32.94	14.59	18.34	44.29
希腊	48.64	38.14	10.50	78.41	48.14	38.75	9.40	80.49	52.09	41.20	10.89	79.09	48.17	37.87	10.30	78.62
欧盟发展中经济体	33.03	19.50	13.52	59.04	33.98	19.29	14.69	56.77	34.37	19.47	14.90	56.65	35.17	19.12	16.05	54.36
保加利亚	34.19	22.30	11.89	65.22	33.59	19.72	13.87	58.71	37.59	24.23	13.36	64.46	35.23	20.93	14.29	59.41
塞浦路斯	31.35	18.42	12.93	58.76	30.55	16.28	14.26	53.29	31.33	15.91	15.42	50.78	36.77	21.46	15.30	58.36

续表

地区	2000 年				2005 年				2010 年				2014 年			
	合计	国内	国外	国内占比	合计	国内	国外	国内占比	合计	国内	国外	国内占比	合计	国内	国外	国内占比
克罗地亚	36.07	23.43	12.64	64.96	37.44	24.34	13.10	65.01	39.65	27.44	12.22	69.21	40.95	26.95	14.00	65.81
匈牙利	29.35	10.88	18.47	37.07	33.69	15.63	18.06	46.39	36.44	16.52	19.92	45.33	34.45	13.73	20.72	39.85
捷克	28.39	16.49	11.90	58.08	32.38	18.89	13.49	58.34	36.65	20.86	15.79	56.92	36.50	19.07	17.43	52.25
斯洛伐克	31.60	20.53	11.07	64.97	32.51	18.67	13.84	57.43	30.97	18.06	12.91	58.31	29.87	14.41	15.46	48.24
斯洛文尼亚	31.36	17.59	13.77	56.09	34.55	18.23	16.32	52.76	37.18	19.43	17.75	52.26	35.33	17.17	18.16	48.60
波兰	36.95	26.78	10.17	72.48	39.45	28.82	10.63	73.05	37.63	24.96	12.67	66.33	37.66	24.39	13.27	64.76
罗马尼亚	30.67	19.81	10.86	64.59	29.61	17.84	11.77	60.25	26.85	17.83	9.02	66.41	32.06	21.99	10.07	68.59
爱沙尼亚	35.57	19.86	15.71	55.83	37.08	20.57	16.51	55.47	37.75	20.35	17.40	53.91	38.18	19.97	18.21	52.30
立陶宛	32.94	21.70	11.24	65.88	27.63	16.19	11.44	58.60	30.28	17.49	12.79	57.76	29.19	15.62	13.57	53.51
拉脱维亚	33.30	22.34	10.97	67.09	35.35	22.57	12.79	63.85	33.87	21.01	12.87	62.03	36.88	21.79	15.09	59.08
马耳他	37.61	13.44	24.17	35.74	37.93	13.04	24.89	34.38	30.62	8.97	21.65	29.29	34.11	11.04	23.08	32.37
其他发展中经济体	29.60	22.29	7.31	75.30	30.38	22.72	7.67	74.79	30.51	23.40	7.10	76.70	32.06	24.94	7.12	77.79

续表

地区	2000 年				2005 年				2010 年				2014 年			
	合计	国内	国外	国内占比	合计	国内	国外	国内占比	合计	国内	国外	国内占比	合计	国内	国外	国内占比
中国	22.55	17.20	5.35	76.27	22.17	16.25	5.91	73.30	22.78	18.40	4.38	80.77	25.56	21.92	3.63	85.76
土耳其	35.50	26.72	8.79	75.27	31.85	23.55	8.30	73.94	33.11	24.42	8.69	73.75	35.45	25.44	10.01	71.76
墨西哥	26.15	17.05	9.09	65.20	28.67	19.33	9.34	67.42	28.22	19.42	8.80	68.82	28.96	19.83	9.13	68.47
印尼	27.77	19.13	8.64	68.89	26.88	19.21	7.66	71.47	22.55	17.02	5.53	75.48	23.37	17.25	6.12	73.81
巴西	30.69	26.59	4.10	86.64	33.07	29.22	3.85	88.36	35.45	31.43	4.02	88.66	36.69	31.85	4.84	86.81
印度	35.42	30.21	5.21	85.29	39.67	31.99	7.68	80.64	39.07	31.79	7.27	81.37	41.40	36.53	4.87	88.24
俄罗斯	28.60	23.26	5.35	81.33	29.89	25.11	4.78	84.01	32.53	28.56	3.97	87.80	35.55	30.73	4.82	86.44

数据来源：作者计算。

表5-3　各国资本密集型制造业的服务化指数

单位:%

地区	2000年				2005年				2010年				2014年			
	合计	国内	国外	国内占比	合计	国内	国外	国内占比	合计	国内	国外	国内占比	合计	国内	国外	国内占比
非欧盟发达经济体	31.49	21.69	9.80	68.88	30.54	20.05	10.49	65.65	31.73	20.07	11.66	63.25	33.24	20.61	12.63	62.00
美国	32.33	27.15	5.18	83.98	30.58	24.32	6.26	79.53	28.82	21.90	6.91	75.99	29.55	22.70	6.86	76.82
加拿大	29.87	19.55	10.32	65.45	29.88	19.10	10.78	63.92	27.52	17.22	10.30	62.57	28.49	18.16	10.34	63.74
澳大利亚	31.56	23.73	7.82	75.19	28.00	20.28	7.73	72.43	30.30	22.37	7.93	73.83	38.88	28.39	10.49	73.02
日本	33.08	28.63	4.45	86.55	31.32	25.09	6.22	80.11	35.42	26.45	8.98	74.68	31.38	19.82	11.57	63.16
韩国	24.48	11.80	12.68	48.20	25.62	11.80	13.82	46.06	28.73	11.91	16.82	41.45	29.64	12.92	16.72	43.59
瑞士	30.45	15.44	15.01	50.71	30.74	16.06	14.67	52.24	34.08	18.89	15.19	55.43	35.86	18.75	17.10	52.29
挪威	38.65	25.53	13.12	66.05	37.64	23.70	13.94	62.96	37.22	21.72	15.50	58.36	38.87	23.54	15.34	60.56
欧盟发达经济体	35.44	19.80	15.64	55.87	37.02	19.95	17.07	53.89	39.20	18.49	20.71	47.17	40.87	18.36	22.51	44.92
英国	31.55	22.94	8.61	72.71	33.98	23.54	10.44	69.28	31.23	17.53	13.70	56.13	36.43	21.21	15.22	58.22
法国	39.64	28.34	11.30	71.49	41.97	28.92	13.05	68.91	43.04	27.34	15.70	63.52	45.18	26.82	18.36	59.36
德国	36.63	23.99	12.64	65.49	37.95	24.59	13.36	64.80	39.09	23.34	15.75	59.71	41.25	21.55	19.69	52.24
奥地利	32.93	18.14	14.78	55.09	35.29	17.66	17.63	50.04	36.85	17.19	19.66	46.65	37.47	15.90	21.57	42.43

续表

地区	2000年 合计	国内	国外	国内占比	2005年 合计	国内	国外	国内占比	2010年 合计	国内	国外	国内占比	2014年 合计	国内	国外	国内占比
比利时	39.65	16.02	23.63	40.40	36.87	16.29	20.58	44.18	40.39	12.85	27.54	31.81	47.36	10.84	36.52	22.89
卢森堡	35.26	7.52	27.75	21.33	38.91	6.76	32.15	17.37	48.08	6.36	41.72	13.23	45.23	4.40	40.83	9.73
丹麦	26.39	14.46	11.93	54.79	28.73	14.97	13.76	52.11	32.00	16.23	15.77	50.72	31.41	14.73	16.68	46.90
西班牙	33.20	19.58	13.61	58.98	39.03	24.86	14.17	63.69	38.27	22.52	15.75	58.85	37.44	19.59	17.85	52.32
葡萄牙	32.15	17.83	14.31	55.46	35.77	19.95	15.82	55.77	36.41	19.36	17.05	53.17	36.50	17.21	19.29	47.15
爱尔兰	34.03	15.04	18.99	44.20	37.04	16.84	20.20	45.46	35.37	10.60	24.77	29.97	40.50	11.33	29.18	27.98
意大利	37.89	25.94	11.94	68.46	40.17	26.74	13.44	66.57	42.89	27.57	15.32	64.28	45.39	28.67	16.72	63.16
瑞典	34.30	18.68	15.62	54.46	35.69	18.69	17.01	52.37	37.95	18.68	19.28	49.22	39.53	19.39	20.13	49.05
芬兰	33.19	17.89	15.30	53.90	36.05	17.48	18.56	48.49	41.96	17.73	24.22	42.25	40.92	17.87	23.05	43.67
荷兰	44.82	27.49	17.33	61.33	33.23	14.02	19.21	42.19	37.65	11.64	26.01	30.92	47.74	22.45	25.30	47.03
希腊	39.92	23.10	16.82	57.87	44.60	27.99	16.61	62.76	46.82	28.46	18.36	60.79	40.67	23.41	17.26	57.56
欧盟发展中经济体	39.18	19.63	19.55	50.10	37.41	16.76	20.65	44.80	38.34	16.28	22.06	42.46	36.81	14.64	22.17	39.77
保加利亚	41.78	20.38	21.39	48.78	41.34	16.54	24.79	40.01	42.79	17.62	25.17	41.18	39.52	15.29	24.22	38.69
塞浦路斯	55.34	37.78	17.56	68.27	28.80	10.57	18.23	36.70	31.07	10.57	20.50	34.02	31.48	12.39	19.09	39.36

续表

地区	2000 年				2005 年				2010 年				2014 年			
	合计	国内	国外	国内占比	合计	国内	国外	国内占比	合计	国内	国外	国内占比	合计	国内	国外	国内占比
克罗地亚	36.29	22.25	14.04	61.31	37.88	23.03	14.85	60.80	41.72	27.08	14.64	64.91	40.02	24.04	15.99	60.07
匈牙利	35.47	13.52	21.95	38.12	36.45	14.81	21.64	40.63	37.10	11.99	25.12	32.32	33.60	9.52	24.08	28.33
捷克	29.35	13.87	15.48	47.26	33.30	15.74	17.56	47.27	36.43	15.93	20.50	43.73	35.13	13.45	21.69	38.29
斯洛伐克	39.11	18.47	20.64	47.23	33.00	13.39	19.61	40.58	36.31	15.01	21.30	41.34	33.21	11.51	21.71	34.66
斯洛文尼亚	35.31	17.93	17.38	50.78	36.99	17.04	19.95	46.07	39.83	18.11	21.71	45.47	37.60	15.51	22.09	41.25
波兰	38.31	23.46	14.85	61.24	39.02	24.01	15.01	61.53	38.95	20.63	18.32	52.97	37.70	19.47	18.22	51.64
罗马尼亚	38.26	22.55	15.71	58.94	37.57	20.51	17.06	54.59	36.44	21.54	14.90	59.11	35.11	19.78	15.33	56.34
爱沙尼亚	35.78	15.98	19.80	44.66	35.83	14.91	20.91	41.61	36.84	14.99	21.84	40.69	36.48	13.18	23.30	36.13
立陶宛	49.29	18.73	30.55	38.00	40.69	13.42	27.27	32.98	39.73	11.91	27.82	29.98	35.09	10.53	24.56	30.01
拉脱维亚	43.52	20.82	22.70	47.84	49.27	23.15	26.13	46.99	44.91	20.16	24.75	44.89	43.79	18.60	25.19	42.48
马耳他	31.58	9.47	22.11	29.99	36.21	10.80	25.40	29.83	36.29	6.04	30.24	16.64	39.75	7.05	32.69	17.74
其他发展中经济体	31.26	23.07	8.19	73.80	30.44	21.13	9.32	69.42	30.37	21.05	9.32	69.31	31.02	21.17	9.86	68.25

续表

地区	2000 年				2005 年				2010 年				2014 年			
	合计	国内	国外	国内占比	合计	国内	国外	国内占比	合计	国内	国外	国内占比	合计	国内	国外	国内占比
中国	28.58	22.97	5.61	80.37	26.91	19.65	7.26	73.02	27.22	20.37	6.85	74.83	30.76	24.62	6.14	80.04
土耳其	41.16	28.52	12.64	69.29	35.47	21.29	14.18	60.02	37.44	23.55	13.89	62.90	39.20	24.76	14.44	63.16
墨西哥	30.18	21.61	8.58	71.60	30.17	21.95	8.21	72.75	28.86	20.40	8.47	70.69	28.20	18.93	9.28	67.13
印尼	15.78	9.52	6.26	60.33	17.66	10.24	7.41	57.98	18.87	13.09	5.78	69.37	19.56	12.83	6.73	65.59
巴西	39.17	33.08	6.09	84.45	36.32	29.69	6.63	81.75	36.75	30.29	6.47	82.42	37.47	29.57	7.90	78.92
印度	32.31	24.27	8.04	75.12	36.04	25.38	10.65	70.42	28.99	16.93	12.06	58.40	28.28	15.16	13.12	53.61
俄罗斯	32.03	27.09	4.94	84.58	31.57	27.87	3.70	88.28	35.60	32.93	2.67	92.50	35.76	32.58	3.18	91.11

数据来源：作者计算。

表 5-4 各国知识技术密集型制造业的服务化指数

单位:%

地区	2000 年				2005 年				2010 年				2014 年			
	合计	国内	国外	国内占比	合计	国内	国外	国内占比	合计	国内	国外	国内占比	合计	国内	国外	国内占比
非欧盟发达经济体	31.59	21.63	9.97	68.47	31.9	21.54	10.36	67.52	32.01	21.21	10.79	66.26	31.75	19.97	11.77	62.90
美国	30.44	25.38	5.06	83.38	30.65	25.13	5.52	81.99	27.84	22.39	5.45	80.42	29.64	23.14	6.5	78.07
加拿大	28.5	14.93	13.57	52.39	31.33	16.57	14.76	52.89	31.67	17.47	14.2	55.16	31.54	16.54	15	52.44
澳大利亚	37.09	27.73	9.37	74.76	37.34	28.62	8.73	76.65	37.7	28.97	8.74	76.84	36.56	26.51	10.06	72.51
日本	32.08	28.21	3.88	87.94	31.28	26.14	5.14	83.57	31.55	25.59	5.97	81.11	31.41	22.92	8.49	72.97
韩国	28.74	17.02	11.72	59.22	30.21	18.78	11.43	62.16	29.01	16.72	12.29	57.64	28.66	16.44	12.23	57.36
瑞士	28.92	14.63	14.29	50.59	27.78	12.96	14.82	46.65	29.49	14.02	15.47	47.54	29.86	13.17	16.69	44.11
挪威	35.37	23.49	11.88	66.41	34.67	22.54	12.13	65.01	36.77	23.34	13.43	63.48	34.54	21.08	13.46	61.03
欧盟发达经济体	36.61	20.65	15.96	56.41	38.19	21.4	16.8	56.04	38.48	18.59	19.89	48.31	38.35	17.87	20.48	46.60
英国	35.49	25.18	10.31	70.95	37.67	26.78	10.89	71.09	35.35	21.33	14.01	60.34	35.11	21.69	13.41	61.78
法国	39.95	27.77	12.18	69.51	41.81	28.88	12.93	69.07	39.52	24.63	14.89	62.32	40.33	24.11	16.23	59.78
德国	35.15	24.02	11.13	68.34	35.99	24.54	11.46	68.19	35.2	22.28	12.92	63.30	35.81	21.77	14.04	60.79
奥地利	31.38	15.15	16.23	48.28	33.54	15.14	18.4	45.14	33.71	14.53	19.18	43.10	34.73	14.13	20.6	40.69

续表

地区	2000 年				2005 年				2010 年				2014 年			
	合计	国内	国外	国内占比	合计	国内	国外	国内占比	合计	国内	国外	国内占比	合计	国内	国外	国内占比
比利时	37.81	18.35	19.46	48.53	38.26	19.24	19.02	50.29	37.65	13.48	24.17	35.80	40.04	13.05	26.99	32.59
卢森堡	33.21	7.87	25.33	23.70	33.5	6.24	27.26	18.63	37.73	5.6	32.14	14.84	34.09	3.73	30.36	10.94
丹麦	28.97	15.15	13.82	52.30	31.09	15.24	15.84	49.02	32.36	16.31	16.05	50.40	31.22	15.19	16.03	48.65
西班牙	37.08	21.1	15.98	56.90	39.52	24.66	14.86	62.40	38.96	22.53	16.43	57.83	39.3	21.43	17.87	54.53
葡萄牙	32.82	15.53	17.29	47.32	35.43	17.06	18.37	48.15	37.07	17.63	19.44	47.56	38.16	16.98	21.18	44.50
爱尔兰	41.46	10.87	30.59	26.22	43.4	9.5	33.9	21.89	49.85	6.07	43.79	12.18	45.74	3.54	42.2	7.74
意大利	39.76	29.47	10.29	74.12	42.26	31.34	10.92	74.16	38.8	25.9	12.9	66.75	40.17	26.7	13.46	66.47
瑞典	37.5	22.85	14.64	60.93	38.24	23.03	15.21	60.22	34.65	18.39	16.26	53.07	36.02	19.3	16.73	53.58
芬兰	34.4	20.73	13.67	60.26	34.67	19.35	15.32	55.81	36.2	18.01	18.19	49.75	37.26	18.48	18.78	49.60
荷兰	40.9	24.03	16.86	58.75	43.48	26.18	17.29	60.21	41.85	15.29	26.57	36.54	39.98	12.7	27.28	31.77
希腊	43.32	31.65	11.67	73.06	44.06	33.74	10.31	76.58	48.29	36.85	11.44	76.31	47.22	35.18	12.04	74.50
欧盟发展中经济体	33.42	15.81	17.61	47.31	34.69	15.28	19.41	44.05	35.26	14.74	20.52	41.80	35.41	13.78	21.63	38.92
保加利亚	41.16	25.29	15.87	61.44	38.94	20.63	18.32	52.98	41.22	22.73	18.49	55.14	37.7	19.16	18.54	50.82
塞浦路斯	27.98	10.93	17.05	39.06	29.98	11.55	18.43	38.53	32.9	11.77	21.12	35.78	30.26	12.85	17.41	42.47

续表

地区	2000年				2005年				2010年				2014年			
	合计	国内	国外	国内占比	合计	国内	国外	国内占比	合计	国内	国外	国内占比	合计	国内	国外	国内占比
克罗地亚	34.31	20.68	13.63	60.27	40.43	24.71	15.71	61.12	42.25	27.7	14.55	65.56	41.14	25.82	15.32	62.76
匈牙利	32.77	7.93	24.84	24.20	34.43	10.46	23.97	30.38	35.29	8.1	27.19	22.95	34.58	6.87	27.71	19.87
捷克	30.63	13.52	17.11	44.14	34.63	14.75	19.88	42.59	35.91	13.98	21.92	38.93	35.96	12.23	23.73	34.01
斯洛伐克	31.06	11.36	19.7	36.57	33.6	9.46	24.14	28.15	35.08	9.91	25.18	28.25	33.57	7.01	26.55	20.88
斯洛文尼亚	31.35	14.02	17.32	44.72	33.31	13.73	19.58	41.22	34.7	14.11	20.59	40.66	33.77	13.16	20.61	38.97
波兰	39.93	25.43	14.5	63.69	41.6	26.28	15.32	63.17	40.13	21.11	19.03	52.60	38.69	19.59	19.1	50.63
罗马尼亚	34.02	20.68	13.34	60.79	31.28	17.78	13.49	56.84	29.45	18.04	11.41	61.26	36.89	21.69	15.19	58.80
爱沙尼亚	29.22	9.86	19.37	33.74	32.21	9.89	22.32	30.70	34.58	8.79	25.78	25.42	37.36	7.57	29.79	20.26
立陶宛	25.37	15.41	9.97	60.74	26.04	11.45	14.59	43.97	29.12	10.1	19.02	34.68	28.5	8.45	20.05	29.65
拉脱维亚	33.69	20.29	13.4	60.23	33.06	18	15.06	54.45	34.52	18.84	15.68	54.58	32.79	16.27	16.52	49.62
马耳他	42.97	10.11	32.86	23.53	41.4	9.93	31.47	23.99	33.22	6.41	26.82	19.30	39.08	8.4	30.68	21.49
其他发展中经济体	32.74	21.7	11.04	66.28	32.99	20.83	12.16	63.14	32.98	21.63	11.36	65.59	33.54	22.1	11.43	65.89

续表

地区	2000 年				2005 年				2010 年				2014 年			
	合计	国内	国外	国内占比	合计	国内	国外	国内占比	合计	国内	国外	国内占比	合计	国内	国外	国内占比
中国	28.96	20.25	8.71	69.92	29.96	18.58	11.38	62.02	30.52	21.04	9.48	68.94	33.4	25.72	7.68	77.01
土耳其	38.12	26.56	11.56	69.67	36.89	23.24	13.65	63.00	38.41	24.96	13.46	64.98	38.58	23.91	14.68	61.98
墨西哥	28.7	12.74	15.96	44.39	31.52	14.81	16.7	46.99	31.37	14.2	17.17	45.27	32.16	15.33	16.83	47.67
印尼	34.21	22.22	11.99	64.95	32.64	20	12.64	61.27	29.36	18.37	10.99	62.57	28.47	17.6	10.87	61.82
巴西	36.42	29.36	7.07	80.62	37.7	30.24	7.46	80.21	37.28	30.51	6.77	81.84	39.17	30.68	8.49	78.33
印度	35.08	26.03	9.05	74.20	36.3	24.9	11.4	68.60	35.1	24.69	10.42	70.34	36.2	26.59	9.62	73.45
俄罗斯	31.78	24.83	6.94	78.13	32.44	25.17	7.27	77.59	36.04	30.4	5.65	84.35	36.52	29.33	7.19	80.31

数据来源：作者计算。

英国、法国、比利时、葡萄牙和荷兰5国的情况恰恰相反，其劳动密集型制造业的服务化指数低于制造业整体水平。此外，大部分国家资本密集型和知识技术密集型制造业的服务化指数低于制造业整体的服务化指数。③就欧盟发展中经济体来说，整体而言，资本密集型制造业的服务化指数最高，但大都呈下降趋势，从2000年的39.18%下降到2014年的36.81%；其次是知识技术密集型制造业，其服务化指数稳中有升，在33.42%—35.69%之间；劳动密集型制造业的服务化指数最低，但大都呈缓慢上升趋势，在33.03%—35.22%之间。其中，大部分国家资本密集型制造业的服务化指数很高，明显高出制造业整体水平，且大部分国家知识技术密集型和劳动密集型制造业的服务化指数明显低于制造业整体的服务化指数。④就其他发展中经济体而言，整体上知识技术密集型制造业的服务化指数最高，一直在32%以上；2000—2005年资本密集型制造业的服务化指数略高于劳动密集型制造业，但从2006年开始，劳动密集型制造业服务化指数略高于资本密集型制造业。就具体各国的情况来看，大部分国家都是知识技术密集型制造业的服务化指数最高，而资本密集型制造业次之，劳动密集型制造业最低。

（2）不同要素密集型制造业的国内和国外服务化指数。

本书分析世界各国不同要素密集型制造业的国内和国外服务附加值，用来衡量制造业服务化指数的国内、国外服务化指数以及国内服务化指数占比。由表5-2至5-4可发现，各国不同要素密集型制造业服务附加值的国内外占比存在很大差异。

①无论是发达经济体还是发展中经济体，无论是否为欧盟成员，各经济体都是劳动密集型制造业服务化指数的国内占比最高，资本密集型和知识技术密集型制造业的国内占比较低。②整体来看，非欧盟发达经济体劳动密集型制造业的服务化指数的国内占比在74%以上且比较稳定，远远高于其资本密集型和知识技术密集型制造业服务化指数的国内占比；在大部分年份中知识技术密集型制造业服务化指数的国内占比要略高于资本密集型制造业，但二者的国内占比均在60%以上，服务化指数仍然是以国内服务为主，国外服

务占比并不太高。其中，无论是何种类型制造业，美国服务化指数的国内占比都是最高的，其次是澳大利亚和日本，瑞士最低。③整体来看，欧盟发达经济体各种类型制造业服务化指数的国内占比都呈明显下降趋势。劳动密集型制造业国内服务化指数所占比重较高，均在 56% 以上；资本密集型和知识技术密集型制造业服务化指数的国内占比都较低，大都在 55% 以下，但知识技术密集型制造业略高于资本密集型制造业。④整体来看，与欧盟发达经济体类似，欧盟发展中经济体各种类型制造业服务化指数的国内占比都呈明显下降趋势。其中，劳动密集型制造业国内服务化指数所占比均在 53% 以上，资本密集型制造业国内占比均在 50% 以下，知识技术密集型制造业占比在 38%—48% 之间。⑤整体来看，其他发展中经济体的劳动密集型制造业服务化指数的国内占比最高且稳中有升，在 74%—77% 之间波动；其次是资本密集型制造业，占比在 65%—74% 之间，大都呈下降趋势；知识技术密集型制造业占比最低，在 61%—66% 之间。

总之，从要素密集程度来看，无论是劳动密集型还是资本和知识技术密集型制造业，都是欧盟发达经济体的服务化指数最高，其次是非欧盟发达经济体和欧盟发展中经济体，最低是其他发展中经济体。但从制造业整体的国内和国外服务化指数来看，无论是劳动密集还是资本和知识技术密集型制造业，国内服务化指数都是其他发展中经济体最高，其次是欧盟发达经济体、非欧盟发达经济体和欧盟发展中经济体。从不同类型国家来看，欧盟发达经济体三种类型制造业服务化指数的差异不大，但国内服务化指数劳动密集型制造业是最高的；非欧盟发达经济体制造业服务化指数是劳动密集型制造业居首、其他两种相差不大，国内服务化指数也呈现出相同的趋势；欧盟中发展经济体是资本密集型制造业居首，其他两种相差不大，但国内服务化指数却是劳动密集型制造业居首，其他两种相差不大；其他发展中经济体整体上是知识技术密集型制造业居首，其次是资本密集和劳动密集型制造业，但国内服务化指数是劳动密集型制造业居首，其次是资本密集和知识技术密集型制造业。

三、中国制造业服务化的测度与特征

1. 中国制造业服务化水平

（1）中国整体服务化指数。

从表 5 - 5 所示的中国制造业服务化指数可以看出，尽管中国制造业的服务化水平还处于较低的水平，但是在进入 21 世纪之后，中国制造业的服务化水平呈现出在波动中缓慢上升的趋势。2000 年，中国的制造业服务化指数只有 26.38%，到 2014 年已经增长到了 31.09%，在 14 年间提高了 4.71 个百分点。尤其是在 2011—2014 年，中国制造业服务化水平增长迅速，每年提高的幅度都在 1 个百分点左右。这表明，近年来中国制造业的服务化速度正在加快，制造业出口中所含的服务价值不断增多。

表 5 - 5　2000—2014 年中国制造业的服务化指数　　　单位:%

年份	2000	2001	2002	2003	2004	2005	2006	2007	2008	2009	2010	2011	2012	2013	2014
制造业整体	26.38	27.19	27.72	26.96	26.77	27.23	27.60	28.27	27.07	28.49	28.26	27.89	28.79	30.10	31.09
劳动密集型	22.55	23.69	24.59	23.57	22.41	22.17	22.36	22.62	21.77	22.09	22.78	22.79	22.85	24.78	25.56
资本密集型	28.58	28.94	28.98	27.54	27.15	26.91	27.43	28.44	25.95	28.17	27.22	26.49	28.14	29.60	30.76
技术密集型	28.96	29.59	29.68	28.96	28.98	29.96	30.27	30.89	29.57	31.34	30.52	30.17	31.27	32.39	33.40

（2）中国不同要素密集型制造业的服务化指数。

表 5 - 5 还显示不同要素密集型制造业的服务化指数❶。比较发现，在中国制造业的内部，技术密集型制造业的服务化水平最高，资本密集型制造业其次，劳动密集型制造业最低。其中，技术密集型制造业的服务化水平一直高于制造业整体水平；劳动密集型制造业的服务化水平一直低于整体水平；资本密集型制造业的服务化水平在前期高于制造业整体水平，但在 2007 年后，一直低于制造业整体水平。比较这三类制造业可知，技术密集型制造业在生产过程中，投入了较多的研发设计、商务咨询、软件通信等附加值高的高端服务，而劳动密集型制造业对这些服务的需求较少，从而表现出在出口总额中，技术密集型制造业商品中所含的服务价值最多，而劳动密集型制造业商品中所含的服务价值最少，前者的服务化水平显著高于后者。从变化趋势上还能发现，进入 21 世纪后，中国技术密集型制造业的服务化速度高于劳动密集型制造业和资本密集型制造业。与 2000 年相比，2014 年技术密集型、劳动密集型和资本密集型制造业的服务化指数分别提高了 4.44、3.01 和 2.18 个百分点，表明技术密集型制造业一直保持着较高的服务化水平，并且与后两类制造业服务化水平的领先程度不断扩大。资本密集型制造业的服务化水平在经历了缓慢下降后，从 2011 年起开始迅速提升，呈现出较快的增长态势，并且在 2014 年已经接近中国制造业的整体水平，说明近年来我国资本密集型制造业开始摆脱过度依赖资本投入的生产模式，服务要素在其中投入的比例逐渐上升，成为提高其出口附加值的一个重要手段。

（3）中国制造业的本国服务化指数和国外服务化指数。

根据制造业出口中所含的服务价值的来源，可以将中国制造业服务化指数进一步分解为本国服务化指数和国外服务化指数，结果见表 5 - 6 和表 5 - 7。结果显示，自中国加入 WTO 以来，中国制造业的本国服务化指数呈现出先下

---

❶　其中，劳动密集型制造业包括食品饮料烟草制造业、纺织服装皮革制造业、木材及木制品业、造纸及纸制品业、印刷和记录媒介复制业、家具及其他制造业；资本密集型制造业包括石油炼焦等燃料加工业、橡胶塑料制品业、非金属矿物制品业、基本金属冶炼及压延加工业、金属制品业；技术密集型制造业包括化学原料及化纤制造业、医药制造业、计算机电子光学制品业、电气机械及器材制造业、机械设备制造业、汽车制造业、其他运输设备制造业。

降后上升的趋势,而国外服务化指数却呈现出先上升后下降的完全相反的趋势,转折点处于全球金融危机爆发的 2008 年左右。通过对比可知,加入 WTO 后,随着中国对外开放程度的提高,尽管中国制造业的出口逐年提升,一跃成为全球最大的制造业出口国,但是在早期,制造业出口总额中所含的国内服务价值比例却不断下降,而国外的服务价值不断提升。这种现象表明,对外开放将中国的制造业推向了全球生产网络中,国外服务企业通过各种途径参与到中国制造业的生产环节中,而国内服务企业由于竞争力弱或难以融入制造业出口企业生产链条,导致中国制造业出口中所含的国内服务价值下降而国外服务价值上升。这种变化趋势一直持续到全球金融危机爆发前的 2007 年,从 2008 年起,这种现象开始出现反转,即本国服务化指数不断提高,而国外服务化指数开始缓慢下降。究其原因,一方面可能是因为全球金融危机后,中国制造业的出口增速开始回落甚至下降,其中对国外服务依赖程度较高的制造企业受到的影响更大,而对国内服务依赖程度较高的制造企业的影响较小,从而导致整体制造业出口中,国内服务价值比例上升而国外服务价值比例下降。另一方面,在经历了全球金融危机后,中国制造业出口结构也不断优化,在制造业生产中更加重视研发设计、金融、物流、商务咨询等生产服务的投入,国内生产服务企业的竞争力得到稳步提升,在制造业出口总额中所贡献的价值不断提高,且高于国外服务价值的增速。

表 5-6　2000—2014 年中国制造业的本国服务化指数　　　　单位:%

年份	2000	2001	2002	2003	2004	2005	2006	2007	2008	2009	2010	2011	2012	2013	2014
制造业整体	17.20	18.31	18.84	17.53	16.16	16.25	16.69	17.07	16.86	18.04	18.40	18.52	18.97	20.89	21.92
劳动密集型	22.97	23.50	23.23	20.91	19.95	19.65	20.18	21.01	18.97	21.85	20.37	19.60	21.51	22.94	24.62
资本密集型	20.25	20.83	20.22	18.30	17.71	18.58	18.92	19.30	19.24	22.17	21.04	21.16	22.61	23.84	25.72
技术密集型	19.47	20.25	20.17	18.43	17.61	18.04	18.47	18.92	18.60	21.04	20.33	20.31	21.57	22.98	24.63

表 5 - 7 　 2000—2014 中国制造业的国外服务化指数　　　　单位：%

年份	2000	2001	2002	2003	2004	2005	2006	2007	2008	2009	2010	2011	2012	2013	2014
制造业整体	6.91	6.94	7.55	8.54	9.16	9.18	9.13	9.35	8.47	7.45	7.93	7.58	7.21	7.12	6.46
劳动密集型	5.35	5.38	5.75	6.04	6.25	5.91	5.67	5.55	4.91	4.05	4.38	4.27	3.88	3.89	3.63
资本密集型	5.61	5.43	5.75	6.63	7.21	7.26	7.25	7.43	6.98	6.32	6.85	6.89	6.63	6.66	6.14
技术密集型	8.71	8.77	9.46	10.66	11.27	11.38	11.35	11.59	10.33	9.17	9.48	9.00	8.66	8.55	7.68

对比表 5 - 6 和表 5 - 7 中不同要素密集型制造业的本国服务化指数和国外服务化指数还可以发现，在 2008 年之前，中国劳动密集型制造业的本国服务化指数最高，远高于技术密集型制造业和资本密集型制造业，说明在加入 WTO 的初期，中国劳动密集型制造业出口中，国内生产服务的投入较高。而在 2008 年后，资本和技术密集型制造业的本国服务化指数逐步超越劳动密集型制造业，其中资本密集型制造业本国服务化指数一直处于最高地位。并且三类制造业之间本国服务化指数的差距相比 2000 年在逐渐缩小，呈现出趋同的变化趋势。

在制造业的国外服务化指数方面，三类制造业的服务化指数变动趋势与制造业整体的变动趋势基本一致。其中，技术密集型制造业的国外服务化指数一直保持在领先的水平，这表明中国的技术密集型制造业参与全球生产网络的程度较高，国外服务企业在中国技术密集型制造业出口总额中占据了较高比例的价值。资本密集型制造业的国外服务化指数在 2008 年后变动的幅度相对较小，2014 年的国外服务化指数甚至高于 2000 年的水平。劳动密集型制造业的国外服务化指数下降较迅速，从 2004 年到 2014 年多数年份处于下降趋势，在 2014 年仅为 3.63% ，还不到技术密集型制造业国外服务化指数的一半。根据以上发现可知，中国不同类型制造业之间参与全球价值链的方式也存在不同。劳动密集型制造业更多的是一种较低端的参与，通过进口原材料、零部件进行生产组装后出口，与国外高端服务企业的融合较少；而技术密集型企业由于其行业特性，在其生产过程中，投入了较多来自国外的高端服务要素，从而表现出较高的国外服务化水平。

2. 中国制造业分行业的服务化现状

（1）中国制造业分行业的服务化指数。

表5-8显示，在制造业内部，中国各行业之间在制造业服务化水平上存在较大差异。2014年服务化水平较高的行业主要集中在技术密集型行业，计算机电子光学制品业、汽车制造业、电气机械及器材制造业依次位列前三名，其服务化指数都超过了33%；而服务化水平最低的食品饮料烟草制造业的服务化指数只有21.54%，仅为计算机电子光学制品业服务化指数的62.5%，其他几个劳动密集型制造业的服务化指数处于较低的水平，这也进一步验证了前文按照要素密集程度划分的不同类型制造业服务化指数时的发现。而且从2014年和2000年的对比可以发现，除了木材及木制品业外，其他17个制造行业的服务化指数都有不同程度的提升，其中，汽车制造业和计算机电子光学制品业的涨幅最高，超过了5个百分点，成为服务化水平增长最快的两个行业。

（2）本国服务化指数和国外服务化指数。

根据制造业出口中服务价值的不同来源来看，技术密集型制造业和部分资本密集型制造业的本国服务化指数较高，排在前三位的行业（汽车制造业、电气机械及器材制造业、金属制品业）均属于技术密集型制造业。所有劳动密集型制造业以及石油炼焦等燃料加工业的本国服务化指数则处于最低水平，均低于中国制造业整体的本国服务化水平。从国外服务化水平来看，计算机电子光学制品业和石油炼焦等燃料加工业的国外服务化指数较高，说明这些行业的出口品在生产过程中投入较多来自国外的生产服务，食品饮料烟草制造业和医药制造业等行业则与之相反，其国外服务化指数较低。且计算机电子光学制品业和汽车制造业分别位列本国服务化指数增长最快的第一位和第三位，其国内服务化指数分别提高了6.90和6.01个百分点。另外，纺织服装皮革制造业虽然在 2000 年时的本国服务化指数较低，但是其增速明显，在 14 年间提高了 6.34 个百分点，增长比率达到 36.78%。仅有木材及木制品业、非金属矿物制品业、基本金属冶炼及压延加工业三个行业的本国服务化指数出现了下降。在国外服务化指数方面，10 个制造行业出现了下降。其中，纺织服装皮革制造业的国外服务化指数下降了 2.53 个百分点，降幅超过 41%；计算机电子光学制品业的国外服务化指数虽然一直保持在第一位，但是其下降也较明显，与其最高值相比（2007 年，14.62%）下降了 5.18 个百分点。石油炼焦等燃料加工业的国外服务化指数增长较快，在 2014 年已经达到 7.32%，仅低于计算机电子光学制品业，且比 2000 年提高了 2.71 个百分点，增幅接近 60%。

表 5-8　2000—2014 年中国制造业分行业服务化指数　　　单位:%

行业	2000 年			2005 年			2010 年			2014 年		
	合计	本国	国外	合计	本国	国外	合计	本国	国外	合计	本国	国外
食品饮料烟草制造业	18.56	15.86	2.70	17.99	14.40	3.59	19.02	15.98	3.04	21.54	19.01	2.53
纺织服装皮革制造业	23.38	17.23	6.15	23.89	17.22	6.67	24.13	19.55	4.59	27.19	23.57	3.62
木材及木制品业	24.61	20.27	4.34	22.45	17.18	5.26	21.86	17.29	4.57	23.82	19.67	4.15
造纸及纸制品业	28.13	22.86	5.27	27.52	20.78	6.74	26.45	20.32	6.12	29.61	24.14	5.47
印刷和记录媒介复制业	24.35	19.48	4.87	25.03	18.67	6.36	24.67	19.16	5.51	28.43	23.63	4.80
石油炼焦等燃料加工业	21.88	17.26	4.61	23.50	16.15	7.35	22.95	15.08	7.86	26.16	18.84	7.32
化学原料及化纤制造业	29.63	23.32	6.31	28.63	20.37	8.27	27.91	20.73	7.18	32.10	25.90	6.20
医药制造业	23.81	19.88	3.93	25.96	20.71	5.25	25.57	21.31	4.27	28.37	24.77	3.60
橡胶塑料制品业	27.29	20.95	6.34	26.79	18.22	8.57	28.02	20.86	7.16	31.46	25.67	5.79
非金属矿物制品业	29.60	25.13	4.46	28.31	22.30	6.01	27.00	21.36	5.63	30.07	25.11	4.95

行业	2000 年			2005 年			2010 年			2014 年		
	合计	本国	国外	合计	本国	国外	合计	本国	国外	合计	本国	国外
基本金属冶炼及压延加工业	29.94	24.48	5.46	26.78	19.82	6.96	26.47	19.27	7.20	30.34	23.47	6.88
金属制品业	30.48	24.73	5.76	27.48	20.68	6.79	28.86	22.33	6.53	32.61	26.73	5.88
计算机电子光学制品业	29.05	18.13	10.92	31.50	17.70	13.80	32.26	20.43	11.83	34.48	25.03	9.44
电气机械及器材制造业	29.85	23.14	6.71	27.88	19.45	8.43	29.96	22.10	7.86	33.55	26.88	6.67
机械设备制造业	27.39	21.79	5.61	27.34	19.77	7.57	28.59	21.46	7.13	31.93	25.93	6.01
汽车制造业	27.74	22.26	5.47	28.00	20.43	7.57	29.95	23.54	6.41	33.70	28.27	5.43
其他运输设备制造业	28.28	21.92	6.36	27.21	19.25	7.97	28.01	20.71	7.31	30.68	24.50	6.17
家具及其他制造业	21.06	16.81	4.26	18.06	13.48	4.59	19.30	15.06	4.24	22.40	18.52	3.89
制造业整体	26.38	19.47	6.91	27.23	18.04	9.18	28.26	20.33	7.93	31.09	24.63	6.46

综上所述，中国制造业整体服务化处于较低水平，但近年来服务化速度正在加快，制造业出口中服务价值不断增多。从不同要素密集型制造业的服务化指数来看，技术密集型制造业最高、资本密集型制造业其次、劳动密集型制造业最低。但进入 21 世纪后，技术密集型制造业的服务化速度高于劳动密集型制造业和资本密集型制造业。自中国加入 WTO 以来制造业的本国服务化指数呈现出先下降后上升的趋势，而国外服务化指数却呈现出先上升后下降的完全相反的趋势，转折点处于全球金融危机爆发的 2008 年。且技术密集型制造业的国外服务化指数一直保持在领先的水平，资本密集型制造业的国外服务化指数在 2008 年后变动的幅度相对较小，劳动密集型制造业的国外服务化指数下降较迅速。从分行业来看，中国各行业之间在制造业服务化水平上存在较大差异，与要素密集程度有关，不同要素密集型制造行业的国外服务化指数和国内服务化指数存在差异。

第二节　制造业国际竞争力的国际比较及中国特征

根据前文分析，在全球价值链的视角下，价值创造和价值分配是决定一国制造业国际竞争力强弱的主要因素，而非传统理论所认为的贸易量或贸易结构。基于此，本章采用 GVC 地位指数和出口技术复杂度分别从制造业的价值创造和价值分配两方面的能力来衡量一国制造业国际竞争力。

一、GVC 地位指数的测度方法、数据来源与特征

1. 测度方法

在全球价值链视角下，一国制造业国际分工地位反映其在全球价值链中获取价值分配的能力，是衡量一国制造业国际竞争力的重要指标。本书借鉴 Koopman 等（2010）的方法，基于贸易附加值分解框架，构建了 GVC 地位指数这一指标，来测度一国制造业在全球价值链中所处的国际分工地位和出口技术复杂度指标，一起全面衡量一国制造业的国际竞争力。

首先，一国出口的总额根据价值来源可以分为本国创造的价值和国外创造的价值两部分。进一步地，本国所创造的价值又可以分解为四个部分，分别为直接消费品出口、直接中间品出口、间接中间品出口（用于他国生产并出口"最终产品"）和出口品回流；国外创造的价值即从国外进口的用于本国生产并出口的中间品价值。

$$E_S = DVT_S + FVT_S = V_S B_{SS} \sum_{R \neq S} Y_{SR} + V_S B_{SS} \sum_{R \neq S} A_{SR} X_{RR} + V_S B_{SS} \sum_{R \neq S} \sum_{T \neq S,R} A_{SR} X_{RT} +$$

$$V_S B_{SS} \sum_{R \neq S} A_{SR} X_{RS} + \sum_{T \neq S} \sum_{R \neq S} V_R B_{RS} Y_{ST} \qquad (5-7)$$

式（5-7）第二个等式的第三项表示 S 国的间接增加值出口 IV，即 S 国向其他国家出口的中间品贸易额，衡量 S 国出口的增加值中经一国进一步加

工后又出口到第三国；第五项表示 S 国出口中的国外增加值 FV，即 S 国出口的产品中包含从国外进口的中间品价值。

根据 Koopman 等（2010）观点，一国所处的国际分工地位代表其在全球价值链生产中的上下游位置。如果一国处于全球价值链上游，则该国会通过提供较多的中间品参与到国际生产分工中，即总出口 E 中间接增加值出口 IV 的比例较高；反之，如果一国处于全球价值链下游，则该国会通过向国外进口较多中间品参与到国际生产分工中，即总出口中的国外增加值 FV 的比例较高。因此，可以通过下式来衡量一国在全球价值链中的地位。

$$GVC\_Pos_S^i = \ln\left(1 + \frac{IV_S^i}{E_S^i}\right) - \ln\left(1 + \frac{FV_S^i}{E_S^i}\right) \qquad (5-8)$$

式（5-8）中，$\frac{IV_S^i}{E_S^i}$ 实际上是指 S 国 i 产业间接出口的国内附加值占 S 国 i 产业总出口的比重，这也被 Koopman 等称为"GVC 前向参与度"。❶ $\frac{FV_S^i}{E_S^i}$ 表示 S 国 i 产业出口中国外附加值占总出口的比重，Koopman 等称之为"GVC 后向参与度"。因此，$GVC\_Pos_S^i$ 就代表了 S 国 i 部门在全球价值链中的国际分工地位。Koopman 等认为一国某产业在全球价值链中的国际分工地位可通过其在该产业分别作为中间品出口方与进口方的相对重要性来反映。因此，该 GVC 地位指数越大，说明一国在全球价值链中所处的位置就越高，越靠近上游，国际分工地位越高。从计算结果看，GVC 地位指数的大小取决于 GVC 前向参与度和后向参与度之差：前向参与度越大，后向参与度越小，GVC 地位指数就越高。

2. 数据来源

基于上述方法测算一国某产业的国际分工地位，需要用到全球各国（产

---

❶ 本书参照 OECD 和 WTO 的 TIVA 数据库的处理办法，具体用一国某产业中间品出口的国内附加值来表示。因为实际测算过程中很难区分一国某行业出口的中间产品中到底有哪些进一步加工后最后被直接进口国最终使用，还是包含在直接进口国出口产品中，间接出口到其他国家。也就是说，本书中一国某行业 GVC 前向参与度实际上就等于该行业中间品出口在总出口中占比与该行业总出口中国内附加值比重的乘积。

业）的总产出和附加值增值数据、世界投入产出矩阵数据。目前比较常用的世界投入产出表数据库主要包括：欧盟的世界投入产出数据库（WIOD）、亚洲国际投入产出表（AIIOT）、全球贸易分析数据库（GTAP）、经济与发展合作组织和世界贸易组织合作开发的国际投入产出表。本书使用的国际投入产出数据来自于 WIOD 2016 年版的最新投入产出数据库。该数据库提供全球 42 个国家 2000—2014 年 56 个产业（包括 4 个初级产品部门、18 个制造业部门和 34 个服务部门）的世界投入产出表，表中详细统计了各国各产业之间中间产品与最终需求的贸易往来，提供了测算制造业的 GVC 地位指数所需数据。

3. 制造业 GVC 地位的国际比较

（1）制造业整体的 GVC 地位。

从表 5 - 9 的测算结果来看，发现不同类型经济体的制造业整体 GVC 地位存在很大差异，代表国家 GVC 地位指数见图 5 - 2：①非欧盟发达经济体和其他发展中经济体的 GVC 地位指数比较高、均在 0.1 以上，其中 2000—2007 年前者高于后者，2008—2014 年后者高于前者；欧盟国家包括欧盟发达经济体和发展中经济体的 GVC 地位指数较低，大部分年份小于 0，欧盟发展中经济体 GVC 地位指数最低，样本期间均为负数。②非欧盟发达经济体的制造业整体 GVC 地位指数较高且一直在 0.1 以上，但大都呈不断下降趋势。非欧盟发达经济体的 7 国内部存在很大差异，其中美国制造业 GVC 地位指数最高，澳大利亚、日本次之，其次是挪威、加拿大，最后是韩国和瑞士。③对非欧盟的其他发展中经济体而言，其制造业整体的 GVC 地位指数比较高且大都稳定，在 0.11—0.14 之间，但内部各经济体差异明显。其中，俄罗斯制造业 GVC 地位指数最高，一直在 0.39 以上；其次是巴西和印尼，其制造业 GVC 地位指数分别在 0.24 和 0.16 以上；再次是印度和中国，制造业 GVC 地位指数均大于 0；然后是土耳其，其制造业 GVC 地位指数较小，有部分年份为负数；最后是墨西哥，GVC 地位指数一直为负数。④整体而言，欧盟发达经济体的制造业 GVC 地位指数比较小，且呈不断下降趋势，大部分年份小于 0，其内部各国也是差异很大。其中，英国、德国、意大利的制造业 GVC 地位指数较高，均为正数；法国、西班牙、瑞典、希腊 4 国次之，其制造业 GVC 地位指数大部分年份为正数；其他各国大部分年份为负数，卢森堡和爱尔兰的 GVC 地位指数尤其低，一直在 -0.1 以下。⑤欧盟发展中经济体制造业整体 GVC 地位指数较低，一直为负数，而且呈不断下降趋势。欧盟发展中经济体 内部也差异明显。其中，克罗地亚、罗马尼亚的制造业 GVC 地位指数较高， 一直为正数；拉脱维亚和波兰的制造业 GVC 地位指数在大部分年份为正；其 他各国的制造业 GVC 地位指数基本为负数且不断下降，马耳他和匈牙利两国 的制造业 GVC 地位指数尤其偏低，大都在 -0.2 以下。

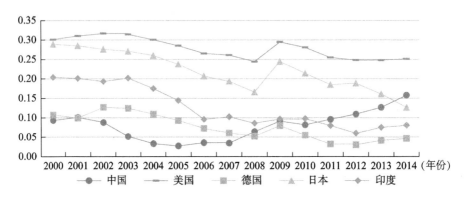

图 5-2　2000—2014 年代表国家的制造业 GVC 地位指数折线统计图

（2）不同要素密集型制造业 GVC 地位的比较。

为分析不同类型制造业在全球价值链中分工地位的差异，本书对各国不 同要素密集型的制造业 GVC 地位指数进行测算和分析（见表 5-10、表 5-11 和表 5-12）。不难发现，各国不同要素密集型制造业的 GVC 地位指数存在很 大差异。①无论哪种要素密集型制造业，四类经济体中欧盟发展中经济体最 低，其次是欧盟发达经济体，非欧盟发达经济体和其他发展中经济体的 GVC 地位指数较高；无论是发达经济体还是发展中经济体，无论是否为欧盟成员， 大部分年份中各经济体都是资本密集型制造业的 GVC 地位指数最高，劳动密 集型制造业次之，知识技术密集型制造业的 GVC 地位指数最低。此外，就劳 动密集型制造业而言，大部分年份中非欧盟经济体的 GVC 地位指数在四类经 济体中是最高的，其他发展中经济体次之，再次是欧盟发达经济体，欧盟非 发达经济体最低；就资本密集型制造业而言，其他发展中经济体的 GVC 地位指数最高，非欧盟发达经济体次之；而就知识技术密集型制造业而言，始终是非欧盟发达经济体的 GVC 地位指数最高，其他发展中经济体次之。②就非欧盟发达经济体而言，其不同类型制造业的 GVC 地位指数都比较高，但呈下降趋势，各国之间也是差异很大。在劳动密集型制造业中，日本的 GVC 地位指数最高，其次是美国，再次是加拿大、澳大利亚、韩国，挪威和瑞士这两个欧洲国家的 GVC 地位指数较低。在资本密集型制造业中，大部分年份中美国的 GVC 地位指数最高，其次是澳大利亚、加拿大和日本，再次就是挪威和瑞士，韩国的 GVC 地位指数最低，一直小于 0.1，且大部分年份为负数。在知识技术密集型制造业中，美国的 GVC 地位指数最高，远高于其他国家；日本、澳大利亚和挪威次之；韩国和瑞士的 GVC 地位指数较低，均在 0.5 以下，且部分年份为负数。③就其他发展中经济体而言，不同类型制造业的 GVC 地位指数都还算比较高，但各经济体之间存在很大差异。在劳动密集型制造业中，俄罗斯的 GVC 地位指数最高，远高于其他经济体；巴西和印尼的 GVC 地位指数也比较高，大都在 0.2 以上；其次是印度，其 GVC 地位指数大部分年份在 0.1 以上；中国和土耳其的 GVC 地位指数比较小，基本在 0.1 以下；墨西哥的 GVC 地位指数最低，且为负数。在资本密集型制造业中，也是俄罗斯的 GVC 地位指数最高，大都在 0.5 以上；巴西、印尼、中国和墨西哥次之，大都均在 0.3 以上；土耳其基本在 0.1 以上；印度的 GVC 地位指数下降飞快，从最初的 0.3 左右降为负数。在知识技术密集型制造业中，仍然是俄罗斯的 GVC 地位指数最高且稳定，巴西和印度次之，中国的 GVC 地位指数比较小，有几年甚至为负数，但 2008 年以来上升很快，土耳其、墨西哥的 GVC 地位指数很低，且基本为负数。④就欧盟发达经济体而言，不同类型制造业的 GVC 地位指数都不太高，且呈不断下降趋势，内部各经济体之间差异很大。在劳动密集型制造业中，芬兰的 GVC 地位指数最高，瑞典次之，英国、德国、葡萄牙、意大利和希腊 5 国均大于 0，比利时、卢森堡、丹麦、爱尔兰、荷兰的 GVC 地位指数一直为负数。在资本密集型制造业中，英国、法国、德国、意大利和丹麦 5 国的 GVC 地位指数较高，均为正数；奥地利、西班牙、葡萄牙、爱尔兰、芬兰和希腊的 GVC 地位指数大部分年份为正；瑞典、荷兰的 GVC 地位指数大部分年份为负数；比利时和卢森堡的 GVC 地位指数很小，样本期间均为负数。在知识技术密集型制造业中，德国、意大利、希腊的 GVC 地位指数较高，均大于 0；英国和荷兰的 GVC 地位指数大部分年份为正数，法国大部分年份为负数；其他 9 国的 GVC 地位指数一直为负数，其中爱尔兰的 GVC 地位指数甚至在 −0.1 以下。⑤就欧盟发展中经济体而言，不同类型制造业的 GVC 地位指数都比较低，且呈不断下降趋势，内部各经济体之间也存在很大差异。在劳动密集型制造业中，欧盟发展中经济体整体的 GVC 地位指数一直为负数，其中，拉脱维亚指数较高，一直为正数；捷克、罗马尼亚指数大部分年份为正数；其他各国大部分年份为负数，尤其是保加利亚、塞浦路斯、匈牙利和马耳他，样本期间一直为负数。在资本密集型制造业中，欧盟发展中经济体整体的 GVC 地位指数 2000—2005 年为正数，2006—2014 年为负数；其中，克罗地亚、斯洛文尼亚、波兰、罗马尼亚 4 国的指数较高，一直为正数；捷克的指数大部分年份为正数；其他各国的 GVC 地位指数大部分年份为负数，保加利亚、匈牙利、立陶宛的 GVC 地位指数甚至年年为负数。在知识技术密集型制造业中，欧盟发展中经济体整体的 GVC 地位指数一直为负数，其中大部分国家的指数一直为负数，唯有罗马尼亚的指数较高，一直为正数；保加利亚、波兰和立陶宛的指数有少部分年份为正数。

4. 中国制造业 GVC 地位的特征

（1）中国制造业整体的 GVC 地位特征。

表 5 - 13 显示了 2000—2014 年中国制造业的 GVC 地位指数。从表中反映出来的变化趋势可以看出，进入 21 世纪的前 14 年中，中国制造业的国际分工地位经历了先下降后回升的 U 型历程，但是整体而言，中国制造业 GVC 地位指数非常低。具体来看，从 2001 年加入 WTO 后到 2005 年，中国的制造业国际分工地位逐渐下降，从 0.101 持续下降到 0.027。表明加入 WTO 后，中国制造业的国际分工地位出现了恶化：尽管在此期间，中国制造业出口的间接附加值增长迅速，但是由于"三来一补"加工贸易在总出口中所占的比例很高，出口中的国外附加值增长速度快于间接附加值的增速，从而降低了中国

表 5 - 9　2000—2014 年制造业整体的 GVC 地位指数

年份	2000	2001	2002	2003	2004	2005	2006	2007	2008	2009	2010	2011	2012	2013	2014
非欧盟发达经济体	0.152	0.149	0.159	0.161	0.151	0.138	0.128	0.126	0.106	0.141	0.130	0.105	0.111	0.113	0.106
美国	0.301	0.310	0.317	0.314	0.300	0.285	0.265	0.261	0.244	0.295	0.281	0.255	0.248	0.248	0.251
加拿大	0.024	0.032	0.037	0.044	0.050	0.040	0.045	0.064	0.059	0.083	0.067	0.064	0.055	0.073	0.056
澳大利亚	0.221	0.221	0.225	0.249	0.229	0.215	0.220	0.217	0.194	0.229	0.236	0.182	0.202	0.189	0.182
日本	0.289	0.285	0.276	0.271	0.260	0.237	0.207	0.194	0.166	0.244	0.214	0.185	0.188	0.161	0.126
韩国	0.040	0.036	0.051	0.037	0.030	0.029	0.015	0.030	-0.057	-0.026	-0.035	-0.083	-0.073	-0.036	-0.009
瑞士	0.030	0.016	0.050	0.045	0.034	0.017	-0.007	-0.004	-0.001	0.028	0.025	0.012	0.012	0.011	0.000
挪威	0.158	0.140	0.157	0.169	0.154	0.144	0.152	0.121	0.138	0.137	0.119	0.120	0.146	0.142	0.138
欧盟发达经济体	0.027	0.025	0.035	0.035	0.022	0.006	-0.013	-0.008	-0.031	-0.008	-0.053	-0.078	-0.082	-0.069	-0.070
英国	0.145	0.148	0.143	0.144	0.141	0.132	0.122	0.111	0.081	0.084	0.032	0.001	0.000	0.065	0.063
法国	0.048	0.047	0.055	0.062	0.044	0.025	0.015	0.020	0.008	0.028	-0.005	-0.026	-0.033	-0.022	-0.021
德国	0.108	0.099	0.127	0.124	0.109	0.093	0.073	0.061	0.052	0.080	0.055	0.032	0.030	0.042	0.047
奥地利	0.041	0.025	0.018	0.020	-0.001	-0.018	-0.029	-0.023	-0.032	0.009	-0.038	-0.067	-0.070	-0.067	-0.062
比利时	-0.076	-0.080	-0.060	-0.059	-0.066	-0.072	-0.093	-0.098	-0.124	-0.105	-0.188	-0.225	-0.228	-0.232	-0.239
卢森堡	-0.118	-0.136	-0.124	-0.136	-0.184	-0.174	-0.232	-0.167	-0.232	-0.243	-0.279	-0.285	-0.263	-0.274	-0.287
丹麦	-0.027	-0.035	-0.031	-0.026	-0.029	-0.044	-0.052	-0.053	-0.068	-0.029	-0.045	-0.070	-0.053	-0.079	-0.065

续表

年份	2000	2001	2002	2003	2004	2005	2006	2007	2008	2009	2010	2011	2012	2013	2014
西班牙	0.011	0.037	0.051	0.053	0.049	0.045	0.030	0.026	0.028	0.055	-0.012	-0.052	-0.058	-0.063	-0.067
葡萄牙	-0.023	-0.014	-0.003	0.004	-0.003	-0.003	-0.023	-0.010	-0.035	0.021	0.000	-0.046	-0.042	-0.052	-0.056
爱尔兰	-0.130	-0.140	-0.124	-0.150	-0.179	-0.185	-0.191	-0.178	-0.198	-0.201	-0.240	-0.211	-0.217	-0.203	-0.239
意大利	0.123	0.124	0.129	0.134	0.134	0.116	0.094	0.088	0.083	0.100	0.053	0.035	0.044	0.047	0.051
瑞典	0.045	0.050	0.057	0.059	0.052	0.024	0.010	0.013	-0.008	0.031	0.022	0.008	0.005	0.033	0.030
芬兰	0.115	0.133	0.137	0.131	0.112	0.062	0.041	0.032	-0.009	0.043	0.018	-0.005	-0.021	-0.008	0.007
荷兰	0.039	0.012	-0.004	0.003	0.005	-0.009	-0.031	-0.015	-0.073	-0.103	-0.203	-0.231	-0.245	-0.178	-0.168
希腊	0.100	0.110	0.154	0.157	0.140	0.102	0.066	0.071	0.066	0.104	0.038	-0.026	-0.085	-0.040	-0.050
欧盟发展中经济体	-0.036	-0.038	-0.034	-0.041	-0.061	-0.073	-0.100	-0.094	-0.099	-0.071	-0.100	-0.120	-0.125	-0.120	-0.119
保加利亚	-0.015	-0.033	-0.021	-0.039	-0.091	-0.112	-0.153	-0.141	-0.156	-0.053	-0.114	-0.112	-0.134	-0.163	-0.152
塞浦路斯	-0.141	-0.079	-0.112	-0.107	-0.095	-0.106	-0.169	-0.155	-0.180	-0.152	-0.161	-0.162	-0.134	-0.106	-0.086
克罗地亚	0.059	0.029	0.021	0.017	0.015	0.010	0.002	0.006	0.014	0.057	0.035	0.022	0.017	0.031	0.016
匈牙利	-0.253	-0.229	-0.209	-0.206	-0.212	-0.212	-0.256	-0.261	-0.264	-0.245	-0.280	-0.287	-0.273	-0.259	-0.271
捷克	0.005	-0.007	-0.012	-0.016	-0.057	-0.073	-0.091	-0.100	-0.091	-0.090	-0.124	-0.139	-0.149	-0.140	-0.151
斯洛伐克	-0.058	-0.078	-0.095	-0.126	-0.142	-0.159	-0.205	-0.216	-0.199	-0.221	-0.217	-0.243	-0.263	-0.268	-0.264
斯洛文尼亚	-0.018	-0.012	-0.014	-0.007	-0.038	-0.068	-0.078	-0.096	-0.094	-0.070	-0.094	-0.107	-0.096	-0.081	-0.085

续表

年份	2000	2001	2002	2003	2004	2005	2006	2007	2008	2009	2010	2011	2012	2013	2014
波兰	0.061	0.076	0.072	0.056	0.051	0.053	0.024	0.009	-0.001	0.012	-0.047	-0.059	-0.047	-0.035	-0.038
罗马尼亚	0.057	0.043	0.053	0.029	0.027	0.051	0.064	0.082	0.105	0.121	0.127	0.082	0.062	0.068	0.059
爱沙尼亚	-0.037	-0.033	-0.019	-0.011	-0.045	-0.064	-0.078	-0.063	-0.088	-0.053	-0.114	-0.169	-0.187	-0.176	-0.165
立陶宛	-0.005	-0.020	0.006	-0.005	-0.040	-0.084	-0.101	-0.052	-0.130	-0.091	-0.122	-0.143	-0.137	-0.158	-0.148
拉脱维亚	0.140	0.097	0.109	0.103	0.065	0.036	0.003	0.014	0.009	0.058	0.038	0.000	-0.029	-0.012	-0.002
马耳他	-0.259	-0.246	-0.218	-0.222	-0.230	-0.217	-0.266	-0.250	-0.213	-0.196	-0.222	-0.242	-0.252	-0.261	-0.254
其他发展中经济体	0.135	0.128	0.132	0.129	0.119	0.115	0.111	0.118	0.112	0.141	0.135	0.130	0.128	0.123	0.132
中国	0.093	0.101	0.088	0.052	0.033	0.027	0.036	0.034	0.064	0.091	0.082	0.096	0.109	0.127	0.158
土耳其	0.104	0.070	0.031	0.015	0.003	0.006	-0.004	0.002	0.010	0.065	0.044	0.018	0.043	-0.002	0.018
墨西哥	-0.131	-0.123	-0.109	-0.116	-0.123	-0.104	-0.117	-0.108	-0.112	-0.121	-0.118	-0.102	-0.100	-0.089	-0.090
印尼	0.186	0.163	0.213	0.242	0.222	0.215	0.248	0.261	0.243	0.270	0.274	0.269	0.250	0.242	0.237
巴西	0.275	0.243	0.256	0.261	0.252	0.249	0.258	0.251	0.235	0.285	0.290	0.293	0.277	0.245	0.257
印度	0.204	0.201	0.193	0.202	0.175	0.144	0.096	0.102	0.086	0.097	0.098	0.080	0.060	0.075	0.081
俄罗斯	0.401	0.396	0.395	0.391	0.444	0.436	0.448	0.466	0.459	0.471	0.486	0.482	0.464	0.443	0.433

资料来源：作者利用 WIOD 数据库的世界投入产出表计算；下同

表 5－10　2000—2014 年劳动密集型制造业 GVC 地位指数

年份	2000	2001	2002	2003	2004	2005	2006	2007	2008	2009	2010	2011	2012	2013	2014
非欧盟发达经济体	0.169	0.167	0.166	0.167	0.162	0.156	0.150	0.149	0.134	0.147	0.138	0.115	0.120	0.123	0.122
美国	0.257	0.259	0.265	0.250	0.253	0.237	0.228	0.227	0.219	0.244	0.232	0.205	0.211	0.220	0.225
加拿大	0.128	0.132	0.123	0.131	0.154	0.151	0.150	0.160	0.160	0.151	0.162	0.135	0.143	0.156	0.133
澳大利亚	0.134	0.143	0.127	0.150	0.128	0.122	0.117	0.137	0.101	0.110	0.121	0.105	0.135	0.125	0.136
日本	0.364	0.367	0.345	0.343	0.340	0.314	0.298	0.274	0.275	0.307	0.291	0.269	0.276	0.257	0.222
韩国	0.140	0.126	0.152	0.141	0.134	0.157	0.165	0.172	0.125	0.160	0.138	0.106	0.105	0.129	0.163
瑞士	0.015	-0.001	0.013	0.005	-0.011	-0.015	-0.045	-0.042	-0.046	-0.025	-0.032	-0.053	-0.060	-0.077	-0.073
挪威	0.142	0.142	0.141	0.152	0.133	0.126	0.135	0.115	0.105	0.081	0.057	0.041	0.034	0.048	0.045
欧盟发达经济体	0.046	0.039	0.046	0.043	0.038	0.022	0.012	0.007	-0.013	0.002	-0.020	-0.037	-0.041	-0.044	-0.048
英国	0.108	0.097	0.096	0.097	0.102	0.087	0.076	0.073	0.053	0.045	0.043	0.002	0.020	0.038	0.062
法国	0.056	0.052	0.055	0.058	0.019	-0.001	-0.011	-0.014	-0.024	-0.017	-0.036	-0.046	-0.049	-0.048	-0.050
德国	0.084	0.077	0.093	0.088	0.085	0.067	0.052	0.043	0.035	0.051	0.025	0.009	0.020	0.017	0.021
奥地利	0.106	0.082	0.079	0.066	0.066	0.027	0.026	0.037	0.010	0.029	0.013	-0.023	-0.016	-0.023	-0.024
比利时	-0.086	-0.095	-0.084	-0.083	-0.074	-0.079	-0.090	-0.095	-0.111	-0.107	-0.190	-0.208	-0.202	-0.211	-0.231
卢森堡	-0.085	-0.132	-0.118	-0.129	-0.186	-0.194	-0.221	-0.208	-0.274	-0.256	-0.269	-0.230	-0.221	-0.231	-0.230
丹麦	-0.110	-0.118	-0.113	-0.111	-0.117	-0.141	-0.153	-0.156	-0.177	-0.148	-0.161	-0.182	-0.167	-0.230	-0.205

续表

年份	2000	2001	2002	2003	2004	2005	2006	2007	2008	2009	2010	2011	2012	2013	2014
西班牙	0.033	0.041	0.042	0.054	0.058	0.049	0.044	0.034	0.036	0.060	0.020	0.002	-0.005	-0.008	-0.033
葡萄牙	0.034	0.035	0.051	0.061	0.054	0.060	0.060	0.050	0.032	0.070	0.084	0.050	0.054	0.042	0.028
爱尔兰	-0.194	-0.177	-0.150	-0.156	-0.186	-0.199	-0.202	-0.199	-0.222	-0.250	-0.290	-0.281	-0.303	-0.270	-0.306
意大利	0.076	0.079	0.076	0.079	0.095	0.084	0.065	0.064	0.057	0.067	0.035	0.027	0.022	0.018	0.022
瑞典	0.226	0.229	0.221	0.221	0.207	0.171	0.170	0.164	0.139	0.172	0.170	0.155	0.165	0.166	0.161
芬兰	0.363	0.373	0.358	0.336	0.319	0.274	0.262	0.256	0.206	0.258	0.249	0.219	0.205	0.211	0.227
荷兰	-0.020	-0.037	-0.052	-0.056	-0.046	-0.045	-0.060	-0.060	-0.092	-0.113	-0.161	-0.184	-0.213	-0.163	-0.165
希腊	0.091	0.076	0.133	0.122	0.178	0.168	0.155	0.121	0.142	0.176	0.166	0.138	0.070	0.033	0.007
欧盟发展中经济体	-0.027	-0.028	-0.021	-0.015	-0.023	-0.033	-0.043	-0.040	-0.042	-0.008	-0.016	-0.044	-0.053	-0.051	-0.053
保加利亚	-0.079	-0.077	-0.069	-0.076	-0.110	-0.111	-0.121	-0.118	-0.105	-0.029	-0.044	-0.039	-0.065	-0.072	-0.066
塞浦路斯	-0.201	-0.202	-0.174	-0.142	-0.091	-0.097	-0.098	-0.118	-0.127	-0.092	-0.101	-0.130	-0.155	-0.145	-0.152
克罗地亚	0.010	-0.009	-0.026	-0.025	-0.020	-0.030	-0.023	-0.013	-0.001	0.020	0.020	-0.011	-0.012	-0.008	-0.030
匈牙利	-0.186	-0.170	-0.143	-0.138	-0.124	-0.133	-0.158	-0.159	-0.153	-0.128	-0.132	-0.163	-0.155	-0.143	-0.159
捷克	0.084	0.098	0.097	0.100	0.049	0.022	0.026	0.008	0.011	0.007	-0.018	-0.043	-0.048	-0.048	-0.063
斯洛伐克	0.069	0.032	0.012	0.008	-0.007	-0.011	-0.013	-0.012	-0.002	0.045	0.049	-0.002	-0.029	-0.035	-0.039
斯洛文尼亚	0.012	0.027	0.018	0.029	0.005	-0.038	-0.026	-0.036	-0.046	0.007	-0.017	-0.051	-0.033	-0.028	-0.034

续表

年份	2000	2001	2002	2003	2004	2005	2006	2007	2008	2009	2010	2011	2012	2013	2014
波兰	0.035	0.055	0.036	0.038	0.033	0.031	0.029	0.022	0.008	0.015	-0.015	-0.047	-0.035	-0.025	-0.036
罗马尼亚	-0.025	-0.028	-0.030	-0.041	-0.028	-0.025	-0.013	0.002	0.034	0.070	0.107	0.091	0.061	0.088	0.073
爱沙尼亚	0.001	0.001	0.012	0.030	0.001	-0.005	-0.017	-0.001	-0.039	-0.001	-0.014	-0.021	-0.045	-0.039	-0.018
立陶宛	0.001	-0.006	0.024	0.035	0.030	0.009	-0.019	-0.008	-0.038	0.005	-0.018	-0.044	-0.045	-0.050	-0.046
拉脱维亚	0.202	0.155	0.186	0.158	0.136	0.106	0.055	0.089	0.071	0.127	0.120	0.067	0.039	0.034	0.053
马耳他	-0.278	-0.247	-0.212	-0.178	-0.175	-0.149	-0.176	-0.175	-0.163	-0.145	-0.142	-0.184	-0.173	-0.188	-0.177
其他发展中经济体	0.123	0.119	0.120	0.121	0.115	0.114	0.121	0.123	0.125	0.144	0.144	0.138	0.140	0.137	0.136
中国	0.017	0.017	0.017	0.002	0.001	-0.001	0.007	0.007	0.030	0.061	0.054	0.069	0.086	0.094	0.112
土耳其	0.019	-0.003	-0.032	-0.030	-0.017	-0.007	0.002	0.003	0.017	0.041	0.030	0.008	0.006	-0.012	-0.011
墨西哥	-0.111	-0.076	-0.085	-0.080	-0.099	-0.092	-0.079	-0.090	-0.078	-0.071	-0.068	-0.092	-0.067	-0.054	-0.069
印尼	0.145	0.120	0.198	0.232	0.217	0.200	0.231	0.256	0.258	0.279	0.285	0.272	0.265	0.246	0.242
巴西	0.272	0.260	0.263	0.277	0.267	0.268	0.282	0.251	0.245	0.277	0.295	0.302	0.293	0.267	0.266
印度	0.144	0.136	0.122	0.127	0.105	0.078	0.086	0.114	0.117	0.086	0.109	0.111	0.136	0.150	0.146
俄罗斯	0.432	0.427	0.411	0.406	0.447	0.448	0.459	0.471	0.463	0.443	0.454	0.455	0.401	0.398	0.396

表 5 - 11　2000—2014 年资本密集型制造业 GVC 地位指数

年份	2000	2001	2002	2003	2004	2005	2006	2007	2008	2009	2010	2011	2012	2013	2014
非欧盟发达经济体	0.256	0.261	0.280	0.280	0.256	0.229	0.204	0.194	0.150	0.214	0.194	0.153	0.160	0.160	0.160
美国	0.412	0.435	0.416	0.409	0.376	0.348	0.306	0.308	0.252	0.319	0.295	0.259	0.248	0.266	0.282
加拿大	0.196	0.202	0.208	0.213	0.210	0.190	0.201	0.225	0.163	0.239	0.223	0.217	0.213	0.228	0.222
澳大利亚	0.325	0.328	0.352	0.367	0.349	0.326	0.307	0.290	0.268	0.313	0.319	0.230	0.252	0.249	0.229
日本	0.440	0.430	0.428	0.431	0.406	0.365	0.316	0.280	0.216	0.318	0.271	0.223	0.227	0.178	0.152
韩国	0.023	0.033	0.085	0.072	0.052	0.007	-0.039	-0.038	-0.176	-0.079	-0.100	-0.176	-0.178	-0.143	-0.111
瑞士	0.172	0.167	0.230	0.222	0.201	0.185	0.136	0.144	0.130	0.182	0.189	0.162	0.167	0.142	0.158
挪威	0.226	0.229	0.238	0.242	0.198	0.186	0.204	0.150	0.196	0.207	0.158	0.159	0.195	0.201	0.190
欧盟发达经济体	0.116	0.122	0.135	0.131	0.106	0.071	0.034	0.047	0.004	0.046	-0.018	-0.063	-0.074	-0.046	-0.038
英国	0.300	0.308	0.287	0.273	0.248	0.213	0.178	0.193	0.108	0.146	0.076	0.012	0.002	0.129	0.124
法国	0.208	0.213	0.225	0.220	0.197	0.141	0.104	0.121	0.078	0.143	0.096	0.057	0.054	0.063	0.071
德国	0.253	0.278	0.300	0.273	0.237	0.199	0.162	0.154	0.130	0.186	0.131	0.080	0.070	0.105	0.107
奥地利	0.193	0.188	0.187	0.182	0.164	0.118	0.084	0.080	0.043	0.095	0.045	-0.008	-0.014	0.002	0.015
比利时	-0.056	-0.047	-0.022	-0.029	-0.039	-0.082	-0.119	-0.123	-0.162	-0.134	-0.228	-0.275	-0.285	-0.301	-0.306
卢森堡	-0.114	-0.122	-0.119	-0.130	-0.186	-0.162	-0.242	-0.142	-0.224	-0.259	-0.298	-0.313	-0.281	-0.305	-0.323
丹麦	0.145	0.155	0.162	0.145	0.118	0.116	0.102	0.100	0.079	0.118	0.078	0.002	0.037	0.007	0.048

续表

年份	2000	2001	2002	2003	2004	2005	2006	2007	2008	2009	2010	2011	2012	2013	2014
西班牙	0.148	0.198	0.218	0.221	0.197	0.160	0.123	0.120	0.083	0.140	0.045	-0.036	-0.072	-0.066	-0.059
葡萄牙	0.059	0.076	0.091	0.088	0.074	0.051	0.018	0.045	0.018	0.075	0.037	-0.021	-0.028	-0.054	-0.043
爱尔兰	0.066	0.068	0.099	0.114	0.095	0.075	0.074	0.061	0.026	0.035	0.008	-0.011	-0.032	-0.025	-0.036
意大利	0.217	0.223	0.237	0.234	0.215	0.168	0.132	0.133	0.107	0.159	0.110	0.084	0.078	0.087	0.117
瑞典	0.059	0.085	0.103	0.100	0.072	0.017	-0.007	0.009	-0.052	-0.003	-0.025	-0.045	-0.074	-0.007	-0.005
芬兰	0.080	0.112	0.131	0.115	0.088	0.054	0.005	-0.003	-0.035	0.031	-0.059	-0.089	-0.092	-0.111	-0.090
荷兰	0.104	-0.022	-0.023	0.008	-0.028	-0.085	-0.129	-0.093	-0.177	-0.140	-0.286	-0.324	-0.349	-0.140	-0.114
希腊	0.083	0.115	0.152	0.150	0.134	0.081	0.028	0.054	0.042	0.094	0.006	-0.057	-0.118	-0.067	-0.074
欧盟发展中经济体	0.038	0.041	0.041	0.033	0.021	0.004	-0.023	-0.023	-0.036	0.014	-0.039	-0.068	-0.074	-0.068	-0.064
保加利亚	-0.012	-0.044	-0.016	-0.037	-0.094	-0.133	-0.184	-0.162	-0.189	-0.062	-0.148	-0.149	-0.183	-0.229	-0.222
塞浦路斯	-0.106	0.008	-0.052	-0.056	0.017	0.048	0.039	0.002	-0.071	-0.022	-0.024	-0.006	-0.026	0.023	0.044
克罗地亚	0.192	0.167	0.167	0.155	0.150	0.158	0.144	0.143	0.135	0.199	0.151	0.120	0.114	0.122	0.103
匈牙利	-0.052	-0.032	-0.009	-0.004	-0.008	-0.035	-0.074	-0.084	-0.082	-0.053	-0.104	-0.153	-0.150	-0.145	-0.135
捷克	0.120	0.114	0.104	0.116	0.076	0.059	0.043	0.040	0.031	0.077	0.001	-0.022	-0.040	-0.030	-0.024
斯洛伐克	0.059	0.051	0.042	0.079	0.054	0.015	-0.023	-0.002	-0.013	-0.009	-0.033	-0.121	-0.112	-0.120	-0.088
斯洛文尼亚	0.128	0.129	0.141	0.138	0.099	0.075	0.041	0.027	0.032	0.077	0.029	0.012	0.016	0.022	0.029

续表

年份	2000	2001	2002	2003	2004	2005	2006	2007	2008	2009	2010	2011	2012	2013	2014
波兰	0.181	0.172	0.192	0.156	0.183	0.154	0.136	0.131	0.104	0.151	0.058	0.023	0.030	0.050	0.059
罗马尼亚	0.122	0.096	0.104	0.083	0.066	0.074	0.088	0.105	0.130	0.198	0.172	0.099	0.099	0.127	0.107
爱沙尼亚	-0.040	-0.010	-0.006	-0.018	-0.017	-0.045	-0.032	-0.019	-0.040	0.039	-0.029	-0.043	-0.047	-0.059	-0.053
立陶宛	-0.123	-0.131	-0.122	-0.123	-0.164	-0.180	-0.197	-0.114	-0.212	-0.200	-0.212	-0.224	-0.221	-0.253	-0.252
拉脱维亚	0.056	0.008	-0.006	0.052	0.005	-0.042	-0.043	-0.060	-0.034	0.010	-0.033	-0.051	-0.075	-0.048	-0.057
马耳他	-0.031	0.009	-0.003	-0.108	-0.098	-0.090	-0.230	-0.312	-0.262	-0.220	-0.338	-0.363	-0.374	-0.339	-0.343
其他发展中经济体	0.331	0.320	0.315	0.300	0.282	0.268	0.241	0.242	0.222	0.276	0.255	0.235	0.228	0.220	0.229
中国	0.348	0.358	0.353	0.325	0.297	0.287	0.301	0.306	0.308	0.331	0.295	0.287	0.298	0.307	0.339
土耳其	0.301	0.234	0.198	0.175	0.151	0.135	0.097	0.100	0.075	0.181	0.140	0.121	0.158	0.089	0.128
墨西哥	0.307	0.320	0.328	0.324	0.328	0.326	0.324	0.318	0.324	0.328	0.305	0.292	0.282	0.279	0.266
印尼	0.361	0.330	0.355	0.346	0.327	0.332	0.341	0.350	0.337	0.401	0.398	0.385	0.377	0.367	0.356
巴西	0.440	0.383	0.387	0.385	0.375	0.391	0.383	0.366	0.344	0.418	0.411	0.394	0.375	0.362	0.359
印度	0.302	0.309	0.290	0.295	0.250	0.204	0.067	0.065	0.048	0.093	0.078	0.021	-0.031	-0.013	0.007
俄罗斯	0.482	0.502	0.505	0.491	0.537	0.523	0.529	0.547	0.530	0.545	0.546	0.537	0.539	0.531	0.514

表5-12 2000-2014年知识技术密集型制造业GVC地位指数

年份	2000	2001	2002	2003	2004	2005	2006	2007	2008	2009	2010	2011	2012	2013	2014
非欧盟发达经济体	0.092	0.085	0.098	0.102	0.094	0.082	0.072	0.074	0.063	0.097	0.087	0.074	0.079	0.079	0.072
美国	0.291	0.299	0.310	0.311	0.295	0.281	0.263	0.256	0.247	0.300	0.287	0.264	0.257	0.247	0.245
加拿大	-0.124	-0.121	-0.116	-0.108	-0.115	-0.121	-0.120	-0.099	-0.073	-0.056	-0.096	-0.097	-0.110	-0.090	-0.103
澳大利亚	0.107	0.108	0.113	0.142	0.120	0.096	0.103	0.095	0.085	0.129	0.138	0.141	0.152	0.135	0.130
日本	0.254	0.247	0.237	0.231	0.221	0.200	0.172	0.164	0.143	0.214	0.189	0.166	0.170	0.151	0.112
韩国	0.017	0.010	0.018	0.009	0.010	0.019	0.015	0.036	-0.033	-0.027	-0.030	-0.070	-0.056	-0.019	0.005
瑞士	-0.002	-0.012	0.023	0.018	0.010	-0.008	-0.027	-0.026	-0.019	0.016	0.009	-0.001	0.001	0.007	-0.011
挪威	0.097	0.064	0.103	0.112	0.117	0.107	0.099	0.089	0.092	0.105	0.110	0.112	0.139	0.121	0.126
欧盟发达经济体	-0.011	-0.015	-0.003	0.000	-0.013	-0.019	-0.030	-0.034	-0.042	-0.024	-0.063	-0.076	-0.076	-0.065	-0.071
英国	0.119	0.126	0.125	0.128	0.124	0.121	0.117	0.095	0.079	0.076	0.017	-0.003	-0.005	0.047	0.044
法国	0.006	0.007	0.016	0.025	0.011	-0.002	-0.006	-0.004	-0.007	0.009	-0.026	-0.046	-0.054	-0.038	-0.037
德国	0.077	0.062	0.093	0.096	0.081	0.069	0.050	0.037	0.032	0.058	0.041	0.023	0.021	0.029	0.035
奥地利	-0.061	-0.076	-0.081	-0.071	-0.101	-0.101	-0.108	-0.103	-0.092	-0.043	-0.103	-0.116	-0.121	-0.119	-0.114
比利时	-0.084	-0.092	-0.069	-0.066	-0.079	-0.062	-0.072	-0.076	-0.094	-0.081	-0.153	-0.186	-0.187	-0.178	-0.186
卢森堡	-0.160	-0.188	-0.145	-0.163	-0.174	-0.190	-0.204	-0.223	-0.221	-0.173	-0.222	-0.232	-0.238	-0.221	-0.225
丹麦	-0.021	-0.028	-0.029	-0.018	-0.015	-0.034	-0.046	-0.052	-0.065	-0.006	-0.016	-0.029	-0.021	-0.018	-0.021

续表

年份	2000	2001	2002	2003	2004	2005	2006	2007	2008	2009	2010	2011	2012	2013	2014
西班牙	-0.058	-0.031	-0.011	-0.012	-0.015	-0.008	-0.021	-0.024	-0.007	0.011	-0.058	-0.084	-0.070	-0.085	-0.087
葡萄牙	-0.130	-0.116	-0.110	-0.100	-0.105	-0.094	-0.121	-0.098	-0.134	-0.073	-0.107	-0.146	-0.140	-0.135	-0.147
爱尔兰	-0.119	-0.139	-0.127	-0.161	-0.189	-0.193	-0.200	-0.184	-0.202	-0.192	-0.231	-0.188	-0.182	-0.169	-0.201
意大利	0.111	0.110	0.115	0.122	0.118	0.106	0.088	0.076	0.083	0.087	0.032	0.013	0.036	0.041	0.035
瑞典	-0.023	-0.027	-0.020	-0.014	-0.010	-0.024	-0.036	-0.035	-0.037	-0.010	-0.010	-0.019	-0.012	0.002	-0.003
芬兰	-0.040	-0.021	-0.008	-0.002	-0.012	-0.045	-0.052	-0.059	-0.087	-0.052	-0.069	-0.085	-0.112	-0.079	-0.080
荷兰	0.044	0.055	0.032	0.036	0.046	0.043	0.032	0.046	0.000	-0.080	-0.180	-0.203	-0.204	-0.201	-0.193
希腊	0.169	0.137	0.181	0.201	0.132	0.126	0.132	0.096	0.125	0.113	0.141	0.156	0.154	0.150	0.116
欧盟发展中经济体	-0.077	-0.083	-0.081	-0.095	-0.120	-0.122	-0.152	-0.150	-0.144	-0.132	-0.155	-0.168	-0.171	-0.171	-0.169
保加利亚	0.042	0.048	0.041	0.017	-0.054	-0.054	-0.085	-0.112	-0.127	-0.057	-0.101	-0.092	-0.092	-0.111	-0.108
塞浦路斯	-0.187	-0.229	-0.238	-0.248	-0.243	-0.200	-0.295	-0.246	-0.258	-0.232	-0.227	-0.239	-0.190	-0.196	-0.157
克罗地亚	0.049	0.008	-0.003	-0.009	-0.019	-0.031	-0.051	-0.055	-0.039	0.011	-0.011	-0.010	-0.020	0.001	-0.004
匈牙利	-0.311	-0.284	-0.263	-0.259	-0.268	-0.263	-0.309	-0.314	-0.325	-0.307	-0.340	-0.342	-0.329	-0.313	-0.324
捷克	-0.076	-0.091	-0.084	-0.097	-0.138	-0.153	-0.169	-0.173	-0.159	-0.166	-0.188	-0.199	-0.210	-0.201	-0.213
斯洛伐克	-0.193	-0.213	-0.227	-0.264	-0.291	-0.304	-0.344	-0.352	-0.320	-0.354	-0.336	-0.340	-0.361	-0.362	-0.363
斯洛文尼亚	-0.116	-0.111	-0.109	-0.097	-0.125	-0.151	-0.163	-0.182	-0.177	-0.159	-0.175	-0.185	-0.172	-0.154	-0.162

续表

年份	2000	2001	2002	2003	2004	2005	2006	2007	2008	2009	2010	2011	2012	2013	2014
波兰	0.017	0.041	0.035	0.015	-0.008	0.014	-0.037	-0.061	-0.058	-0.048	-0.113	-0.112	-0.100	-0.090	-0.096
罗马尼亚	0.056	0.059	0.078	0.045	0.035	0.084	0.090	0.107	0.118	0.106	0.110	0.070	0.045	0.032	0.033
爱沙尼亚	-0.109	-0.120	-0.095	-0.094	-0.145	-0.164	-0.192	-0.175	-0.174	-0.187	-0.264	-0.345	-0.364	-0.351	-0.349
立陶宛	0.128	0.124	0.126	0.076	0.057	-0.011	-0.024	-0.039	-0.074	-0.044	-0.086	-0.101	-0.084	-0.120	-0.100
拉脱维亚	-0.031	-0.032	-0.056	-0.045	-0.082	-0.074	-0.083	-0.081	-0.056	-0.052	-0.083	-0.093	-0.126	-0.088	-0.084
马耳他	-0.275	-0.282	-0.257	-0.271	-0.283	-0.280	-0.319	-0.267	-0.227	-0.222	-0.205	-0.201	-0.223	-0.269	-0.265
其他发展中经济体	0.075	0.064	0.060	0.055	0.036	0.032	0.033	0.043	0.038	0.060	0.058	0.058	0.052	0.049	0.064
中国	0.058	0.075	0.047	-0.003	-0.034	-0.031	-0.025	-0.025	0.010	0.047	0.042	0.056	0.066	0.089	0.124
土耳其	0.094	0.044	-0.015	-0.048	-0.097	-0.087	-0.097	-0.083	-0.073	-0.040	-0.039	-0.077	-0.053	-0.082	-0.056
墨西哥	-0.204	-0.201	-0.186	-0.197	-0.210	-0.192	-0.211	-0.202	-0.212	-0.231	-0.223	-0.213	-0.196	-0.180	-0.177
印尼	0.065	0.060	0.093	0.134	0.101	0.091	0.142	0.145	0.088	0.103	0.095	0.103	0.076	0.086	0.098
巴西	0.171	0.129	0.152	0.149	0.144	0.128	0.137	0.155	0.134	0.188	0.192	0.196	0.172	0.131	0.151
印度	0.258	0.248	0.234	0.229	0.192	0.161	0.144	0.141	0.108	0.110	0.113	0.125	0.100	0.117	0.114
俄罗斯	0.264	0.232	0.208	0.215	0.252	0.244	0.244	0.269	0.307	0.317	0.345	0.355	0.312	0.268	0.264

制造业的国际分工地位。从 2005 年起，中国制造业的国际分工地位开始慢慢提升，除 2007 年、2010 年外，其他年份都呈现出缓慢上升的趋势。到 2014 年，已经达到 0.158，比 2005 年增长了 4.85 倍，相比 2000 年也增长了 70%。究其原因，在于中国出口商品的结构不断优化，加工贸易增长趋势逐渐变缓，而机电等高新技术产品出口呈现出快速增长的势头，加工贸易在中国出口总值中的比例从 2005 年的 54.7% 逐渐下降到 2014 年的 32.7%。商品出口结构的优化带动了中国制造业出口的国内附加值尤其是间接附加值增长迅猛，从而提高了 GVC 分工地位。

表 5 - 13　2000—2014 年中国制造业 GVC 地位指数

年份	2000	2001	2002	2003	2004	2005	2006	2007	2008	2009	2010	2011	2012	2013	2014
制造业整体	0.093	0.101	0.088	0.052	0.033	0.027	0.036	0.034	0.064	0.091	0.082	0.096	0.109	0.127	0.158
劳动密集型	0.017	0.017	0.017	0.002	0.001	-0.001	0.007	0.007	0.030	0.061	0.054	0.069	0.086	0.094	0.112
资本密集型	0.348	0.358	0.353	0.325	0.297	0.287	0.301	0.306	0.308	0.331	0.295	0.287	0.298	0.307	0.339
技术密集型	0.058	0.075	0.047	-0.003	-0.034	-0.031	-0.025	-0.025	0.010	0.047	0.042	0.056	0.066	0.089	0.124

表 5 - 13 还显示了按照要素密集程度划分的不同类型的制造业 GVC 地位指数。整体而言，中国的劳动密集型制造业、资本密集型制造业、技术密集型制造业的 GVC 地位指数与制造业整体的变动趋势大致相符，都经历了先持续下降然后不断上升的历程。但在分工地位的绝对水平和变动幅度上，三者之间存在较大差别。其中，资本密集型制造业的国际分工地位最高，2014 年的 GVC 地位指数是制造业整体水平的 2.15 倍，但是在 2000—2014 年间的波动较小，最高值为 2001 年的 0.358，最低值为 2005 年和 2011 年的 0.287，尽

管从 2011 年起持续回升，但仍未达到 2001 年的水平。劳动密集型和技术密集型制造业的 GVC 分工地位的变化历程相互交错，相差不大。在 21 世纪初，技术密集型制造业的 GVC 分工地位高于劳动密集型制造业，但是在加入 WTO 后的头 4 年里下降迅猛，从 0.075 下降到 2004 年的 - 0.034，从而在 2003—2013 年期间低于劳动密集型制造业。从总体上看，技术密集型制造业的 GVC 地位指数波动较大，从 2007 年起，提升速度很快。劳动密集型制造业的 GVC 地位指数波动较小，在 2000—2007 年几乎没有变化，但从 2007 年起，也呈现出较快增长，2014 年达到 0.112，比制造业的整体水平低 29%。

（2）中国制造业分行业的 GVC 地位特征比较。

从制造业分行业的 GVC 地位指数（表 5 - 14）来看，在制造业内部，中国的各行业国际分工地位存在较大差别，在加入 WTO 前的 2000 年，中国的印刷和记录媒介复制业、基本金属冶炼及压延加工业、造纸及纸制品业、石油炼焦等燃料加工业、化学原料及化纤制造业的 GVC 地位指数较高，都超过了 0.4。这些行业由于对外开放的水平较低，从国外进口的中间品较少，而作为中间品出口的较多，因此，这些行业在国际分工地位中占据了一定的优势。而在计算机电子光学制品业、家具及其他制造业、纺织服装皮革制造业等行业的出口增加值中，由于进口的中间品较多导致国外增加值的比例较高，而这些行业主要是作为最终消费品出口到国外，所以间接增加值出口的比例较低，从而出现了中国在这些行业的国际分工地位很低，甚至为负数。而到 2014 年，中国制造业中国际分工地位最高的三个行业则变为印刷和记录媒介复制业、木材及木制品业和非金属矿物制品业，其中印刷和记录媒介复制业连续多年一直保持在第一位。这些行业之所以具有较高的国际分工地位，是因为我国在这些行业的产业链布局中，已经形成了较完整的上游产业链，上游的生产制造环节主要是在国内完成，而同时又作为重要的中间品投入国际生产网络的下游生产环节中，因此由 Koopman 指数反映出来的 GVC 分工地位就较高。尽管 2014 年中国所有制造行业 GVC 分工地位都变为正数，但是其他运输设备制造业和计算机电子光学制品业等行业 GVC 分工地位仍然很低，前者的地位指数仅为印刷和记录媒介复制业的 1/20，远远低于中国制造业的整体水平。

表 5-14　2000—2014 年中国制造业分行业 GVC 地位指数

年份	2000	2003	2006	2009	2012	2014
食品饮料烟草制造业	0.060	0.040	0.023	0.089	0.079	0.099
纺织服装皮革制造业	−0.016	−0.031	−0.018	0.032	0.055	0.083
木材及木制品业	0.361	0.343	0.361	0.410	0.423	0.436
造纸及纸制品业	0.461	0.421	0.379	0.380	0.371	0.386
印刷和记录媒介复制业	0.503	0.485	0.441	0.460	0.435	0.464
石油炼焦等燃料加工业	0.414	0.354	0.265	0.272	0.201	0.268
化学原料及化纤制造业	0.403	0.353	0.301	0.372	0.352	0.396
医药制造业	0.231	0.241	0.244	0.293	0.302	0.319
橡胶塑料制品业	0.247	0.215	0.201	0.282	0.299	0.326
非金属矿物制品业	0.299	0.335	0.323	0.380	0.375	0.409
基本金属冶炼及压延加工业	0.468	0.430	0.376	0.375	0.315	0.362
金属制品业	0.312	0.286	0.287	0.320	0.271	0.307
计算机电子光学制品业	−0.049	−0.111	−0.133	−0.057	−0.031	0.035
电气机械及器材制造业	0.100	0.068	0.068	0.124	0.128	0.166
机械设备制造业	0.104	0.069	0.050	0.090	0.103	0.136
汽车制造业	0.242	0.237	0.212	0.258	0.225	0.270
其他运输设备制造业	0.023	−0.037	−0.043	−0.051	−0.078	0.023
家具及其他制造业	−0.032	−0.036	−0.016	0.033	0.042	0.073

　　从 2000 年到 2014 年的结果比较来看，18 个制造业中，11 个行业的 GVC 地位指数都有不同程度的提升，6 个行业的 GVC 地位指数出现了下降，1 个行业未发生变化。整体而言，中国制造业 GVC 地位指数的相对排序变化较小，呈现出强者恒强、弱者恒弱的现象，仅有少数几个行业的分工地位指数的变化较大。其中，石油炼焦等燃料加工业的分工地位指数下降超过 35%，医药制造业、非金属矿物制品业和橡胶塑料制品业的分工地位指数涨幅超过 30%。食品饮料烟草制造业、纺织服装皮革制造业、计算机电子光学制品业、其他运输设备制造业、家具及其他制造业的 GVC 地位指数一直低于 0.1，造

纸及纸制品业、印刷和记录媒介复制业的 GVC 地位指数一直高于 0. 35。

二、出口技术复杂度的测度方法、数据来源与特征

1. 测度方法

从价值的来源来看，一国制造业国际竞争力源于其在制造业领域的综合能力，即价值创造能力。能力理论（Theory of Capacity）认为，一国的经济增长就是一国生产（或出口）更复杂产品的过程，如果该国在复杂产品的生产上所拥有的能力越多，则其经济的增长速度就越快（Hidalgo et al.，2007；Hausmann，Hidalgo，2010；李小平等，2015）。因此，决定一国制造业在国际市场竞争力的因素不仅是其在制造业某类产品生产上的比较优势，也是其在研发和生产高技术水平商品上的能力（Hausmann，Rodrik，2003），对制造业国际竞争力的测量应综合考虑该国制造业的生产技术水平及其出口结构。本书利用 Hausmann 等（2007）提出的出口技术复杂度指数来测度和分析全球价值链下一国制造业的价值创造能力，和 GVC 地位指数一起全面反映一国制造业国际竞争力。

第一步，测度一国某类制造业产品的出口技术复杂度指数（$PRODY_{jk}$），公式如下：

$$PRODY_{jk} = \sum_j \frac{X_{jk}/X_j}{\sum_j (X_{jk}/X_j)} Y_j \qquad (5-9)$$

式（5-9）中，$PRODY_{jk}$ 为 j 国 k 类制造业产品的出口技术复杂度指数。X_{jk} 是国家 j 的 k 类产品的出口额；X_j 是国家 j 的制造业贸易出口总额；Y_j 为国家 j 的人均 GDP。

第二步，再分别通过以下公式（5-10）和公式（5-11）来计算一国某类制造业（如劳动密集型制造业）的出口技术复杂度（$HEXPY_j$）和制造业整体的出口技术复杂度（$EXPY_j$）：

$$HEXPY_j = \sum_k \frac{X_{jk}}{X_{jh}} PRODY_{jk} \qquad (5-10)$$

$$EXPY_j = \sum_i \frac{X_{ji}}{X_j} PRODY_{ji} \qquad (5-11)$$

其中，$HEXPY_j$ 和 $EXPY_j$ 分别为一国某类制造业的出口技术复杂度指数和制造业整体的出口技术复杂度指数，X_{jk} 和 X_{jh} 分别为 j 国 k 类劳动密集型制造业产品的出口额和所有劳动密集型制造业产品的出口总额，X_{ji} 和 X_j 分别为 j 国 i 类制造业产品的出口额和所有制造业产品的出口总额，$PRODY_{jk}$ 和 $PRODY_{ji}$ 表示 k 类制成品的出口技术复杂度指数和 i 类制成品的出口技术复杂度指数。根据出口技术复杂度的计算公式可知，一国制造业产品的出口技术复杂度提升可能源于两个方面：一是产品出口结构从低 $PRODY$ 值的产品向高 $PRODY$ 值的产品转变；二是每一种产品自身 $PRODY_{jk}$ 值的增加。

2. 数据来源

对于出口技术复杂度的计算，本书利用联合国贸易和发展会议数据库（UNCTAD）中的数据，按照国际贸易标准分类（SITC Rev. 2）法三位码分类的 228 类制造业商品，选取了 WIOD 投入产出数据库中的 41 个国家为样本。各国以美元记的人均 GDP 来源于世界银行的世界发展指标（WDI）数据库。所有制造业商品出口价值和人均 GDP 都采用 GDP 平减指数调整为 2000 年的不变价，数据同样来源于 WDI 数据库。由于 WIOD 数据库统计的制造业只有 18 个行业，与 SITC 分类法在产品分类统计上存在差异，为便于比较及下文的实证检验，本书在计算制造业的出口技术复杂度时，以国际标准产业分类法（ISIC Rev. 4）法为基础，将 228 类制造业商品划分为 18 个行业。

3. 制造业出口技术复杂度的国际比较

（1）制造业整体的出口技术复杂度比较。

根据前面所述的测算方法，本书测算了 2000—2014 年 41 个经济体的制造业整体的出口技术复杂度指数。从表 5 – 15 的测算结果可发现：

①整体来看，各类型经济体中非欧盟发达经济体的制造业出口技术复杂度指数最高，欧盟发达经济体次之，接着是欧盟发展中经济体和其他发展中经济体。从发展趋势来看，所有类型经济体的制造业出口技术复杂度指数均呈现出明显的上升趋势。②在非欧盟发达经济体中，整体而言其制造业出口

表 5-15 2000—2014 年制造业整体的出口技术复杂度指数

年份	2000	2001	2002	2003	2004	2005	2006	2007	2008	2009	2010	2011	2012	2013	2014
非欧盟发达经济体	31487	31892	32370	32790	33665	34237	35143	36173	35881	34139	34937	35405	35587	36137	36688
美国	30466	31067	31493	31593	32399	33137	34135	34967	34582	32641	32959	33137	32940	33049	33540
加拿大	29156	29686	30096	30463	31331	31890	32960	34086	33867	32200	32667	33190	32972	33219	33734
澳大利亚	31717	32010	32543	33605	34337	34108	35104	36300	36354	34823	35568	36379	37419	38530	39383
日本	30185	30454	30643	30914	31534	32024	32649	33628	33469	31695	32572	33023	32690	32690	33430
韩国	28224	28723	28925	29405	29902	30308	30968	31722	31092	29509	30059	30614	30676	30640	31500
瑞士	35249	35790	36732	36885	38012	38915	40045	40917	41050	38752	39939	40340	41279	43823	43219
挪威	35414	35516	36157	36664	38141	39276	40143	41594	40750	39350	40797	41149	41130	41004	42010
欧盟发达经济体	29915	30395	30933	31290	32087	32737	33665	34680	34569	33052	33592	33811	33529	33745	34349
英国	31024	31735	31949	32228	32983	33486	34426	35265	35311	33944	34005	34152	33833	36770	36098
法国	29826	30431	30976	31214	32001	32666	33671	34529	34376	32901	33446	33712	33117	32951	33845
德国	30500	30884	31302	31514	32242	32750	33568	34402	34379	32738	33140	33391	33071	33039	33621
奥地利	29628	29957	30605	30737	31401	31808	32693	33848	33994	32484	33070	33244	32996	32957	33583
比利时	28534	29091	30406	30971	31885	32396	33167	34257	34147	32978	33317	33212	33148	33156	34108
卢森堡	34402	34731	35424	35355	35584	36004	37270	38897	38705	36169	37154	36671	36388	36964	38178
丹麦	30954	31250	31595	31822	32638	33327	34110	34770	34673	33259	33687	33851	33728	33813	34271

续表

年份	2000	2001	2002	2003	2004	2005	2006	2007	2008	2009	2010	2011	2012	2013	2014
西班牙	28356	28673	29179	29487	30141	30747	31388	32496	32481	30869	31580	31861	31723	31660	32086
葡萄牙	25002	25563	26188	26659	27824	28655	29597	30621	30862	29477	30217	30621	30597	30472	30799
爱尔兰	34182	35211	35870	37057	37996	39339	40195	41469	40640	38940	39059	39302	38508	38336	39868
意大利	28202	28388	28999	29302	29973	30652	31514	32625	32791	31296	31968	32342	32031	31921	32426
瑞典	30661	31125	31585	31675	32452	33038	33947	34734	34731	33248	33536	33695	33728	33822	34367
芬兰	31101	31455	31512	31514	32611	33182	34400	35387	34790	33705	34616	35208	35149	35460	35746
荷兰	30351	30965	31336	31644	32221	32925	33843	34430	34035	32456	32815	33280	32912	33071	33649
希腊	26000	26467	27074	28178	29350	30079	31195	32464	32623	31311	32267	32615	32004	31785	32593
欧盟发展中经济体	25562	25973	26446	26824	27859	28878	29980	31083	31186	29628	30097	30585	30439	30355	30885
保加利亚	23186	23191	23629	23823	24954	25790	27043	28835	29106	27495	28204	28650	28534	28250	29041
塞浦路斯	28027	28735	29717	30384	31967	33191	34523	35420	36257	34411	34825	35426	34837	34156	34493
克罗地亚	25027	25770	26127	26829	27635	28745	29454	30599	30325	29377	29392	29929	30247	30292	30627
匈牙利	27507	27759	28166	28439	29343	30162	31080	31785	31410	29210	29429	30329	30056	30250	30951
捷克	28031	28463	29412	29426	29806	30510	31393	32384	32238	30427	30471	30820	30558	30715	31129
斯洛伐克	26328	26617	26956	27400	28217	28694	29097	29714	29502	27381	28359	28956	29007	29131	29583
斯洛文尼亚	27830	28201	28805	29375	30299	30986	32042	33039	33136	31331	31862	32220	32034	32109	32699

续表

年份	2000	2001	2002	2003	2004	2005	2006	2007	2008	2009	2010	2011	2012	2013	2014
波兰	25993	26270	26603	27166	28083	28813	29521	30690	30673	29032	29522	30032	29977	30070	30579
罗马尼亚	21392	21521	21804	22069	23508	24704	26368	28054	28711	27310	28147	28575	28446	28362	28795
爱沙尼亚	26329	26257	26087	26639	27628	28817	30152	30913	31071	29523	29973	30652	30575	30090	30674
立陶宛	23334	24193	24652	25098	25957	27391	28856	29809	29995	28961	29546	29992	29916	30080	30624
拉脱维亚	23152	24065	24960	25149	26891	28229	29912	31408	31586	30064	30146	30670	30291	30011	30033
马耳他	26173	26604	26882	26910	27882	29376	30303	31431	31305	30643	31388	31356	31225	31102	32282
其他发展中经济体	25230	25781	26169	26721	27508	28118	29334	30484	30493	28840	29386	29760	29918	29916	30434
中国	24917	25591	26181	26890	27781	28788	29816	30831	30855	28901	28863	29307	28889	28904	29609
土耳其	23003	23559	23754	24474	25617	26347	27863	29553	30694	28455	28852	29306	30568	29608	30061
墨西哥	27245	27754	27834	28140	28710	29271	29876	30569	30369	28649	29115	29775	29693	29644	29987
巴西	26526	26649	27081	27339	28103	28818	29650	30743	30752	29084	30109	30568	30552	30567	31219
印度	22554	23187	23888	24568	25760	26472	27908	28974	29582	27756	28520	28312	28183	28457	29468
俄罗斯	27134	27948	28278	28917	29079	29013	30894	32236	30704	30195	30859	31293	31624	32315	32260

资料来源：作者利用 UNTCAD 数据库中各国制造业出口数据计算；下同

技术复杂度指数较高且不断上升，在 31487—36688 之间，但内部各国之间差异明显。其中，瑞士和挪威非常高，均在 35000 以上，近几年来超过了 40000；美国、澳大利亚和日本次之，均在 30000 以上；再次是加拿大和韩国，分别在 29000 和 28000 以上。③欧盟发达经济体的制造业出口技术复杂度指数比较高且呈不断上升势头，在 29915—34680 之间，但各国之间差异很大。其中，卢森堡、爱尔兰最高，均在 34000 以上；英国、德国、丹麦、瑞典、芬兰、荷兰也较高，均在 30000 以上；法国和奥地利在 29000 以上；比利时和西班牙在 28000 以上；希腊的制造业在 26000 以上；葡萄牙的制造业出口技术复杂度最低，在 25000—31000 之间。④欧盟发展中经济体的制造业出口技术复杂度指数平均在 25562—30885 之间，各国之间差异很大。其中塞浦路斯、捷克、匈牙利、斯洛文尼亚比较高，在 27000 以上；斯洛伐克、爱沙尼亚、马耳他在 26000 以上；克罗地亚、波兰、保加利亚、立陶宛、拉脱维亚在 23000 以上；罗马尼亚最低，在 21000—29000 之间。⑤其他发展中经济体的制造业出口技术复杂度指数平均在 25230—30434 之间，各国之间差异明显。其中俄罗斯最高，在 27000—33000 之间；巴西、墨西哥也比较高，分别在 26000—32000 之间和 27000—31000 之间；中国的制造业出口技术复杂度较低，在 24000—31000 之间，大部分年份低于各国平均水平；土耳其的制造业出口技术复杂度也比较低，在 23000—31000 之间，基本低于各国平均水平；印度的制造业出口技术复杂度最低，在 22000—30000 之间。

（2）按要素密集程度划分的制造业出口技术复杂度的比较。

为体现各国不同类型制造业在出口技术复杂度方面的差异，本书对各国不同要素密集型制造业的出口技术复杂度指数进行测算和分析。表 5 - 16 至表 5 - 18 分别是各国劳动密集型制造业、资本密集型制造业和知识技术密集型制造业的出口技术复杂度指数，各国不同要素密集型制造业的出口技术复杂度指数存在很大差异：①无论何种类型制造业，基本都是非欧盟发达经济体的制造业出口技术复杂度指数最高，欧盟发达经济体次之，其次是欧盟发展中经济体，其他发展中经济体最低。而且，从发展趋势来看，各类型经济体的不同类型制造业出口技术复杂度指数均呈现出明显的上升趋势。这一点与制造业整体的情况类似。②就劳动密集型制造业来看，不同类型经济体的出口技术复杂度差异明显，同一类型经济体中不同国家或地区之间也存在很大差异。在非欧盟发达经济体中，平均而言劳动密集型制造业的出口技术复杂度在32983—37326之间。在欧盟发达经济体中，平均而言劳动密集型制造业的出口技术复杂度在30381—34331之间，其中爱尔兰、卢森堡的出口技术复杂度很高，在36000以上和35000以上，芬兰、瑞典的出口技术复杂度在32000以上，英国、丹麦、荷兰的出口技术复杂度也较高在31000以上，法国、德国的出口技术复杂度在30000以上，奥地利、比利时、葡萄牙、意大利、希腊4国的出口技术复杂度相对较低，尤其是葡萄牙的出口技术复杂度最低，仅在24035以上。在欧盟发展中经济体中，平均而言劳动密集型制造业的出口技术复杂度在24720—31379之间，大都呈上升趋势。在其他发展中经济体中，平均而言劳动密集型制造业的出口技术复杂度在24144—30274之间，大都呈上升趋势，其中俄罗斯的出口技术复杂度最高，其次是墨西哥和巴西，中国、印度的出口技术复杂度较低，土耳其的出口技术复杂度最低。③就资本密集型制造业来看，不同类型经济体之间以及同类型经济体中不同国家之间的出口技术复杂度差异非常明显。在非欧盟发达经济体中，平均而言资本密集型制造业的出口技术复杂度在30890—37351之间，呈明显上升趋势，其中瑞士的出口技术复杂度最高，澳大利亚、挪威、美国和加拿大次之，日本和韩国的出口技术复杂度较低。在欧盟发达经济体中，平均而言资本密集型制造业的出口技术复杂度在28488—33497之间，呈明显上升趋势，其中英国、卢森堡、芬兰、瑞典的出口技术复杂度较高，均在29000以上，且一直高于平均水平，其他各国的出口技术复杂度大都低于平均水平。欧盟发展中经济体中，平均而言资本密集型制造业的出口技术复杂度在26839—31935之间，大都呈上升趋势。在其他发展中经济体中，平均而言资本密集型制造业的出口技术复杂度在26727—32225之间，大都呈上升趋势。④就知识技术密集型制造业来看，不同类型经济体之间以及同类型经济体中不同国家之间的出口技术复杂度都存在较大差异。在非欧盟发达经济体中，平均来说知识技术密集型制造业的出口技术复杂度在29380—35106之间，呈明显上升趋势。

表 5 - 16　2000—2014 年各国劳动密集型制造业出口技术复杂度指数

年份	2000	2001	2002	2003	2004	2005	2006	2007	2008	2009	2010	2011	2012	2013	2014
非欧盟发达经济体	32983	33322	33821	34109	34728	35406	36165	37326	37026	35174	35756	35989	35856	36160	36956
美国	30640	31216	31684	31924	32616	33233	34107	34994	34450	32485	32956	33498	33144	33384	34098
加拿大	30051	30681	30858	31131	31909	32604	33536	34646	34429	32552	32610	32791	32512	32573	32955
澳大利亚	33753	34149	34743	34665	35219	35517	36150	37266	36889	35063	35636	36004	35614	35310	36552
日本	32522	33096	33540	34377	34856	35037	35585	36565	35864	33584	34040	34128	34015	34440	34834
韩国	27758	28116	28500	29234	30235	31172	32034	32986	33255	31461	31621	32027	32090	32107	32556
瑞士	32430	32726	34048	33999	34223	34970	36128	37189	37431	34906	36639	37113	36571	37785	38422
挪威	43727	43268	43373	43430	44038	45308	45615	47639	46864	46169	46792	46364	47043	47518	49272
欧盟发达经济体	30381	30841	31270	31599	32383	32868	33703	34585	34331	32640	33252	33640	33502	33508	34035
英国	31666	32009	32977	33006	33507	34255	34891	35708	35211	32718	34056	34355	34271	34240	35015
法国	30018	30243	30742	31133	31941	32382	33147	33981	33749	32114	32781	33125	32827	32996	33482
德国	30504	30800	31367	31744	32255	32697	33374	34231	33853	32079	32699	33059	32866	32939	33387
奥地利	29742	30307	30920	31243	31788	32092	33057	33901	33570	31880	32355	32776	32702	32832	33377
比利时	28734	29034	29382	29864	30612	30909	31670	32664	32390	30895	31626	32069	31890	31919	32669
卢森堡	35924	36942	37363	37762	38191	38193	38459	39226	38718	36171	35777	36300	36341	36274	36819
丹麦	31887	32280	32457	32427	33066	33416	34335	34860	34674	32961	33750	34257	34307	34355	34591

年份	2000	2001	2002	2003	2004	2005	2006	2007	2008	2009	2010	2011	2012	2013	2014
西班牙	28269	28555	28905	29326	30038	30554	31354	32213	31930	30396	30949	31206	30763	30582	30811
葡萄牙	24035	24479	25284	25556	26698	27793	29087	30185	30236	29030	29862	30173	30052	29872	30287
爱尔兰	36389	37079	37222	37372	37782	37831	38250	38813	38347	36979	37255	37763	37854	37924	38631
意大利	25738	25831	26458	26694	27337	28029	29006	30061	30175	28781	29625	29983	29705	29826	30238
瑞典	32130	32998	33096	33478	34684	35357	36154	37160	37065	35283	35806	36200	36137	36343	36837
芬兰	33781	34529	34405	34824	36323	36899	38183	39055	38971	37099	37625	37917	37772	37721	37722
荷兰	31552	31855	32324	32691	33471	33807	34478	35094	34482	32655	33219	33582	33322	33247	33896
希腊	25341	25669	26151	26867	28045	28813	30095	31621	31592	30562	31398	31840	31720	31545	32761
欧盟发展中经济体	24720	25234	25816	26310	27517	28627	30029	31213	31379	29779	30244	30623	30496	30734	31178
保加利亚	21413	21103	21665	22314	23268	24203	25268	26857	26949	25661	26771	27112	27846	27783	28493
塞浦路斯	30165	30307	30316	31156	33667	35824	36276	37713	38155	35573	35167	35217	34001	35067	35619
克罗地亚	24313	24787	25739	26409	27461	28306	29527	30315	30139	28996	29279	29645	29454	29751	29811
匈牙利	25408	25891	26457	27070	28156	28863	30154	31310	31227	29836	30362	30844	30492	30694	31355
捷克	27482	27913	28465	28890	29308	29966	31275	32324	32498	30624	30798	31363	31074	31073	31415
斯洛伐克	24971	25355	25912	26259	27429	28400	29595	30601	30844	29065	29190	29403	29206	29330	29883
斯洛文尼亚	26511	26938	27478	27841	28567	29252	30296	31282	31390	30081	30278	30690	30709	30768	31220

续表

年份	2000	2001	2002	2003	2004	2005	2006	2007	2008	2009	2010	2011	2012	2013	2014
波兰	25771	26225	26862	27535	28868	29949	31149	32276	32143	30602	31207	31656	31352	31471	31855
罗马尼亚	18845	19253	19785	20449	21375	22215	23692	25408	25893	25318	26019	26477	26813	26795	27213
爱沙尼亚	24724	25816	26035	26687	27276	28242	29864	31098	30832	29253	29967	30273	30298	30256	31278
立陶宛	24035	24585	25135	25648	26877	28501	29977	31239	31223	29919	30472	31122	30810	30771	31392
拉脱维亚	22881	24031	24596	24698	25833	27202	28833	30077	30406	29129	29403	30001	30298	30557	30969
马耳他	24844	25843	27167	27073	29634	31224	34473	35265	36233	33068	34258	34299	34099	35230	34807
其他发展中经济体	24144	24599	24999	25525	26271	26969	27944	29095	29332	28334	28962	29421	29547	29661	30274
中国	23428	23797	24241	24594	25327	26020	26712	27764	27863	26670	27361	28170	28260	28362	28971
土耳其	21440	21828	22338	22881	23787	24784	25828	27004	27633	26244	27000	27625	27675	28037	28692
墨西哥	24625	25226	25757	26459	27228	28044	29323	30748	30861	29425	29852	30085	29993	29937	30444
巴西	25651	25746	26405	26847	27759	28047	28577	29822	29787	27879	28120	28145	28712	28743	29761
印度	22503	23169	23934	24654	25415	26096	27203	28427	28349	27656	28407	29252	29253	29046	29652
俄罗斯	27218	27830	27319	27713	28112	28826	30020	30806	31501	32126	33033	33247	33388	33843	34124

表5-17 2000—2014年各国资本密集型制造业出口技术复杂度指数

年份	2000	2001	2002	2003	2004	2005	2006	2007	2008	2009	2010	2011	2012	2013	2014
非欧盟发达经济体	30890	31526	32040	32695	33678	34282	35137	36178	36020	34034	34908	35228	35793	36476	37351
美国	29957	30384	30880	31308	32161	32782	33937	34745	34803	32509	33133	33561	33477	33707	34332
加拿大	29898	30837	31248	32216	33581	34428	35151	36499	36232	34044	34777	35687	35532	36368	37280
澳大利亚	32526	33699	34775	35904	36844	37714	37435	38542	38316	35220	35626	36104	37819	39036	40184
日本	28925	29228	29641	30023	30715	31234	32181	33413	33394	31811	32614	33015	32329	32387	33110
韩国	28996	29473	29918	30740	31741	31073	32067	33222	32840	31632	32355	32599	32150	32385	32848
瑞士	34804	33171	33511	32831	33799	33880	35408	35859	36096	33980	36289	35305	39306	42669	43290
挪威	31121	33886	34307	35846	36906	38862	39778	40964	40461	39040	39560	40323	39936	38783	40414
欧盟发达经济体	28488	28995	29419	29702	30617	31358	32321	33497	33386	31754	32379	32756	32250	32661	33208
英国	29785	31226	30348	30449	31948	32665	33158	34394	34804	32444	33747	33779	32343	39471	38977
法国	28124	28691	29141	29546	30320	31122	32039	33264	32896	31438	31993	32469	32032	31879	32416
德国	29059	29194	29714	29887	30709	31480	32358	33375	33497	31666	32394	32677	31937	31946	32474
奥地利	29071	29221	29683	29626	30498	30963	31787	33121	33199	31723	32408	32698	32136	32305	32764
比利时	27431	27612	28631	28986	30046	30682	31935	32984	33068	31241	31794	31635	31093	30579	31827
卢森堡	30057	30841	31579	31493	31862	32785	34517	35749	35333	33944	34254	34056	33618	34222	35637
丹麦	27871	28231	28794	28965	30026	30921	31723	32708	32690	31177	31192	31512	30758	30896	31050

续表

年份	2000	2001	2002	2003	2004	2005	2006	2007	2008	2009	2010	2011	2012	2013	2014
西班牙	27439	27819	28338	28688	29515	30467	31396	32590	32368	30774	31487	31749	31753	31661	32073
葡萄牙	26778	27329	27833	28159	29245	30220	31198	31932	31796	30170	30682	31365	31206	30845	31024
爱尔兰	28759	28982	28920	29701	30870	31509	32101	32847	32957	31138	32028	33277	32046	32089	32292
意大利	27479	27813	28407	28779	29628	30403	31211	32230	32138	30655	31373	31998	31911	31627	31860
瑞典	29129	29457	30149	30416	31285	32153	33013	34307	34200	32484	32946	33175	32804	32699	33455
芬兰	29598	29828	30401	30299	31415	32094	33656	36170	34943	33230	33372	34100	34048	34157	35055
荷兰	28851	29585	29608	30059	30786	31329	32484	33426	33505	31971	32686	33279	32918	32722	33318
希腊	27889	29094	29742	30482	31107	31571	32237	33352	33401	32251	33326	33579	33153	32821	33899
欧盟发展中经济体	26839	27212	27655	28040	28905	29705	30711	31642	31935	30384	30759	31265	31162	30800	31143
保加利亚	24644	25451	25892	26055	26962	27575	28482	30202	30578	29337	29446	29571	29181	29015	29883
塞浦路斯	25489	26656	28004	28637	30906	31375	32307	33400	36188	32388	31700	32729	34085	32695	34102
克罗地亚	26211	26356	27433	28000	29433	30282	31084	31627	31790	30143	30495	31259	32017	31079	31646
匈牙利	27383	28114	28400	28839	29892	30440	31205	32227	31960	30386	30742	31041	30573	30261	30549
捷克	27041	27556	28127	28276	28998	29790	30745	31632	31661	30325	30475	30939	30375	30368	30965
斯洛伐克	26172	26803	26763	27009	28039	28886	30008	30903	31012	30264	30599	30970	30435	30642	31168
斯洛文尼亚	28422	28884	29252	29575	30720	31662	32667	33678	33465	31411	32179	32419	31947	32018	32545

续表

年份	2000	2001	2002	2003	2004	2005	2006	2007	2008	2009	2010	2011	2012	2013	2014
波兰	26823	27072	27439	27555	27736	28870	29816	30781	30310	29625	29640	29956	29712	29568	30253
罗马尼亚	25823	26560	26604	26773	27743	28580	30220	30985	31371	30126	30910	31332	30719	30616	30974
爱沙尼亚	27713	27089	27372	28205	29247	30012	30668	31433	31708	29664	30040	30637	30615	30011	29835
立陶宛	28538	27376	27139	27738	28814	29747	31094	31568	33126	30921	31180	31470	30982	30748	31134
拉脱维亚	29469	30329	31267	30951	31126	32182	33061	34180	33366	32250	32555	32314	31962	31440	31668
马耳他	25186	25513	25822	26908	26147	26762	27886	28735	28624	28151	29905	31807	32503	31942	30136
其他发展中经济体	26727	27024	27720	28167	28902	29721	31120	32225	31662	30569	31020	31129	31307	31265	31955
中国	25344	26125	26944	27487	28155	29233	30368	31473	31456	29960	30781	31308	30517	30497	31581
土耳其	26795	27077	27566	27724	28415	29601	31365	32652	32986	31306	30937	31307	33592	32141	32923
墨西哥	27810	28161	28745	28864	29667	30353	31422	32517	32791	31848	33136	33718	32990	32862	32950
巴西	26738	27344	27387	28255	28865	29394	30399	31440	30025	29779	30197	29973	30074	30959	31030
印度	25403	25114	26907	27081	28600	29320	30196	30715	30891	29297	29182	28579	28485	28504	30258
俄罗斯	28270	28321	28771	29588	29708	30428	32972	34552	31825	31226	31887	31889	32182	32627	32991

表 5 - 18 2000—2014 各国知识技术密集型制造业出口技术复杂度指数

年份	2000	2001	2002	2003	2004	2005	2006	2007	2008	2009	2010	2011	2012	2013	2014
非欧盟发达经济体	29380	29712	30272	30669	31710	32377	33530	34739	34563	33068	33808	34160	34238	34466	35106
美国	29457	29918	30447	30685	31697	32699	33924	35108	34796	32948	33452	33409	33147	33234	33703
加拿大	27911	28216	28823	29073	29778	30320	31512	32730	32557	31249	31705	31922	31816	32021	32634
澳大利亚	28803	29400	29636	30216	30743	31061	32842	33612	34444	34211	34268	35298	37055	38379	39025
日本	28731	28774	28994	29415	30340	30882	31635	32799	32747	30793	31924	32405	32110	32013	32704
韩国	27823	28149	28101	28564	29084	29572	30287	31096	30315	28479	29243	29945	29883	29743	30568
瑞士	33192	34023	35376	35912	37879	39270	40530	41585	41694	39289	40353	40921	40788	41078	41597
挪威	29740	29505	30531	30818	32452	32834	33980	36240	35388	34507	35710	35217	34868	34792	35511
欧盟发达经济体	29267	29669	30330	30820	31800	32643	33638	34625	34671	33044	33582	33734	33591	33761	34353
英国	29917	30322	30867	31508	32490	33135	34572	35271	35318	34356	34058	34205	34177	34018	34606
法国	28736	29381	30142	30387	31408	32363	33722	34688	34735	33183	34035	34356	33669	33593	34342
德国	29194	29497	30019	30324	31398	31997	33044	34004	34174	32484	33076	33344	33105	33163	33654
奥地利	28901	29108	29789	30040	30894	31562	32551	33754	34164	32574	33327	33419	33323	33242	33824
比利时	28287	28882	30525	31134	32304	33036	33595	34791	34740	33640	34103	33866	34035	34447	35326
卢森堡	31317	31448	32291	32865	33552	34601	35962	37343	37616	34319	34377	34257	34563	35006	35874
丹麦	30146	30335	30987	31521	32741	33777	34580	35597	35468	34086	34877	34776	34823	35013	35541

续表

年份	2000	2001	2002	2003	2004	2005	2006	2007	2008	2009	2010	2011	2012	2013	2014
西班牙	27862	28227	28842	29134	29827	30327	30834	32031	32217	30603	31434	31731	31919	32085	32672
葡萄牙	26392	27127	27452	27913	29028	29477	29943	31002	31491	30034	30636	30850	30842	31143	31669
爱尔兰	32274	33270	34016	35709	37078	38963	40030	41877	40977	38578	38646	38652	38505	38621	39876
意大利	29675	29845	30508	30783	31606	32271	33142	34208	34465	32866	33674	33950	33639	33656	34184
瑞典	29309	29443	30130	30226	31156	31777	32960	33540	33728	32081	32542	32725	32759	32814	33186
芬兰	29463	29499	29512	29467	30626	31652	33068	33365	32951	31856	33339	33885	33802	34272	34615
荷兰	29434	30186	30570	31090	31804	32744	33785	34498	34289	32676	32986	33457	33067	33604	33944
希腊	28102	28462	29297	30200	31093	31965	32782	33409	33737	32322	32622	32536	31636	31732	31981
欧盟中发展经济体	26832	27207	27534	27809	28642	29469	30445	31514	31434	29782	30363	30917	30762	30777	31235
保加利亚	25786	26428	27776	27972	29164	29324	30793	31766	31698	30051	30711	31292	30899	30883	31071
塞浦路斯	29811	30186	30708	30815	31748	32735	34928	35673	36516	35057	35901	36349	35691	34518	34291
克罗地亚	25681	27102	26798	27832	28157	29522	29812	31476	30470	29887	29578	30197	30585	31162	32169
匈牙利	27423	27617	28089	28247	29452	30230	31222	32184	31851	29109	29508	30615	30206	30385	30968
捷克	27548	27855	29174	29224	29793	30562	31371	32696	32778	30336	30342	30580	30348	30637	30958
斯洛伐克	26255	26466	26946	27482	28184	28439	28274	28908	28487	25702	27054	27925	28304	28436	28729
斯洛文尼亚	27509	27674	28302	28831	29895	30387	31404	32409	32890	30923	31534	31908	31891	32119	32680

续表

年份	2000	2001	2002	2003	2004	2005	2006	2007	2008	2009	2010	2011	2012	2013	2014
波兰	25756	25962	25855	26544	27760	28141	28664	30028	30328	28169	28755	29444	29467	29676	30198
罗马尼亚	25486	25544	25233	25017	25945	26731	27775	29089	29638	27711	28647	29081	28862	29125	29518
爱沙尼亚	28749	28359	28025	27658	29047	30021	31419	31585	31458	30189	30852	32005	31486	31012	31341
立陶宛	23338	24986	24816	25317	25530	26868	28359	29281	29115	28549	29589	29721	30315	31046	31515
拉脱维亚	28221	28410	29402	29666	30114	31199	32280	33610	32683	31089	31001	31692	31037	31183	30960
马耳他	27251	27099	26815	26913	27555	28943	29485	30981	30724	30401	31249	31111	30816	29918	31656
其他发展中经济体	26557	27467	27768	28237	28809	29240	30278	31360	31237	29774	30152	30685	30635	30913	31513
中国	28040	28623	28900	29799	30743	31677	32811	33759	33514	30913	30127	30485	29967	29888	30259
土耳其	25865	26275	25668	26351	27127	27473	28333	29883	29936	27854	28876	29476	29306	29668	30177
墨西哥	27292	27692	27599	28044	28845	29253	29815	30533	30226	28123	28673	29282	29095	29216	29586
巴西	27165	28156	28414	28485	28944	29825	31141	32279	32641	32052	32795	33708	34291	34297	35654
印度	27714	28641	29302	29946	30293	30610	31763	33117	33357	31694	32270	32457	32204	32563	33282
俄罗斯	23263	25414	26727	26795	26904	26603	27807	28587	27751	28007	28169	28700	28948	29845	30116

其中，瑞士的出口技术复杂度最高，在 33000—42000 之间，远高于其他各国；挪威、澳大利亚的出口技术复杂度也比较高，大都在平均水平以上；再次是美国、加拿大和日本，基本低于平均水平；韩国的出口技术复杂度较低，在 27000—32000 之间。欧盟发达经济体中，平均来说知识技术密集型制造业的出口技术复杂度在 29267—34671 之间，大都呈上升趋势。其中，卢森堡、丹麦、爱尔兰的出口技术复杂度很高，一直在 30000 以上，高于平均水平；英国、芬兰、荷兰、意大利等国的出口技术复杂度较高，大部分年份高于平均水平；其他国家的出口技术复杂度较低，大部分年份低于平均水平。欧盟发展中经济体的知识技术密集型制造业的出口技术复杂度平均来说在 26832—31514 之间，大都呈上升趋势。其他发展中经济体中，平均来说知识技术密集型制造业的出口技术复杂度在 26557—31513 之间，大都呈上升趋势。中国的出口技术复杂度 2009 年之前较高，在平均水平以上，但 2010 年开始有所下降，低于平均水平；土耳其、墨西哥和俄罗斯的出口技术复杂度较低，大都在平均水平以下。

4. 中国制造业的出口技术复杂度特征

（1）中国制造业整体出口技术复杂度特征。

整体而言（表 5－19、图 5－3），在进入 21 世纪的前 14 年中，中国制造业的出口技术复杂度呈现出先迅速上升、后下降、最后缓慢波动的变化趋势。具体来看，在 2000—2007 年期间，中国制造业整体的出口技术复杂度上升非常显著，复杂度指数从 24917 稳步上升到 30831，涨幅超过 23%。这种高速增长，是由于在此期间，中国的计算机电子产品、电气机械、机械设备等商品出口增速明显，在中国制造业总出口中占据了越来越高的比例，而这些制造品的出口技术复杂度指数较高，从而带动了中国制造业整体的出口技术复杂度的提升。之后，由于 2008 年爆发的全球金融危机，严重影响了中国制造业的出口，整体出口技术复杂度指数从 2008 年的历史最高值 30855 急速下降到 2009 年的 28901，降幅超过 6%。并且在 2009 年之后，中国制造业的出口增速放缓甚至出现了负增长，从而导致制造业的出口技术复杂度从 2009 年开始呈现出上下波动的变化趋势。2014 年，中国制造业的出口技术复杂度指数回升到 29609，但仍低于 2006—2008 年的水平。

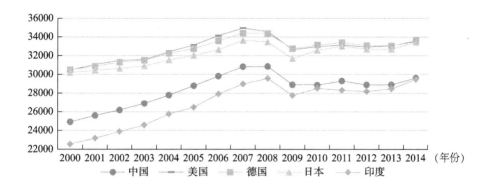

图5-3 2000—2014年代表国家的制造业出口技术复杂度指数折线统计图

表5-19 2000—2014年中国制造业整体的出口技术复杂度指数

年份	2000	2001	2002	2003	2004	2005	2006	2007	2008	2009	2010	2011	2012	2013	2014
制造业整体	24917	25591	26181	26890	27781	28788	29816	30831	30855	28901	28863	29307	28889	28904	29609
劳动密集型	23428	23797	24241	24594	25327	26020	26712	27764	27863	26670	27361	28170	28260	28362	28971
资本密集型	25344	26125	26944	27487	28155	29233	30368	31473	31456	29960	30781	31308	30517	30497	31581
技术密集型	28040	28623	28900	29799	30743	31677	32811	33759	33514	30913	30127	30485	29967	29888	30259

按照要素密集程度划分的不同类型的制造业来看，中国三种要素密集型制造业的出口技术复杂度指数与制造业整体呈现出高度一致的变动趋势，在2000—2007年期间持续提升，然后在2008—2009年经历了大幅下降，之后处于上下波动的状态。但是在变化幅度上，不同类型制造业之间存在差异。其中，劳动密集型制造业的出口技术复杂度在上升期（2000—2007年）的增长幅度最低，仅增长了18.51%，而资本密集型和技术密集型制造业分别增长了24.18%和20.40%；在急速下降期（2008—2009年），三者的下降幅度分别为4.28%、4.76%和7.76%，劳动密集型制造业的出口技术复杂度降幅最低，

而技术密集型制造业出现了很大的降幅，表明全球金融危机的发生对中国不同类型制造业出口技术复杂度的影响程度也不同，技术密集型制造业受到的影响最大，而劳动密集型受到的影响较小。进入波动期（2009—2014 年）后三者也呈现出不同的变化趋势。其中劳动密集型制造业的出口技术复杂度持续提升（增长了 8.63%），技术密集型制造业的出口技术复杂度缓慢下降（下降了 2.11%），资本密集型制造业的出口技术复杂度上下波动，这种变动趋势可能与中国制造业出口结构调整有密切关系。在经历了全球金融危机后，中国不断调整和优化制造业的生产结构和出口结构，技术复杂度高的劳动密集型商品的出口占比不断提高，从而实现了中国劳动密集型制造业出口技术复杂度的持续提升。而在资本密集型和技术密集型制造业内部，由于落后企业的淘汰不明显和全球金融危机对出口增长的持续影响，这两类制造业的出口技术复杂度未实现持续提升。

（2）中国制造业分行业的出口技术复杂度特征比较。

从制造业分行业的出口技术复杂度指数（表 5 - 20）来看，中国制造业各行业间在出口技术复杂度上存在很大差别。整体而言，机械设备、计算机电子产品、纺织服装等产品在中国制造业出口总额中所占的比例较高，2000年中国制造业出口技术复杂度指数最高的三个行业依次是机械设备制造业、计算机电子光学制品业和纺织服装皮革制造业，这些行业的出口技术复杂度指数均超过了 3000；最低的三个行业依次是石油炼焦等燃料加工业、造纸及纸制品业和木材及木制品业，这些行业的出口技术复杂度指数都低于 200，其中出口技术复杂度指数最高的机械设备制造业是最低的石油炼焦等燃料加工业的 45 倍。到 2014 年，机械设备制造业和计算机电子光学制品业仍位居中国制造业出口技术复杂度的前两位，电气机械及器材制造业跻身进入第三位，出口技术复杂度指数达到 3837，石油炼焦等燃料加工业、木材及木制品业和医药制造业则位居中国制造业出口技术复杂度指数的后三位。比较 2014 年和2000 年中国制造业各行业出口技术复杂度发现，在 18 个制造业中，5 个行业的出口技术复杂度指数出现了下降，12 个行业的出口技术复杂度指数出现了上升，1 个行业的变化不明显。其中，食品饮料烟草制造业、印刷和记录媒介复制业和纺织服装皮革制造业的出口技术复杂度指数下降幅度最大，在 14 年间分别下降了 42.87% 、15.40% 和 14.49% 。与之相反，橡胶塑料制品业、基本金属冶炼及压延加工业、汽车制造业和造纸及纸制品业四个行业的出口技术复杂度表现出强势的上升趋势，在 14 年间分别上涨了 102.29% 、96.69% 、69.46% 和 56.74% ，涨幅位居 18 个行业的前列。整体而言，在中国制造业内部，呈现出大多数劳动密集型制造业的出口技术复杂度下降❶或维持在较低水平、大多数技术密集型和资本密集型制造业的出口技术复杂度逐渐上升的变动趋势，因此，尽管经历了 2008 年全球金融危机及其后续持续影响，中国制造业出口技术复杂度整体仍表现出上升趋势。

表 5-20　2000—2014 年中国制造业分行业的出口技术复杂度指数

年份	2000	2003	2006	2009	2012	2014
食品饮料烟草制造业	1556	1204	894	917	884	889
纺织服装皮革制造业	3464	3236	3069	3036	2841	2962
木材及木制品业	183	174	234	166	163	168
造纸及纸制品业	178	174	202	217	244	279
印刷和记录媒介复制业	734	633	537	496	605	621
石油炼焦等燃料加工业	84	79	78	52	73	74
化学原料及化纤制造业	1285	1295	1375	1444	1556	1657
医药制造业	273	291	231	336	263	272
橡胶塑料制品业	262	247	369	396	518	530
非金属矿物制品业	478	475	542	543	601	657
基本金属冶炼及压延加工业	877	786	1718	1017	1390	1725
金属制品业	966	969	1131	1169	1152	1182
计算机电子光学制品业	3648	4110	5296	4607	4603	4628
电气机械及器材制造业	2898	2699	3077	3292	3619	3837

---

❶　需要注意的是，这里在计算劳动密集型制造业出口技术复杂度时，是以全部制造业为总体；而在计算表 5-16 中劳动密集型制造业出口技术复杂度时，是以劳动密集型制造业为总体，因此出现与上文结论看似不一致的结论。

续表

年份	2000	2003	2006	2009	2012	2014
机械设备制造业	3789	6542	7218	6938	5639	5424
汽车制造业	429	458	635	497	708	727
其他运输设备制造业	521	506	531	902	801	610
家具及其他制造业	2301	2100	1875	1998	2294	2414

（3）小结。

在制造业的 GVC 地位指数上，欧盟国家普遍低于非欧盟国家，中国制造业的 GVC 地位在其他发展中经济体中处于中等水平，低于俄罗斯、巴西、印尼等原材料出口占比较高的国家，但高于印度、土耳其和墨西哥；按要素密集度划分后，不同类型制造业 GVC 地位的高低特征也与此相似；在制造业的出口技术复杂度水平上，非欧盟发达经济体最高，其次是欧盟发达经济体，欧盟发展中经济体和其他发展中经济体最低；中国制造业的出口技术复杂度一直低于其他发展中经济体的平均水平，且仅高于印度；区分制造业的要素密集程度后，中国劳动密集型和技术密集型制造业在出口技术复杂度上的差距最大，资本密集型制造业的差距较小。对中国来说，进入 21 世纪后，中国制造业的 GVC 地位经历了先下降后回升的 U 型历程，且在 2014 年达到 0.158，远高于"入世"前的水平；按要素密集程度分，资本密集型制造业的 GVC 地位最高，但知识技术密集型制造业的 GVC 地位在 2007 年以后增速最快；从细分行业看，中国制造业 GVC 地位指数的相对排序变化较小，呈现出强者恒强、弱者恒弱的现象，印刷制品、木材、矿物制品等原材料产业的 GVC 地位指数较高，其他运输设备、电子光学制品、家具等处于产业中下游且开放度高的行业的 GVC 地位指数较低；中国制造业的出口技术复杂度在 21 世纪初迅速上升，在全球金融危机期间迅速下降，然后缓慢波动；由于中国制造业出口结构的调整，在金融危机后，劳动密集型制造业的出口技术复杂度持续提升，而其他两类制造业的变化较小；从细分行业看，大多数技术密集型和资本密集型制造业的出口技术复杂度逐渐上升而大多数劳动密集型制造业的出口技术复杂度不断下降或维持在较低水平。

第三节　基于制造业服务化的制造业
国际竞争力提升的实证检验

一、国际验证

1. 模型设定及数据说明

（1）计量模型的构建。

根据前文的理论分析，制造业服务化通过提升制造业在全球价值链中的价值创造能力和价值分配能力影响一国制造业的国际竞争力，具体表现为对制造业 GVC 地位和出口技术复杂度的影响。因此，本章构建制造业服务化对制造业国际竞争力的计量经济模型，以实证检验前者对后者的影响效应。同时，一国制造业的国际竞争力也受到其他变量的影响，综合已有研究成果和相关理论，一国的制度环境（Grigorian，Martinez，2000；杨莉，2008）、人力资本（刘克逸，2002）、基础设施（李飒，2013）、外商直接投资（Regis Bonelli，2000；詹晓宁、葛顺奇，2002；文东伟等，2009）、对外开放（Gorynia，1998；隆国强等，2016）、创新与研发投入（王国顺、谢桦，2005；程惠芳，2008）等因素也对制造业国际竞争力具有重要影响，因此将这些因素作为控制变量纳入计量模型中：

$$GVC\_\ Pos_{it} = \alpha_0 + \alpha_1 \cdot \text{Ln}Ser_{it} + \delta \cdot Contr_{it} + \eta_i + \mu_t + \varepsilon_{it} \qquad (5-12)$$

$$\text{Ln}Compl_{it} = \alpha_0 + \alpha_1 \cdot \text{Ln}Ser_{it} + \phi \cdot Contr_{it} + \eta_i + \mu_t + \varepsilon_{it} \qquad (5-13)$$

上式中，$GVC\_\ Pos$ 和 $Compl$ 分别表示制造业的 GVC 地位指数和出口技术复杂度指数，用以衡量一国制造业的国际竞争力，并且对 $Compl$ 作了取对数处理；Ser 代表制造业服务化水平，用制造业出口总额中所含的服务价值的百分比表示，并且根据服务价值的来源进一步分为本国服务化水平和国外服务化水平,是模型(5-12)和(5-13)的核心解释变量;Contr 代表控制变量。η,μ 和 ε 分别表示反映不同国家制造业之间差异的个体效应、随时间变化的时间效应和其他随机干扰项;i 和 t 分别代表国家和年份。

(2)变量选取及数据说明。

①被解释变量。制造业国际竞争力是本书的研究对象,在全球价值链视角下,制造业的 GVC 地位指数和出口技术复杂度分别从不同角度衡量了一国在全球制造业生产网络中的竞争力和国际分工地位。根据模型(5-12)和(5-13)用 GVC 地位指数和出口技术复杂度来表示。

②核心解释变量。本书重点分析制造业服务化对制造业在全球价值链上国际竞争力的影响,因此制造业服务化水平是本书的核心解释变量。本书从产业层面对制造业服务化程度进行测算,但是与现有文献使用的制造业对服务的直接消耗系数不同,本书以制造业出口中所含的服务附加值比重作为衡量制造业服务化水平的变量,这种测算方法能够更精确地综合反映在全球生产网络中,衡量一国制造业的服务化水平。

③控制变量。综合前人的相关研究成果,本书选取了八个控制变量,分别是:PR,PGDP,TER,FB,FDI,OPEN,RD 和 EU,纳入计量模型中。

其中,PR 为各国产权保护程度,用来衡量各国制度质量。该指标综合考虑了国家通过法律对私人财产权的保护度以及这些法律的执行力度,国家司法独立性及司法机关内部腐败治理,个人或企业之间合同有效执行的保护力度。数据来自于美国传统经济会,取值范围均为 0—100,分值越高表示制度环境越好。一般在全球价值链分工模式下,与传统的资本、劳动等要素禀赋相比,制度质量可能成为一国更为重要的比较优势来源,尤其是价值链上的中高端环节,对制度质量的要求更加"敏感"。一国的制度质量越高,制度环境越完善,越有助于其制造业竞争力提升和向全球价值链的中高端攀升(戴翔、金碚,2014;刘艳等,2015)。

PGDP 是各国的人均 GDP,用来衡量一国经济发展水平,数据来自于世界银行的世界发展指标(WDI)数据库。对一国的制造业而言,经济发展水平越高,居民收入水平越高,消费者对制造业产品的质量就越挑剔,有助于促进制造业企业不断加强创新设计能力和提高生产效率，从而有助于促进制造业的出口技术复杂度和国际分工地位提升。

TER 是一国高等教育入学率，用来衡量一国人力资本禀赋水平，数据来自于 WDI 数据库。根据要素禀赋理论，人力资本禀赋相对丰裕的国家在知识技术密集型产品上拥有比较优势。而且，较高的人力资本水平有助于降低工人的学习时间，提高技术采用速度，有助于深化劳动分工和提高生产效率（王永进等，2010）。此外，一国的人力资本水平越高，其技术创新能力往往越强，有助于知识技术密集型产业的发展，从而有助于制造业竞争力和国际分工地位提升（黎峰，2015）。

FB 表示网络基础设施。以每百人宽带用户数来衡量，数据来源于 WDI 数据库。便捷的基础设施有助于降低企业的调整成本，而且国际贸易要比国内贸易具有更多不确定性，尤其需要企业根据经济情况的变动适时地调整生产，对于那些高技术复杂度制造业产品来说更是如此。因此，基础设施的完善可以保证高技术复杂度行业的企业有效调整生产，从而促进整体出口技术复杂度和竞争力提升（王永进等，2010）。

FDI 是外商直接投资，以一国人均 FDI 存量来表示，数据来自于联合国贸易和发展会议（UNTCAD）数据库。现有许多研究发现，FDI 可通过竞争效应、示范效应、人员培训效应等多种渠道，产生直接或间接的技术溢出效应，促进东道国制造业技术水平提升和技术效率改进，因而有助于提高一国出口技术复杂度和竞争力。但另外，一国尤其是发展中国家的外商直接投资企业的生产可能需要从母国或其他国家大量进口原材料、零配件或设备等，其出口产品中所含国外附加值比重通常较高，导致东道国制造业 GVC 后向参与度提升，从而对东道国制造业的 GVC 地位产生负面影响。

OPEN 是对外开放度，数据来自于 UNTCAD 数据库。一方面，一国越开放，通过进口贸易产生的竞争效应和技术溢出就越大，越容易吸收国外的先进技术，有助于促进制造业技术进步和出口技术复杂度提升。但另一方面，随着一国对外开放程度的扩大，为适应国外市场的需要，出口制成品生产过程中用到的国外中间产品和零配件越多，其出口产品中所含的国外附加值比重必然不断提升，从而导致制造业的 GVC 后向参与度提升，对 GVC 地位指数产生负面影响。

RD 是一国研发支出占 GDP 的比重，数据来源于 WDI 数据库。一般地，一国用于研究和开发的经费投入越大，越有助于制造业企业的发明创新和新产品开发，其技术创新能力和技术效率等越高，从而促进制造业的出口技术复杂度和国际分工地位提升。

EU 表示区域经济一体化，以是否为欧盟成员的虚拟变量来表示，若为欧盟成员，则取值为 1，否则取值为 0。一方面，由于区域经济一体化组织如欧盟内部各成员国之间，不仅商品可自由贸易，而且资本、技术、劳动力等各种生产要素的流动性也大大提升，资源配置效率会大幅上升，有助于促进欧盟各成员国尤其是发展中成员国的技术水平提升，从而有助于成员国尤其是发展中成员国的制造业出口技术复杂度的提升。但另一方面，随着欧盟内部各成员国之间的商品与资本、技术、劳动力等生产要素的自由流动，各国的制造业产品生产联系越来越紧密，成员国尤其是发展中成员国的制成品生产中进口的中间产品和服务也会越来越多，其制造业出口产品中所含的国外附加值比重提升，即 GVC 后向参与度必然会大幅提升，从而会对一国制造业尤其是发展中成员国制造业的 GVC 地位指数产生负面影响。而对于欧盟发达成员国而言，随着欧盟内部各成员国之间的商品与资本、技术、劳动力等生产要素的自由流动，各国的制造业生产联系越来越紧密，德国、英国、瑞典等拥有先进技术水平的发达成员国可以出口更多中间产品，有助于其制造业 GVC 前向参与度的提升，进而可能对其制造业的 GVC 地位指数产生促进效应。各变量的说明如表 5 - 21 所示。

表 5 -21　模型中各变量的说明

变量名	含义	测算方法	数据来源
GVC_ Pos	国际分工地位	Koopman 等（2011）提出的全球价值链（GVC）地位指数	WIOD 数据库

续表

变量名	含义	测算方法	数据来源
Compl	出口技术复杂度	Hausmann 等（2007）提出的测算出口技术复杂度	UNTCAD 数据库
Ser	制造业服务化水平	制造业出口中服务附加值比重	WIOD 数据库
PR	制度质量	各国产权保护程度	美国传统经济会
PGDP	经济发展水平	人均 GDP	WDI 数据库
TER	人力资本禀赋	一国高等教育入学率	WDI 数据库
FB	网络基础设施	每百人宽带用户数	WDI 数据库
FDI	外商直接投资	一国人均外商直接投资存量	UNTCAD 数据库
OPEN	对外开放度	一国出口额与增加值之比	UNTCAD 数据库
RD	研发投入	研发支出占 GDP 的比重	WDI 数据库
EU	区域经济一体化	是否为欧盟成员的虚拟变量	互联网

　　在 WIOD 所包含的 42 个国家中，智利、塞浦路斯、印度尼西亚、马耳他 4 个国家缺少部分变量的数据值，因此，本章实证研究的数据为 38 个国家 2000—2014 年的数据，各变量的描述性统计结果见表 5 – 22。

表 5 – 22　各主要变量的描述性统计

变量	样本量	均值	中位数	标准差	最小值	最大值
GVC_Pos	570	0.0202	0.0171	0.1474	− 0.2871	0.4863
$LnCompl$	570	10.3372	10.3356	0.1131	9.9708	10.6457
$LnSer$	570	3.5780	3.5777	0.1107	3.2726	3.8809
$LnPR$	570	4.1537	4.2485	0.3722	2.9957	4.5539
$LnPGDP$	570	9.8015	10.0202	1.0532	6.0845	11.6883
$LnTER$	570	3.9941	4.1109	0.4922	2.0794	4.7362
$LnFB$	569	4.4035	4.5850	0.6406	0.0000	5.1475
$LnFDI$	568	3.4346	3.4657	0.8449	0.0000	5.9375
$LnOPEN$	568	4.3763	4.3882	0.5521	3.0445	5.6525
$LnRD$	570	0.2633	0.3001	0.6215	− 1.1394	1.4563
EN	570	0.6070	1.0000	0.4888	0.0000	1.0000

2. 实证结果与分析

（1）基准模型的估计结果与分析。

在对面板数据计量模型的系数进行估计前，应当根据数据特征确定式（5 - 12）和式（5 - 13）的模型类型。根据 Hausmann 检验的结果可知，应选择国家、年份双固定的固定效应模型，结果见表 5 - 23 的第Ⅰ、Ⅱ、Ⅳ和Ⅴ，其中Ⅱ和Ⅴ是在模型中加入控制变量后的估计结果。

表 5 - 23　基准计量模型的估计结果

解释变量	GVC 地位			出口技术复杂度		
	Ⅰ	Ⅱ	Ⅲ	Ⅳ	Ⅴ	Ⅵ
LnSer	- 0.182 ***	- 0.106 ***	- 0.103 ***	0.392 ***	0.017	- 0.010
	(0.048)	(0.039)	(0.037)	(0.064)	(0.034)	(0.032)
LnPR		0.025	0.029 **		0.014	- 0.009
		(0.015)	(0.014)		(0.013)	(0.012)
LnPGDP		- 0.028 ***	- 0.023 ***		0.120 ***	0.106 ***
		(0.008)	(0.008)		(0.007)	(0.007)
LnTER		- 0.019 *	- 0.014		- 0.005	- 0.004
		(0.011)	(0.011)		(0.010)	(0.009)
LnFB		0.022 ***	0.018 ***		- 0.004	0.006
		(0.006)	(0.005)		(0.005)	(0.005)
LnFDI		- 0.012 **	- 0.010		0.030 ***	0.023 ***
		(0.006)	(0.006)		(0.005)	(0.005)
LnOPEN		- 0.239 ***	- 0.231 ***		0.084 ***	0.035 ***
		(0.014)	(0.012)		(0.012)	(0.010)
LnRD		- 0.002	0.000		- 0.006	0.013
		(0.011)	(0.010)		(0.009)	(0.008)
EU		- 0.012 *	- 0.014 **		0.005	0.008
		(0.007)	(0.007)		(0.006)	(0.006)

续表

解释变量	GVC 地位			出口技术复杂度		
	I	II	III	IV	V	VI
常数项	0.673 ***	1.640 ***	1.529 ***	8.934 ***	8.613 ***	9.126 ***
	(0.171)	(0.164)	(0.151)	(0.228)	(0.142)	(0.130)
Hausmann 检验	/	26.98 (0.001)		/	26.98 (0.000)	

注：*，**，*** 分别表示在 0.1，0.05，0.01 的置信水平下显著；表上半部分中括号内的数字为待估系数的标准误，下半部分中括号内的数字为 Hausmann 检验的 p 值

从模型 I 的结果来看，整体而言，制造业服务化显著降低了一国制造业的 GVC 地位，在加入控制变量后（模型 II），这种负向的抑制作用依然显著。这个结果与前文理论分析的结论之间出现了不一致，认为制造业服务化会提升制造业 GVC 地位。不过，根据前文测算结果可发现，制造业服务化指数和制造业 GVC 地位指数在不同经济发展水平的经济体和不同要素密集度制造业类型之间存在较大差别，且制造业服务化过程中，服务要素包含了国内和国外两部分，因此，关于制造业服务化能否提升一国制造业整体 GVC 地位的实践有待进一步分析。此外，模型 II 的结果还显示，在控制变量中，基础设施（FB）的系数显著为正，而经济发展水平（PGDP）、人力资本禀赋（TER）、对外开放度（OPEN）、外商直接投资（FDI）和区域经济一体化（EU）的系数显著为负。由此可知，一国对外开放的程度越高（OPEN、FDI、EU），该国制造业在生产中就会从国外进口更多的中间投入品，其制造业出口中的国外附加值比重即 GVC 后向参与度就越高，从而降低其制造业的 GVC 地位。表 5-23 后三列从制造业出口技术复杂度的角度实证检验了制造业服务化对制造业国际分工地位的影响。从模型 IV 的结果来看，整体而言，制造业服务化有助于一国制造业出口技术复杂度的提升。尽管在加入控制变量后（模型 V），这种正向的影响不再显著，但是制造业服务化的系数仍然为正。关于这种促进效应的进一步分析详见下文。在控制变量中，除了系数不显著的变量外，经济发展水平、外商直接投资和对外开放度的系数都显著为正，说明这些因素都显著地促进了一国制造业出口技术复杂度的提升。

（2）对模型的进一步分析。

以上分析以全部 38 个国家为样本，对基准模型进行了实证检验，事实上不同发展水平的国家之间制造业服务化程度存在较大差别，制造业出口中所含的服务价值按照来源不同又可以分为本国服务化和国外服务化两部分，并且不同类型制造业的国际分工地位和出口技术复杂度受制造业服务化的影响也可能存在差异。因此，本书开展了进一步的分析。

首先，根据制造业出口中所含的服务价值的不同来源，考察制造业本国服务化和国外服务化的不同影响（见表 5 – 24）。在区分了服务化的类型后，制造业服务化对制造业 GVC 地位和出口技术复杂度产生了非常显著的影响。但是，不同类型服务化对制造业的影响效应存在较大差别。根据表中的回归结果对比可知，制造业本国服务化对制造业 GVC 地位和出口技术复杂度的影响显著为正，而制造业国外服务化的影响则呈现出相反的作用。制造业本国服务化水平每提高 1%，制造业的 GVC 地位指数和出口技术复杂度指数将分别提高 0.220 和 0.036%；而制造业国外服务化水平每提高 1%，将导致制造业的 GVC 地位指数下降 0.312、出口技术复杂度指数提高 0.065%。此外，在制造业服务化过程中，本国的服务投入不仅有助于制造业价值的创造，同时也有助于制造业在国际生产分工中的价值分配，对制造业国际竞争力产生显著的正向促进作用。但是，来自国外的服务投入的影响则不一致。制造业的国外服务化能够提高本国制造业的生产技术和生产要素种类，有助于提高其在价值创造中的优势，即表现为制造业出口技术复杂度的提高；然而国外服务化也意味着制造业出口中包含了较多的国外服务价值，从而影响了本国制造业的价值分配能力，对本国制造业的 GVC 地位造成不利影响。

其次，考虑到不同要素密集程度的制造业在服务化水平上存在较大差别，本书进一步将制造业分为劳动密集型、资本密集型和知识技术密集型三种类型并分别进行回归（见表 5 – 25）。发现制造业服务化对不同类型制造业 GVC 地位的影响效应基本一致，制造业服务化变量的系数都为负。就影响效应的大小而言，制造业服务化对劳动密集型制造业 GVC 地位的抑制作用最大，对资本密集型制造业的抑制作用最小，前者的抑制效应为后者的两倍。但这不能

表 5 - 24　区分制造业服务化类型的计量模型估计结果

解释变量	GVC 地位		出口技术复杂度	
	Ⅰ	Ⅱ	Ⅳ	Ⅴ
LnDSer	0. 220 ***		0. 036 *	
	(0. 0139)		(0. 0245)	
LnFSer		- 0. 312 ***		0. 065 ***
		(0. 0120)		(0. 0155)
LnPR	0. 016	0. 028 ***	0. 013	0. 013
	(0. 0123)	(0. 0099)	(0. 0129)	(0. 0128)
LnPGDP	- 0. 025 ***	- 0. 005	0. 122 ***	0. 115 ***
	(0. 0064)	(0. 0052)	(0. 0067)	(0. 0067)
LnTER	- 0. 026 ***	- 0. 005	- 0. 004	- 0. 008
	(0. 0089)	(0. 0072)	(0. 0093)	(0. 0093)
LnFB	0. 018 ***	0. 000	- 0. 006	0. 001
	(0. 0045)	(0. 0037)	(0. 0047)	(0. 0048)
LnFDI	- 0. 009 *	0. 013 ***	0. 031 ***	0. 024 ***
	(0. 0051)	(0. 0042)	(0. 0054)	(0. 0054)
LnOPEN	- 0. 112 ***	- 0. 038 ***	0. 102 ***	0. 043 ***
	(0. 0136)	(0. 0117)	(0. 0142)	(0. 0151)
LnRD	- 0. 005	0. 007	- 0. 005	- 0. 008
	(0. 0087)	(0. 0070)	(0. 0091)	(0. 0090)
EU	- 0. 009	- 0. 022 ***	0. 005	0. 008
	(0. 0055)	(0. 0045)	(0. 0058)	(0. 0058)
常数项	0. 093	0. 926 ***	8. 472 ***	8. 744 ***
	(0. 1150)	(0. 0710)	(0. 1200)	(0. 0915)

认为制造业投入服务化已经过度以至于不利于制造业在全球价值链中的国际分工地位提升，应当对制造业服务化进行国内外结构分解来进一步探析其对制造业 GVC 地位的影响。❶ 表 5 - 25 后三列报告了制造业服务化对不同要素密集度制造业出口技术复杂度的影响，劳动密集型制造业服务化对出口技术复杂度的影响都不显著，但是制造业服务化显著促进了资本密集型和知识技术密集型制造业出口技术复杂度的提升，且后者的影响效应远高于前者。这可能是因为与劳动密集型和资本密集型制造业相比，知识技术密集型制造业对研发设计、管理与品牌营销等中间服务投入需求更多，属于典型的服务依赖型制造业，因此服务化水平的提升对知识技术密集型制造业的技术进步和效率提升具有更为明显的促进效应，对其出口技术复杂度的提升更有效。此外，考虑到不同经济发展水平的国家在制造业服务化水平和制造业国际竞争力上的差别也较大，本书进一步将其分为发达经济体和发展中经济体两类并分别进行检验。对比表 5 - 26 中模型 I 和 IV 的结果可知，不论经济发展程度的高低，制造业服务化对一国制造业 GVC 地位指数的影响都是负的。说明从全球范围来看，制造业服务化对制造业 GVC 地位产生了一定的抑制作用。在区分了制造业出口中服务附加值的来源后，制造业服务化对不同类型国家的影响也未出现较大差异：制造业本国服务化对制造业 GVC 地位指数的提升都产生显著的促进作用，而制造业国外服务化的影响却显著为负。从影响效应大小来看，制造业服务化对不同经济发展水平国家制造业 GVC 地位指数的影响差异也很小。综合而言，对一国的制造业来说，制造业国内服务化水平的提高，可通过提高制造业出口中的国内附加值，直接促进制造业 GVC 后向参与度的下降，促进制造业 GVC 在全球价值链分工中地位的提升；还可以通过增强制造业中间产品出口能力，提升 GVC 前向参与度，从而有助于制造业在全球价值链分工中地位的提升，提高其在全球价值链中的综合竞争力。但在另一方面，制造业国外服务化水平的提升意味着制造业出口中国外服务附加值比重上升，从而 GVC 后向参与度提高，因此该国制造业在全球生产网络中

---

❶ 限于篇幅，本书未报告同时区分制造业服务化的国内外来源和要素密集程度后的模型估计结果。

处于相对下游和较弱势的地位，从而降低了其 GVC 地位。

表 5-25　按制造业要素密集度区分的计量模型估计结果

解释变量	GVC 地位			出口技术复杂度		
	Ⅰ	Ⅱ	Ⅲ	Ⅳ	Ⅴ	Ⅵ
LnSer	− 0.188 ***	− 0.094 ***	− 0.163 ***	− 0.017	0.047 **	0.151 ***
	(0.0273)	(0.0319)	(0.0365)	(0.0260)	(0.0230)	(0.0350)
LnPR	0.024	0.036 *	0.012	− 0.024 *	− 0.022	0.013
	(0.0143)	(0.0202)	(0.0154)	(0.0136)	(0.0146)	(0.0147)
LnPGDP	− 0.028 ***	− 0.055 ***	− 0.001	0.098 ***	0.123 ***	0.137 ***
	(0.0076)	(0.0106)	(0.0080)	(0.0073)	(0.0077)	(0.0077)
LnTER	0.029 ***	− 0.053 ***	0.006	− 0.007	0.017	− 0.027 **
	(0.0103)	(0.0148)	(0.0111)	(0.0099)	(0.0106)	(0.0107)
LnFB	0.025 ***	0.023 ***	0.002	0.012 **	− 0.017 ***	− 0.015 ***
	(0.0052)	(0.0077)	(0.0055)	(0.0049)	(0.0056)	(0.0053)
LnFDI	− 0.011 *	− 0.033 ***	− 0.014 **	0.022 ***	0.031 ***	0.021 ***
	(0.0059)	(0.0084)	(0.0063)	(0.0056)	(0.0061)	(0.0061)
LnOPEN	− 0.164 ***	− 0.359 ***	− 0.217 ***	0.077 ***	0.112 ***	0.139 ***
	(0.0132)	(0.0189)	(0.0143)	(0.0125)	(0.0136)	(0.0137)
LnRD	− 0.004	0.008	− 0.004	0.018 *	− 0.045 ***	− 0.041 ***
	(0.0100)	(0.0143)	(0.0108)	(0.0095)	(0.0103)	(0.0104)
EU	0.010	0.045 ***	− 0.035 ***	0.035 ***	− 0.021 ***	− 0.025 ***
	(0.0064)	(0.0092)	(0.0069)	(0.0061)	(0.0066)	(0.0066)
常数项	1.423 ***	2.570 ***	1.505 ***	9.070 ***	8.496 ***	7.926 ***
	(0.1260)	(0.1810)	(0.1590)	(0.1200)	(0.1310)	(0.1520)

注：模型 Ⅰ 和 Ⅳ 为劳动密集型制造业的回归结果；Ⅱ 和 Ⅴ 为资本密集型制造业的回归结果，Ⅲ 和 Ⅵ 为知识技术密集型制造业的回归结果

表 5-26　按经济发展水平分制造业服务化对制造业 GVC 地位影响的估计结果

解释变量	发达经济体			发展中经济体		
	Ⅰ	Ⅱ	Ⅲ	Ⅳ	Ⅴ	Ⅵ
LnSer	− 0.051			− 0.102 **		
	(0.0508)			(0.0512)		

续表

解释变量	发达经济体			发展中经济体		
	I	II	III	IV	V	VI
LnDSer		0.196***			0.209***	
		(0.0180)			(0.0240)	
LnFSer			−0.329***			−0.316***
			(0.0163)			(0.0191)
LnPR	0.030	0.027	0.0644***	0.005	0.004	0.007
	(0.0295)	(0.0245)	(0.0188)	(0.0149)	(0.0130)	(0.0101)
LnPGDP	−0.013	−0.009	−0.022**	−0.021**	−0.020**	−0.022***
	(0.0140)	(0.0116)	(0.0088)	(0.0097)	(0.0083)	(0.0065)
LnTER	−0.138***	−0.079***	−0.082***	0.037***	−0.002	0.041***
	(0.0186)	(0.0164)	(0.0121)	(0.0118)	(0.0107)	(0.0078)
LnFB	−0.010	−0.025*	0.052***	0.010*	0.014***	−0.001
	(0.0176)	(0.0148)	(0.0117)	(0.0059)	(0.0049)	(0.0039)
LnFDI	−0.003	0.007	0.022***	−0.009	−0.015**	0.001
	(0.0086)	(0.0073)	(0.0057)	(0.0077)	(0.0066)	(0.0052)
LnOPEN	−0.188***	−0.086***	−0.025	−0.232***	−0.116***	−0.055***
	(0.0209)	(0.0192)	(0.0151)	(0.0175)	(0.0192)	(0.0153)
LnRD	0.011	−0.017	0.012*	−0.009	0.004	0.007
	(0.0174)	(0.0144)	(0.0109)	(0.0115)	(0.0101)	(0.0079)
EU	—	—	—	−0.025***	−0.018***	−0.013***
				(0.0068)	(0.0060)	(0.0047)
常数项	1.658***	0.220	0.961***	1.426***	0.071	1.100***
	(0.2310)	(0.1950)	(0.1210)	(0.2190)	(0.1580)	(0.0849)

表5-27从制造业出口技术复杂度的角度分析了制造业服务化对不同经济发展程度国家制造业国际竞争力的影响。由模型I和IV的结果可知，不同经济发展水平国家制造业服务化对其制造业出口技术复杂度的影响仍然不显著，这与前述结果一致。但制造业本国服务化对不同经济发展水平类型国家制造业出口技术复杂度都有正向的促进作用，在发展中经济体中这种促进作

用更大。这可能是因为，发展中经济体的制造业服务化初始水平比发达经济体低，制造业服务化投入水平的提升对制造业技术水平和出口技术复杂度的促进效应会更大更显著。但是对制造业国外服务化的影响效应而言，在发展中经济体样本中不显著，而在发达经济体样本中是显著的。这可能是因为，发展中经济体的服务业竞争力较弱，且对外资服务企业制定了较多进入限制，本国的制造业在国外服务化过程中进口的多为技术含量偏低的服务，对提升其技术水平和出口技术复杂度的作用有限。

表5-27　按经济发展水平分制造业服务化对出口技术复杂度影响的估计结果

解释变量	发达经济体			发展中经济体		
	I	II	III	IV	V	VI
$LnSer$	0.024			-0.069		
	(0.0365)			(0.0546)		
$LnDSer$	0.036 **			0.056 *		
		(0.0152)			(0.0292)	
$LnFSer$			0.033 *			0.043
			(0.0181)			(0.0299)
$LnPR$	-0.071 ***	-0.068 ***	-0.073 ***	0.036 **	0.037 **	0.037 **
	(0.0212)	(0.0207)	(0.0209)	(0.0159)	(0.0158)	(0.0159)
$LnPGDP$	0.119 ***	0.122 ***	0.121 ***	0.108 ***	0.107 ***	0.105 ***
	(0.0101)	(0.0098)	(0.0098)	(0.0104)	(0.0102)	(0.0102)
$LnTER$	-0.004	0.009	-0.008	0.000	-0.013	-0.005
	(0.0134)	(0.0139)	(0.0134)	(0.0126)	(0.0130)	(0.0122)
$LnFB$	0.047 ***	0.044 ***	0.041 ***	-0.006	-0.003	-0.002
	(0.0126)	(0.0126)	(0.0130)	(0.0063)	(0.0060)	(0.0062)
$LnFDI$	0.004	0.006	0.002	0.044 ***	0.042 ***	0.041 ***
	(0.0062)	(0.0062)	(0.0063)	(0.0082)	(0.0081)	(0.0082)
$LnOPEN$	0.008	0.023	-0.011	0.109 ***	0.144 ***	0.092 ***
	(0.0150)	(0.0162)	(0.0168)	(0.0187)	(0.0233)	(0.0240)
$LnRD$	0.013	0.010	0.013	-0.021 *	-0.018	-0.025 **
	(0.0125)	(0.0122)	(0.0121)	(0.0123)	(0.0123)	(0.0123)

续表

解释变量	发达经济体			发展中经济体		
	I	II	III	IV	V	VI
EU	—	—	—	0.012	0.014 *	0.010
				(0.0073)	(0.0073)	(0.0074)
常数项	9.116 ***	8.946 ***	9.238 ***	8.779 ***	8.271 ***	8.534 ***
	(0.1660)	(0.1650)	(0.1340)	(0.2340)	(0.1920)	(0.1330)

（3）稳健性检验。

本书采用两种方法进行稳健性检验。❶ 一是使用不同的自变量，以制造业中间服务投入占制造业总产出的百分比作为衡量制造业服务化水平的指标，并取对数处理（见表5-28）。二是选择不同的参数估计方法，这里采用自助抽样法（Bootstrap Method，重复抽样次数为500次）对固定效应模型的待估参数进行估计（见表5-29）。与表5-25和表5-26相比，尽管稳健性检验的结果中控制变量系数的大小和显著性发生了一些变化，但制造业服务化这一变量的系数显著性仍保持与基准模型基本一致，区分制造业服务化来源后的稳健性检验结果也基本一致，只有系数的绝对值发生一些变化。说明本书所建立的计量经济模型具有较强的稳健性，制造业服务化对中国制造业的国际分工地位和出口技术复杂度具有显著的影响。

总的来说，本部分构建了制造业服务化对制造业国际竞争力影响的计量经济模型，利用WIOD数据库统计的全球主要经济体的面板数据进行实证检验。分析发现：①制造业服务化显著降低了一国制造业的GVC地位，但制造业本国服务化对制造业GVC地位指数的提升具有一定的促进作用，国外服务化对制造业GVC地位指数产生了抑制作用；制造业服务化对提升一国制造业出口复杂度具有微弱的正向影响作用，且制造业本国服务化对制造业出口复杂度的影响作用不显著，而国外服务化则显著地促进了制造业出口复杂度的提升。②在区分了制造业的要素密集程度和经济体的经济发展水平后的子样

---

❶ 本书仅报告基准模型和分服务化类型模型的稳健性检验结果，分制造业类型和分经济发展水平的稳健性检验与此类似。为节省篇幅，结果未予列出。

本回归结果显示，制造业服务化对各国制造业 GVC 地位和出口技术复杂度的影响结果与前文基本一致。上述实证结果也得到稳健性检验的进一步证实。

表 5－28 稳健性检验结果 1

解释变量	GVC 地位			出口技术复杂度		
	I	II	III	IV	V	VI
LnSer	0.135 ***			0.011		
	(0.0198)			(0.0178)		
LnDSer		0.202 ***			0.047 ***	
		(0.0137)			(0.0140)	
LnFSer			－0.077 ***			0.013 *
			(0.0076)			(0.0072)
LnPR	0.008	0.001	0.037 ***	0.013	0.009	0.016
	(0.0146)	(0.0127)	(0.0138)	(0.0131)	(0.0129)	(0.0130)
LnPGDP	－0.036 ***	－0.027 ***	－0.008	0.120 ***	0.122 ***	0.125 ***
	(0.0074)	(0.0065)	(0.0075)	(0.0067)	(0.0066)	(0.0071)
LnTER	－0.034 ***	－0.034 ***	－0.034 ***	－0.005	－0.006	－0.005
	(0.0105)	(0.0092)	(0.0100)	(0.0095)	(0.0093)	(0.0094)
LnFB	0.026 ***	0.018 ***	0.016 ***	－0.005	－0.006	－0.006
	(0.0052)	(0.0046)	(0.0050)	(0.0047)	(0.0046)	(0.0047)
LnFDI	－0.015 ***	－0.010 *	－0.009	0.030 ***	0.031 ***	0.031 ***
	(0.0060)	(0.0052)	(0.0057)	(0.0054)	(0.0053)	(0.0054)
LnOPEN	－0.200 ***	－0.147 ***	－0.183 ***	0.085 ***	0.102 ***	0.091 ***
	(0.0139)	(0.0129)	(0.0135)	(0.0126)	(0.0131)	(0.0127)
LnRD	－0.007	0.000	0.007	－0.005	－0.004	－0.003
	(0.0101)	(0.0089)	(0.0097)	(0.0091)	(0.0090)	(0.0092)
EU	－0.011 *	－0.013 **	－0.017 ***	0.005	0.005	0.004
	(0.0065)	(0.0057)	(0.0062)	(0.0058)	(0.0058)	(0.0058)
常数项	0.901 ***	0.463 ***	0.919 ***	8.635 ***	8.474 ***	8.605 ***
	(0.1160)	(0.1050)	(0.1030)	(0.1050)	(0.1070)	(0.0974)

表 5 - 29　稳健性检验结果 2

解释变量	GVC 地位			出口技术复杂度		
	I	II	III	IV	V	VI
LnSer	− 0.106*			0.017		
	(0.0576)			(0.0630)		
LnDSer		0.220***			0.036*	
		(0.0484)			(0.0219)	
LnFSer			− 0.312***			0.065*
			(0.0358)			(0.0351)
LnPR	0.025	0.016	0.028	0.014	0.013	0.013
	(0.0347)	(0.0238)	(0.0206)	(0.0308)	(0.0280)	(0.0287)
LnPGDP	− 0.028**	− 0.025**	− 0.005	0.120***	0.122***	0.115***
	(0.0135)	(0.0112)	(0.0102)	(0.0117)	(0.0114)	(0.0105)
LnTER	− 0.019	− 0.026	− 0.005	− 0.005	− 0.004	− 0.008
	(0.0350)	(0.0261)	(0.0217)	(0.0293)	(0.0272)	(0.0261)
LnFB	0.022**	0.018**	0.000	− 0.004	− 0.006	0.001
	(0.0103)	(0.0080)	(0.0079)	(0.0115)	(0.0115)	(0.0100)
LnFDI	− 0.012	− 0.009	0.013	0.030***	0.030***	0.024**
	(0.0127)	(0.0120)	(0.0097)	(0.0107)	(0.0109)	(0.0109)
LnOPEN	− 0.239***	− 0.112***	− 0.038*	0.084***	0.102***	0.043*
	(0.0280)	(0.0243)	(0.0201)	(0.0294)	(0.0310)	(0.0237)
LnRD	− 0.002	− 0.005	0.007	− 0.006	− 0.005	− 0.008
	(0.0247)	(0.0164)	(0.0148)	(0.0204)	(0.0200)	(0.0213)
EU	− 0.012	− 0.009	− 0.022**	0.005	0.005	0.008
	(0.0150)	(0.0114)	(0.0095)	(0.0134)	(0.0126)	(0.0136)
常数项	1.640***	0.093	0.926***	8.613***	8.472***	8.744***
	(0.3450)	(0.2790)	(0.1510)	(0.2920)	(0.2030)	(0.1440)

二、制造业服务化提升制造业国际竞争力的中国验证

1. 模型设定及数据说明

（1）计量模型的构建。

根据前文分析，本书认为制造业服务化通过对中国制造业 GVC 分工地位和出口技术复杂度的影响而影响制造业国际竞争力，据此建立如下面板数据计量经济模型。同时，考虑到制造业的物质资本强度、人力资本水平、国有企业比重、外贸开放度等因素（Hausman et al.，2007；Wang，Wei，2007；祝树金等，2010；王菁、齐俊妍，2015；等等）对制造业的国际分工地位和出口技术复杂度的影响，将这些变量作为控制变量纳入计量模型中。

$$GVC\_Pos_{it} = \beta_0 + \beta_1 \cdot LnSer_{it} + \gamma \cdot Contr_{it} + \eta_i + \mu_t + \varepsilon_{it} \qquad (5-14)$$

$$LnCompl_{it} = \beta_0 + \beta_1 \cdot LnSer_{it} + \gamma \cdot Contr_{it} + \eta_i + \mu_t + \varepsilon_{it} \qquad (5-15)$$

其中，GVC_Pos 和 $Compl$ 分别表示制造业的 GVC 地位指数和出口技术复杂度指数，并且对 $Compl$ 作了取对数处理；Ser 表示制造业服务化水平，根据上一章所述方法计算，同时对服务化指数作了取对数处理；$Contr$ 是控制变量，包括制造业的物质资本强度、人力资本水平、国有企业比重和外贸开放度；η，μ 和 ε 分别表示反映制造业行业差异的个体效应、随时间变化的时间效应和其他随机干扰项；i 和 t 分别代表行业和年份。

（2）变量选取及数据来源说明。

①被解释变量。本书有两个被解释变量，分别为中国制造业的国际分工地位和中国制造业的出口技术复杂度。在全球价值链视角下，制造业的国际分工地位和出口技术复杂度从不同角度衡量了一国在全球制造业生产网络中的竞争力。

②核心解释变量。本书重点分析制造业服务化对制造业在全球价值链上的竞争力，因此制造业服务化水平是本书的核心解释变量。与现有文献使用的制造业生产对服务的直接消耗系数不同，本书以制造业出口总额中服务附加值作为衡量制造业服务化水平的变量，这种测算方法能够更精确地综合反映在全球生产网络中一国制造业的服务化水平。

③控制变量。❶ 综合前人的相关研究成果，本书选取了四个控制变量，分别是：物资资本强度，用制造业不变价的固定资产存量与全部职工平均人数的比值表示，记为 PC；人力资本水平，采用 Cole 等（2005）的做法，用各制造业职工的工资水平与制造业的平均工资水平的比值表示，记为 HC；国有企业比重，用各行业国有及国有控股工业总产值占国有及规模以上非国有工业总产值的比重表示，记为 Gov；外贸开放度，用制造业各行业的出口额与该行业当年的增加值之比表示，记为 Exp。其中，计算物质资本强度、国有企业比重和外贸开放度的原始数据均来自历年的《中国工业统计年鉴》，并且取了对数；计算人力资本水平的原始数据均来自历年的《中国劳动统计年鉴》。各变量的说明情况如表 5-30 所示。

表 5-30　模型中各变量的说明

变量名	含义	测算方法	数据来源
GVC_ Pos	国际分工地位	Koopman 等（2011）提出的全球价值链地位指数	WIOD 数据库
Compl	出口技术复杂度	Hausmann 等（2007）提出的测算出口技术复杂度	UNTCAD 数据库
Ser	制造业服务化水平	制造业出口总额中内涵的服务价值比例	WIOD 数据库
PC	物质资本强度	各行业的人均固定资本存量	中国工业统计年鉴
HC	人力资本水平	各行业工资水平与制造业平均工资水平的比值	中国劳动统计年鉴
Gov	国有企业比重	各行业工业总产值中国有及国有控股工业总产值的比例	中国工业统计年鉴
Exp	外贸开放度	各行业的出口额与增加值之比	中国工业统计年鉴

由于各变量的数据来源于不同数据库，在制造业行业的划分上存在差别。为此，本书对制造业行业进行了合并处理得到 17 个行业的数据。同时，由于 2016 年版 WIOD 数据库时间跨度为 2000—2014 年，而 2001—2003 年的《中

---

❶ 本章以中国制造业的 17 个行业为研究对象，与国际验证的样本不同。由于行业层面和国家层面的变量不一致且统计数据有别，因此本章的控制变量与国际验证的不一样。

国工业统计年鉴》和《中国劳动统计年鉴》没有统计制造业职工人数，所以本书实证研究部分的时间跨度为 2003—2014 年（见表 5 - 31）。

表 5 - 31　各主要变量的描述性统计

变量	样本量	均值	中位数	标准差	最小值	最大值
GVC_ Pos	204	0.2100	0.2606	0.1599	- 0.1493	0.4850
LnCompl	204	6.8102	6.9867	1.2013	3.9574	8.9325
LnSer	204	3.2635	3.3023	0.1488	2.8758	3.5404
LnDSer	204	2.9833	3.0106	0.1476	2.6012	3.2914
LnFSer	204	1.8154	1.8679	0.3167	0.9282	2.6824
LnPC	204	3.4103	3.4074	0.6229	1.8991	4.9732
HC	204	1.0000	0.8725	0.6022	0.3587	3.0163
LnGov	204	2.5872	2.5649	0.9230	0.1398	4.4476
LnExp	204	3.8236	3.7273	0.9122	2.0809	5.8013

2. 实证结果与分析

（1）基准模型的估计结果与分析。

在对模型的系数进行估计前，应当根据数据特征确定式（5 - 14）和式（5 - 15）的模型类型。本书首先比较了固定效应模型和随机效应模型，Hausman 检验结果显示应当选择固定效应模型，❶ 结果分别见表 5 - 32 的Ⅰ和Ⅳ。但由于本书选取的样本时期跨度较长，且不同制造行业之间的数据差异较大，因此要对模型是否存在组间异方差、同期相关以及组内自相关进行检验（陈强，2014）。结果显示，模型（5 - 14）存在组间异方差、同期相关和组内自相关，模型（5 - 15）存在组间异方差和组内自相关。因此本书分别针对模型（5 - 14）和模型（5 - 15）存在的问题采用可行的广义最小二乘法（Feasible Generalized Least Squares，FGLS）对模型参数进行估计（Baltagi，2005；陈强，2014；等等），以消除非球形扰动对模型估计系数准确性造成的影响，结果见表 5 - 32 的Ⅱ，Ⅲ，Ⅴ，Ⅵ。其中Ⅱ和Ⅴ是在模型中未加入控制变量的

---

❶　为节约篇幅，表 5 - 7 未报告随机效应模型的估计结果和 Hausman 检验的结果。

估计结果，从结果可以看出，制造业服务化水平与中国制造业的 GVC 地位之间都存在显著的正相关关系，制造业服务化水平每提高 1% ，将带来制造业的 GVC 地位指数上升 0.232 ，并且这种效应在 1% 的置信水平下是显著的。制造业服务化水平与中国制造业的出口技术复杂度之间也存在正相关关系，但是这种影响效应并不显著。

表 5 - 32　基准计量模型的估计结果

解释变量	GVC 地位			出口技术复杂度		
	I	II	III	IV	V	VI
LnSer	0.288 ***	0.232 ***	0.188 ***	0.277	0.163	0.229 *
	(0.0469)	(0.0185)	(0.0215)	(0.2250)	(0.1280)	(0.1330)
LnPC	0.0139 **		0.0167 ***	0.0993 ***		0.116 ***
	(0.0067)		(0.0044)	(0.0323)		(0.0224)
HC	0.0054		0.0136 **	- 0.1540		- 0.1030
	(0.0204)		(0.0053)	(0.0980)		(0.0944)
LnGov	- 0.0038		- 0.0026	0.0148		0.0161
	(0.0055)		(0.0018)	(0.0263)		(0.0115)
LnExp	- 0.0376 ***		- 0.0350 ***	0.244 ***		0.215 ***
	(0.0104)		(0.0041)	(0.0500)		(0.0374)
常数项	- 0.631 ***	- 0.627 ***	- 0.294 ***	4.748 ***	6.366 ***	5.399 ***
	(0.1610)	(0.0557)	(0.0679)	(0.7720)	(0.3820)	(0.5080)
个体固定效应	是	是	是	是	是	是
时间固定效应	是	否	否	是	否	否
组间异方差检验	—	54745.94	1.5e + 05	—	2.0e + 06	9.3e + 05
		(0.0000)	(0.0000)		(0.0000)	(0.0000)
组内自相关检验	—	68.092	52.934	—	7.585	8.198
		(0.0000)	(0.0000)		(0.0141)	(0.0113)
组间同期相关检验	—	6.929	3.978	—	0.702	- 0.765
		(0.0000)	(0.0001)		(0.4829)	(0.4444)

注：为节省篇幅，本表没有报告行业虚拟变量的系数估计值；* ，** ，*** 分别表示在 0.1，0.05，0.01 的置信水平下显著；表上半部分和下半部分中括号内数字分别为待估系数标准误和假设检验统计量的 p 值

在加入了控制变量后，模型（5－14）中制造业服务化变量的绝对值虽变小了，但仍然显著为正，说明制造业服务化对提升中国制造业 GVC 地位确实存在显著的正向促进效应。控制变量中，物质资本强度、人力资本水平和外贸开放度三个变量的影响效应都是显著的，仅有国有企业比重不显著。其中，物质资本强度和人力资本水平的系数显著为正，说明随着制造业人均物质资本水平和人力资本水平的提高有利于制造业 GVC 地位的提升。但是外贸开放度对制造业 GVC 地位的影响是负向的，即对外开放水平越高，GVC 地位越低。说明当前中国制造业的对外开放给国外企业参与中国制造业的生产带来了更多便利，而对国内企业参与制造业间接出口的影响相对较小，从而导致中国制造业 GVC 地位的下降。表 5－32 中的Ⅵ显示了加入控制变量后，模型（5－15）的系数估计结果。根据结果可知，虽然制造业服务化对中国制造业出口技术复杂度存在正向的影响，但是这种效应不是特别显著。平均而言，制造业服务水平每提高 1%，中国制造业的出口技术复杂度指数将提高 0.229%。在控制变量中，物质资本强度变量和外贸依存度变量的系数通过了显著性检验，说明制造业人均物质资本的增长和出口依存度的提高有利于中国制造业出口技术复杂度的提高。

（2）对模型的进一步分析。

以上实证分析是针对中国制造业服务化的整体水平，事实上制造业出口中所含的服务价值按照来源不同可以分为本国服务化和国外服务化，且不同类型制造业的国际分工地位和出口技术复杂度受制造业服务化的影响也可能存在差异。因此，本书开展了进一步的分析。

首先，考察制造业本国服务化和国外服务化的不同影响，同样采用 FGLS 估计法（见表 5－33），发现制造业服务化对中国制造业 GVC 地位和出口技术复杂度的影响仍然十分显著，至少在 5% 的置信水平下通过了显著性检验。但不同类型服务化对制造业的影响效应存在很大差别。制造业本国服务化对中国制造业 GVC 地位和出口技术复杂度的影响显著为正，而制造业国外服务化的影响则显著为负。即本国服务化水平每提高 1% 中国制造业 GVC 地位指数和出口技术复杂度指数将分别提高 0.232 和 0.175%，而国外服务化水平每提高 1% 将导致中国制造业的 GVC 地位指数和出口技术复杂度指数分别下降 0.261 和 0.204%。回归结果表明，在中国制造业的服务化过程中，来自国内服务中间投入提高中国制造业出口中间接附加值以及生产技术，对中国制造业国际竞争力的影响产生了显著的正向促进作用。但国外服务化意味着在中国制造业的出口中包含较多在国外创造的服务价值，国外附加值在总出口中比例的提高对中国制造业 GVC 地位造成了不利影响，原因是国外服务化是将国外的服务要素主要投向了国内的生产企业，而在出口型制造业企业中的投入较少。

表 5 - 33　区分制造业服务化类型的计量模型估计结果

解释变量	GVC 地位		出口技术复杂度	
	Ⅰ	Ⅱ	Ⅲ	Ⅳ
$LnSer\_D$	0.232 ***		0.175 **	
	(0.0136)		(0.0845)	
$LnSer\_F$		- 0.261 ***		- 0.204 ***
		(0.0093)		(0.0793)
$LnPC$	0.00475	- 0.00125	0.109 ***	0.0945 ***
	(0.0034)	(0.0041)	(0.0229)	(0.0241)
HC	0.00753	- 0.00137	- 0.0883	- 0.102
	(0.0051)	(0.0136)	(0.0939)	(0.0885)
$LnGov$	- 0.00192 *	0.00252 **	0.0166	0.015
	(0.0011)	(0.0013)	(0.0113)	(0.0112)
$LnExp$	- 0.0187 ***	0.0112 ***	0.231 ***	0.264 ***
	(0.0036)	(0.0024)	(0.0393)	(0.0439)
常数项	- 0.562 ***	0.325 ***	5.524 ***	6.246 ***
	(0.0431)	(0.0430)	(0.4120)	(0.2880)

注：解释变量中 Ser_D 表示制造业本国服务化变量，Ser_F 表示制造业国外服务化变量，$Ser = Ser\_D + Ser\_F$

其次，由于不同要素密集程度的制造业在服务化水平上存在较大差别，因此本书进一步将制造业分为劳动密集型、资本密集型和技术密集型三种类型，并分别对三类制造业的样本进行回归，结果见表 5 - 34。其中模型 V 和模型 VIII 是劳动密集型制造业的回归结果，模型 VI 和模型 IX 是资本密集型制造业的回归结果，模型 VII 和模型 X 是技术密集型制造业的回归结果。表 5 - 34 的结果表明，制造业服务化对中国不同类型制造业的国际分工地位都存在显著的正向影响效应。其中，技术密集型制造业受到的影响程度最高，劳动密集型制造业受到的影响程度最低，约为前者的一半。在控制变量中，只有外贸开放度对三种类型制造业国际分工地位的影响均显著为负，其他变量的影响要么不显著，要么影响方向不一致。在对制造业出口技术复杂度的影响中，只有劳动密集型制造业受制造业服务化的影响为正且系数显著，制造业服务化水平每提高 1%，将带来劳动密集型制造业出口技术复杂度提高 0.688%，远高于表 5 - 32 所示的制造业总体受到的影响。但另两类制造业受到的影响不显著，这也部分解释了表 5 - 34 中制造业总体的出口技术复杂度受制造业服务化影响不显著的原因。从控制变量看，物质资本强度对资本密集型和技术密集型制造业出口技术复杂度的影响显著为正，而对劳动密集型制造业的影响不显著，与制造业服务化变量的结果相反。外贸开放度对三类制造业出口技术复杂度的影响都显著为正，其中资本密集型制造业受到的影响程度最高。另外两个变量的系数则都没有通过显著性检验，即对三类制造业出口技术复杂度的影响都不显著。

表 5 - 34　按制造业要素密集度区分的计量模型估计结果

解释变量	GVC 地位			出口技术复杂度		
	V	VI	VII	VIII	IX	X
LnSer	0.134***	0.162***	0.262***	0.688***	-0.0248	-0.0844
	(0.0296)	(0.0414)	(0.0493)	(0.1730)	(0.2840)	(0.2510)
LnPC	0.0338***	-0.0109	0.0349***	-0.0186	0.207***	0.110**
	(0.0050)	(0.0100)	(0.0097)	(0.0337)	(0.0335)	(0.0489)
HC	0.0484**	-0.0208**	-0.0171	-0.257	-0.395*	-0.0021
	(0.0226)	(0.0085)	(0.0160)	(0.2350)	(0.2220)	(0.1100)

续表

解释变量	GVC 地位			出口技术复杂度		
	V	VI	VII	VIII	IX	X
LnGov	− 0.0009	− 0.0004	− 0.0034	0.0132	0.0044	− 0.0112
	(0.0016)	(0.0061)	(0.0076)	(0.0107)	(0.0355)	(0.0383)
LnExp	− 0.0353 ***	− 0.0280 ***	− 0.0577 ***	0.148 ***	0.372 ***	0.154 **
	(0.0046)	(0.0083)	(0.0088)	(0.0481)	(0.0869)	(0.0660)
常数项	− 0.485 ***	− 0.0903	− 0.657 ***	5.142 ***	5.020 ***	6.520 ***
	(0.1120)	(0.1620)	(0.1750)	(0.7110)	(1.1760)	(0.9730)

（3）稳健性检验。

本书采用两种方法进行稳健性检验。[1] 一是使用不同的自变量，以制造业中间服务投入占制造业总产出的百分比作为衡量制造业服务化水平的指标，并取对数处理，结果见表 5 – 35 估计结果的前四列。二是选择不同的参数估计方法，结果见后四列。这里采用自助抽样法对双固定效应模型的待估参数进行估计，以消除组间异方差、同期相关、组内自相关等问题。与表 5 – 32 相比，尽管表 5 – 35 中控制变量系数的大小和显著性发生了一些变化，但是本书所关注的制造业服务化这一变量的系数的显著性仍保持与基准模型基本一致，只是系数的绝对值有些变化。这说明，本书所建立的计量经济模型具有较强的稳健性，制造业服务化对中国制造业的国际分工地位和出口技术复杂度具有显著的影响。

表 5 – 35　稳健性检验结果

解释变量	I	II	III	IV	V	VI	VII	VIII
LnSer	0.097 ***	0.074 ***	0.153 ***	0.116 *	0.356 ***	0.288 ***	0.429	0.277
	(0.006)	(0.009)	(0.058)	(0.062)	(0.063)	(0.080)	(0.364)	(0.371)
LnPC		0.004		0.104 ***		0.014		0.099
		(0.006)		(0.024)		(0.016)		(0.064)

---

[1]　分服务化和分制造业类型的稳健性检验与基准模型的稳健性检验类似。为节省篇幅，结果未予列出。

续表

解释数量	I	II	III	IV	V	VI	VII	VIII
HC		0.035***		−0.09		0.005		−0.154
		(0.010)		(0.092)		(0.074)		(0.226)
LnGov		−0.006		0.013		−0.004		0.015
		(0.002)		(0.011)		(0.006)		(0.025)
LnExp		−0.041		0.206***		−0.038		0.244***
		(0.005)		(0.036)		(0.017)		(0.074)
常数项	−0.301***	0.096**	6.277***	5.681***	−0.951***	−0.631**	5.411***	4.748***
	(0.024)	(0.048)	(0.222)	(0.374)	(0.239)	(0.259)	(1.215)	(1.300)
个体固定效应	是	是	是	是	是	是	是	是
时间固定效应	否	否	否	否	是	是	是	是

注：前四列是更换制造业服务化水平的替代变量后的结果；后四列为采用自助抽样的估计方法后的结果

三、小结

本部分以中国 17 个制造行业 2003—2014 年的数据，实证分析了制造业服务化对中国制造业国际竞争力的影响。分析发现：①制造业服务化对提升中国制造业国际分工地位确实存在显著的正向促进效应，制造业的服务化水平每提高 1%，国际分工地位指数将上升 0.188。但是，制造业服务化对制造业出口技术复杂度的影响不显著。②区分制造业出口中所含的服务价值的来源后，发现制造业本国服务化对中国制造业国际分工地位和出口技术复杂度的影响显著为正，而制造业国外服务化则降低了国际分工地位和出口技术复杂度。③区分了不同类型的制造业后发现，制造业服务化对不同类型制造业的国际分工地位都存在显著的正向影响，且对技术密集型制造业的影响效应最大。但是，制造业服务化仅对劳动密集型制造业的出口技术复杂度产生了显著的正向影响效应。上述实证结果也得到稳健性检验的进一步证实。

第六章 基于服务主导逻辑的中国制造业服务化策略选择：商业模式创新

第一节 基于服务主导逻辑的制造企业商业模式创新

一、价值源泉与商业模式创新

"商业模式"最早出现在 20 世纪 70 年代中期，但直到 20 世纪 90 年代末，伴随着以信息技术和网络技术为主的第三次科技革命的兴起才受到广泛的关注。但对于商业模式的界定并没有形成一个统一的意见，不同学者从自己所奉献的学科出发对其进行了研究。

从价值角度看，商业模式就是公司如何为客户创造价值并获得利润（Slywotsky，1996），即企业为了进行价值创造、价值营销和价值提供所形成的企业结构及其合作伙伴网络（Dubosson et al.，2002），描述的是一个商业系统隐含于实际业务流程背后的价值创造逻辑（Petrovic et al.，2001），是企业能够获得并且保持其收益流的逻辑陈述（Stewart，2000），也是企业进行价值创造的核心逻辑（Linder，Canrell，2000）和总体逻辑（David J. Teece，2010），其核心功能与根本意义在于通过提高交易效率来创造新价值（Stewart，2000），是某个特定实体的商业逻辑的核心（Osterwalder，Pigneur，Tucci，2005）。也就是说，企业在特定商业逻辑引导下获取并使用资源（Afuah et al.，2001），通过对现有价值链的调整（Magretta，2002），确定公司在价值链中的有利位置（Rappa，2000），为顾客创造比竞争对手更多的价值。据此，商业模式的本质就是企业如何通过发掘价值潜力、提升交易效率来实现利润的方式。即企业实施商业模式变革的过程是对自身价值模型进行解构和重构的过程（如通过运用新科技或者新方法来创造新价值）（Gordijin，2002）。

　　而且，商业模式与新一代技术有着密切联系，技术变革会导致企业所处的价值系统发生变化（Christensen，2000；Gordijn，2002；Osterwalder et al.，2005），当技术变革给企业带来压力累积到一定程度（或达到临界点）时企业就会产生商业模式创新的需要（Venkatraman，Henderson，2008）。因此，技术创新会引发商业模式变革（Adamantia G. Pateli，2005），技术创新的同时也应伴随商业模式的创新（Chanal，2008），新的潜在突破式技术会导致企业商业模式变革（Liisa‐Maija Sainio，2004，2006），尤其是以互联网技术为代表的新技术是商业模式创新的主要动力（Timmers，1998；Amit and Zott，2001），如产业模块化和产业融合等技术变化推动了美国、欧洲国家和日本相关企业的商业模式创新（Kodama，2004；Faber et al.，2003；Yovanof，Hazapis，2008），企业内部技术的提升是推动生物制药企业商业模式创新的动力之一（Willemstein，Valk，Meeus，2007），网络技术是推动以产品为中心向以消费者为中心的商业模式演变的力量之一（Wise，Baumgartner，1999）。但商业模式创新不仅仅事关技术（Chesbrough，2008），而且最大限度地获取技术提供的价值（Chesbrough et al.，2002），它是技术开发和价值创造之间的协调和转换机制（Chesbrough，Rosenbloom，2000），是新兴技术与其潜在商业价值的实现结构。因此，价值创造与价值实现是企业进行商业模式创新的终极目标。

　　由前面分析可知，商品主导逻辑和服务主导逻辑对于价值创造与价值实现的观点是不同的，而商业模式创新就是企业逐步深化对自身的商业逻辑的认识并在此基础上不断完善和调整自己的商业模式（Morris et al.，2003）。因此，当技术创新使企业价值导向从商品主导逻辑转向服务主导逻辑时，其必然是企业产生商业模式创新的需求。

二、基于服务主导逻辑的商业模式创新路径

Shah 等（2006）认为，当一个公司开始提供更多的服务的时候就会改变他们传统的商业模式。因此，随着商品主导逻辑在解释当今许多经济现象中的失灵，Vagro 和 Lusch 建议用服务主导逻辑来代替商品主导逻辑（Vagro，Lusch，2008）。而新的信息通信技术、商业和专业差异化、全球规则以及大规模服务外置使得基于服务的商业模式快速在全球普及（Wirtz，Ehret，2012），因此，公司怎样最好利用一个新的基于服务的商业模式（Daniel Kindstrom，2010）成为关键。但到底基于服务主导逻辑的商业模式创新的路径有哪些呢？Paul P. Maglio 和 Jim Spohrer（2013）提出了通过价值命题设计进行商业模式创新，李倩（2012）认为可以构建一体化服务商业模式，刘飞和简兆权（2014）给出了一个基于服务主导逻辑的服务创新六维优化模型，等等。但本书认为，在信息技术高速发展和网络技术日趋成熟的背景下，企业的成功已不再仅仅局限于全球价值链上某一环节的不断纵深发展，因此，基于服务主导逻辑的商业模式创新的路径是构建开放平台、整个服务价值网络中网络权力的获取以及整合方案的提供。最典型的案例就是 Facebook 在短短的八年从为在校生提供交流服务的平台最终演变成一个在纳斯达克上市交易的企业，利丰集团从一个产品代购代理演变成一个整体供应链管理者，以及苹果公司从一个电脑周边产品生产者演变成一个数字生活服务提供商。

1. 平台构建——以 Facebook 为例

在传统的商品主导逻辑下，一个产品或服务的价值被看作一束同这个产品或服务相联系的属性，这"一束属性"的创造可以从许多价值链的配置得出结果，以至于某一特定公司的配置和它提供给顾客的束的结果是唯一的。技术仅作为一种物质投入，主要是用来使所在价值环节增值从而创造更多的

价值来吸引更多的顾客。而且，商品交易的场所主要是流动的集市、固定的市场乃至具有固定场所的商业中心，市场拥有者提供场所与服务并收取租金和其他服务费，交易双方自由买卖，受空间局限、交易手段原始等限制，市场的参与人数和辐射半径都非常有限。但今天移动网络、互联网、云计算及高端软件的应用，不仅仅是用来寻求新技术、新标准等稀缺资源来提升产品的市场竞争力，而且是用来构造一个虚拟的市场空间使顾客能够获取更多的商品信息，并将自己的情感、价值取向等融入对产品、购买行为以及消费方式的选择中，企业则推出各种附加服务吸引更多的顾客参与、了解顾客的明确需求并挖掘其潜在需求、获得好的创意，进而提出有吸引力的更优质的服务来满足顾客需求，使竞争对手难以模仿。同时，互联网、移动互联网和物联网等的发展使地域垄断被打破，信息变得不再封闭，及商业信息流动的速度、深度和广度都前所未有地得到提升，一些互联网平台聚集了包括供应商与消费者的海量用户。因此，商品主导逻辑下的刚性生产日益与消费者丰富而个性化的需求脱节、企业规模和实力红利逐渐被虚拟市场挤压。

而按照服务主导逻辑，企业提供价值主张并以价值合作创造者的身份与顾客共同创造顾客价值，并通过资源整合来创造更多的价值。且产品是作为服务的载体和表现方式，服务是所有经济活动的基础，企业多样化服务提供的能力成为决定性因素，且为顾客提供服务的企业和方式都不是唯一的。按照这一逻辑，在信息技术和互联网快速发展的条件下，设计一个能跨越时空、超越交易人数限制并能使顾客参与、满足顾客灵活而多变需求的服务平台就成为商业模式创新的路径之一，最典型的案例就是 Facebook 的商业模式创新。

当 2004 年 2 月 4 日 Facebook 上线时，它仅是一个社会化网络站点，目的是通过向大学生提供实体社区不能获取的信息服务，其免费注册使其到年底时用户数超过 100 万。2005 在获得 Accel Partners 的 1270 万美元风险投资后以 20 万美元购得 facebook.com 域名，2006 年 9 月 11 日 Facebook 对所有互联网用户开放。当 Facebook 获得了用户基础之后，一方面不断开发新的产品来留住和吸引更多用户，如用于留言的墙（The Wall）、朋友之间互送"礼物"（Gift）、让用户向他们的朋友和 Facebook 社区显示他们现在在哪里及什么的状态（Status）以及"捅（Poke）"等；另一方面不断开发市场，通过开放平台 Application 的应用使 Facebook 用户可以免费发布如卖二手货、租房、工作等方面的广告，供求两方均可发布，通过推出 Facebook 开放平台使第三方软件开发者可以开发与 Facebook 核心功能集成的应用程序，如顶级朋友：涂鸦板、我喜欢、"标签"等。目前，Facebook 开放平台有超过 50 万个活跃应用，其中超过 250 个应用拥有 100 万以上的活跃用户，这些骄人的数据都能够清晰地表明 Facebook 开放平台的成功。当然，Facebook 的成功源于其基于服务的价值主张，即为满足顾客的需求提供多样化的服务，客户与企业共同创造价值。一方面，Facebook 把用户放在中心位置，为了增强用户的体验，把网站功能交付给成千上万的开发员，并且让用户自行决定使用哪些功能，吸引更多的用户。另一方面，利用这些数以亿计的客户资源，通过像 Ad Knowledge 和 Social Media 等应用平台为企业提供专业化的应用数据服务和社交网络广告投放咨询服务，向已存在的实体社区提供辅助的网络在线服务，通过限制用户注册来保证实体社区和在线服务之间的协调和信任从而创建理想的在线服务，集合一系列被渗透的微社区吸引广告机会，通过用户群和广告商建立强大的品牌效应，公开页面源代码让各种类型的互联网内容提供商开发出嵌入 Facebook 用户页面的内容提供工具（Apps）供用户自行选择等，从中赚取利润。未来 Facebook 的用户将在自己的主页里满足交友、娱乐、工作的全套信息与体验需求，这很类似于传统零售行业的变革——从更早的专业商店向一站式购物的百货商场过渡。总之，Facebook 通过互联网聚合的空间将存在无数差异化的需求，为众多提供不同服务的企业公司提供新的生存空间的同时，也创造了自己的利润空间。

2. 追求价值网络中的中心企业地位——以利丰集团为例

按照传统的商品主导逻辑，企业需要沿着其所在价值链的特定片断集中发展规模和专长，根据自己的价值贡献在全球价值链上获得利益分配。基于此，企业为了获得更多附加值，争取市场竞争地位，往往会通过在低附加价值环节中累积充足的经验和能力之后经过不断创新进取逐步向"微笑曲线"两端逐步升级，即主张全球价值链上的企业只有处在价值链的高端环节（微笑曲线两端的环节）才能获得更多的利益分配。但随着技术创新节奏的加快，由于顾客需求增加、国际互联网冲击以及市场高度竞争，企业改变了业务设计，将传统供应链变为价值网（Adrianslywotzky，1998），不仅价值增值的环节不断增多，且企业的边界将变得越来越模糊，价值和利润频繁地在产业价值链中移动，今天价值链中最赚钱的环节也许明天就陷入困境，再加上价值链会发生断裂、压缩和重新整合，简单地按照各环节的贡献来分配利益往往会出现矛盾和冲突。

而按照服务主导逻辑，商业模式的价值创造以及利益分配形式已发生改变，所有参与者都是资源整合者，共同创造价值并获得利益分配。这样，不仅行业的边界消失了，而且企业内部价值活动和企业外部价值活动也紧密结合在一起。整个世界市场是以产品需求者（或顾客）为核心的价值创造体系，无论是商品还是服务品（Services）都是间接和直接提供服务的一种工具（Vargo，Lusch，2008），是服务价值网络中的服务流（Parry，Smith，Maull，Briscoe，2012）。且服务价值网络中任何一个节点的壮大都有可能成为中心企业，中心企业再通过管理网络和设计网络来实现架构控制，从而在整个服务价值网络中创造价值和提升价值占有比例。因此，设计一个独特联系的价值网络会给企业带来难以模仿的竞争优势，成为这一服务价值网络中的中心企业就成为商业模式创新的路径之一，如利丰集团从代购代理向整体供应链管理者的演变。

利丰集团在成立初期，充当的是供应商和客户之间的中介角色。仅仅只是根据客户的要求去寻找合适的供应商，起到一个信息中介的作用，并从中收取佣金。随着贸易公司之间的竞争越来越激烈，仅仅靠提供市场信息越来越难以生存，C & A 事件的发生使利丰不得不推动商业模式的转型。于是，在激烈的竞争迫使欧美的经销商和零售商开始从东南亚寻求低成本的供应商的背景下，利丰顺应环境的变化，开始扮演地区性采购代理的角色，但这一方式并没有给利丰带来丰厚的利润。于是，利丰开始追求新的商业模式变革，寻求成为无边界生产的计划管理者和实施者，根据客户需求制订一个完整的生产计划，并对工厂的生产进行规定和控制，以确保质量和及时交付。在无边界生产的基础上，以信息技术和网络技术为核心的第三次产业革命推动利丰又向前迈进一步，发展出虚拟生产模式，即利丰本身并不从事生产活动，而是关注设计、原材料采购、样品制作、生产监控、物流与航运、进出口安排等。在虚拟生产模式的基础上，为了使整条供应链的运作更加合理与顺畅，利丰继续开发更全面的供应链服务。即在整体供应链的规划上，利丰会对整条供应链进行分解，对每个环节进行分析与计划，力求不断优化供应链的运作。至此，利丰从一个周边服务提供者演变成为全球供应链经理人，即全球服务价值网中的中心企业，对来自欧美客户的每一份货品订单，在全球范围内进行供应链的优化配置，从而创造出一条最有效益的供应链，为客户提供具成本竞争力的产品，并从中赚取最大的边际利润。总之，利丰之所以能够从边缘走到中心，可以归结为其价值主张从商品主导逻辑向服务主导逻辑的转变。利丰在服务主导逻辑的指导下，先是构建服务主导导向组织——供应链服务商，使公司将竞争优势的来源从企业个体层面向网络层面聚焦，将业务范围从中介扩大到整个供应链；然后根据服务主导逻辑提出的去物质化（服务化）价值主张——聚核—扩网，推动利丰商业模式涵盖的业务环节越来越丰富、网络越来越大，成为供应链管理者。并在以信息技术和网络技术为重要特征的第三次产业革命的推动下，其网络中心地位越来越巩固，最后成为整体供应链的管理者，在整个服务价值网络中处于中心地位。

3. 整合解决方案提供——以苹果公司为例

按照传统商品主导逻辑理论，企业很自然地成为经济生活中的主导角色，独自整合各种资源来决定价值创造，进而企业成为唯一的价值创造者，而顾客仅仅是价值的消费者或毁灭者（刘林青、雷昊、谭力文，2010）。因此，在商品主导逻辑下，较偏重于以单个企业的观点来分析价值活动，商品和服务品在价值链上处于不同的价值创造环节，但由于业务市场分割，处于价值链不同环节的企业之间的关系非常松散，即使能够形成合作关系也是不稳定的。但信息技术和互联网的发展不仅使分布在不同时间和空间的顾客的交流和交换需求得以实现，顾客可借助信息技术和网络掌握大量的信息而获得选择主动权，企业也可借助技术使顾客参与到产品设计、生产、销售的全过程，企业和顾客在价值创造过程中实现互动，顾客由单纯的需求满足者向价值创造者转变。而且，随着顾客需求越来越趋向个性化，企业要充分了解客户信息，与客户一起精心订做符合其个性化口味的解决方案，而这一解决方案的实现可能需要纵向关联企业或使用集成技术创造价值。因此，商品主导逻辑的相关理念已无法满足现实市场发展的需要。

而按照服务主导逻辑，企业和顾客共同合作来为顾客创造使用价值（Gronroos，2011），且供应商、雇员和股票持有者和其他网络伙伴也都参与到价值创造中（Normann，Ramirez，1993）。企业主要任务是重新配置服务价值网络中行动者的角色和关系，经由新的角色以新的协同关系再创价值（罗珉，2006）。因此，以客户为中心提供一个整体最佳解决方案满足客户现有的或潜在的需求就成为商业模式创新的路径之一，如苹果公司从电子产品生产商向数字生活解决方案提供商的转变。

起家于电脑组装的苹果公司，最开始也是将焦点放在个人电脑上。但与当时的个人电脑大咖 IBM 公司仅关注产品性能不同，苹果公司创始人乔布斯坚信个人电脑应该是根据使用者的体验对产品进行艺术般的设计和简单易用，苹果公司天生就拥有的优质"服务"基因使其曾经辉煌一时。尽管苹果公司将客户需求放在中心位置，但其坚持独自开发硬件和软件的封闭业务模式难以抵御 Wintel 联盟的价格进攻，逐渐沦为对图形、设计方面有专业需求的利基品牌。20 世纪 90 年代末期乔布斯重返苹果之后，虽然技术上 iMac 并没有突破性的创新，但公司开始将客户对艺术时尚的追求这一新的需求融入产品设计中，"i"系列产品的推出使公司重新走上辉煌。不过真正将苹果公司带出低谷走向成功的却是 2001 年推出的 iPod，iPod 和 iTunes 的完美结合表明苹果公司战略已完全从商品主导逻辑转向服务主导逻辑。在服务主导逻辑的引导下，硬件（iPod）和软件（iTunes）不仅成为苹果公司提供服务的重要载体，更成为基础平台将用户、苹果公司和第三方连接起来，构建起价值网络。在这个价值网络中，苹果公司提供"硬件加软件平台"的集成，而软件上的内容和硬件设备的附件产品则由参与服务生态系统的第三方提供，苹果公司承担了看护者的角色，从而开创出一种全新的商业模式——将硬件、软件和服务整合在一起，这样公司与消费者之间不再是一次性交易，而是与顾客的持久性交互，通过交互共同创造价值。在 iPod + iTunes 模式的成功中，苹果看到了基于终端的内容服务市场的巨大潜力，萌生从电子产品生产商向数字生活解决方案提供商转变的意愿。新的应用软件平台 App Store 的诞生以及 10 年"i"系列产品的发展，苹果公司始终坚持提供出众的、很好整合的数字生活解决方案的基本定位，表明苹果公司正试图将数字生活继续深入到视频、游戏、在线出版和在线广告等产业领域。不仅如此，为了强化顾客体验和充分发挥其在价值创造中的作用，苹果公司还不断拓展和提升它的自营零售店，以保持与顾客的亲密接触。与过去的战略不同，苹果公司在坚持整合数字生活解决方案提供商定位的同时，积极构建硬件和软件平台将第三方机构连接起来共同构建价值网络，包括提供存储硬件的三星、提供电子产品代工的富士康、提供附件（如 iCase）的生产商、应用软件开发群体、书籍出版商、通信服务提供商、广告提供商等。随着顾客和第三方机构的不断加入，苹果公司构建的数字生活价值网络的网络效应将会越发显现。

三、小结

基于交换价值的商品主导逻辑认为，企业是价值创造者，而顾客是价值的毁灭者，商品和服务有明确的区分，商品是对财富累积有贡献的关键产出，而服务仅是"次优"产出。而基于使用价值的服务主导逻辑认为，顾客不再是价值的毁灭者，而与企业一起共同创造价值，商品和服务都统一到服务上，企业的战略任务是重新配置服务生态系统中行动者的角色和关系（罗珉，2006）。但是以信息技术和网络技术为特征的第三次技术革命改变了整个企业的生态环境，商品和服务品的明确区分不仅相当困难且成为一种负担（Gum-messon，2008），企业希望通过向顾客提供能满足其需求的服务而实现价值增值，顾客希望企业能根据其需求（使用价值）来提供各种服务。因此，与传统技术分离观相适应的商品主导逻辑显然无法解释当今的一些现象，以信息技术和网络技术为特征的第三次科技革命已使得商品和服务没法进行完全的区分，企业的价值增值实现体现在将两者组合的"解决方案"中。而服务主导逻辑提出的 10 个基础性假设前提（FPs）充分体现"合"的特色（Vargo，Lusch，2008）且关注的是服务流（Chandler，Vargo，2011）。因此，第三次技术革命使得指导企业战略行动的价值理念发生变化，从商品主导逻辑转向服务主导逻辑。

本质上讲，商业模式的核心功能与根本意义在于通过提高交易效率来创造新价值，价值观念的变化必然导致商业模式变革。因此，当技术创新使企业商业逻辑从商品主导转向服务主导时，其必然使企业产生商业模式创新的需求。而按照服务主导逻辑，全球价值链上各环节都是向消费者提供服务的，而且消费者最终接受的服务可能由多个环节共同完成。尤其是在信息技术高速发展和网络技术日趋成熟的背景下，企业的成功已不再仅仅局限于全球价值链上某一环节的不断纵深发展，而是开放平台的构建、整个服务价值网络中网络权力的获取以及整合方案的提供。基于此，本书提出了三个商业模式创新的路径：以 Facebook 为例的平台构建模式、以利丰集团为例的追求价值网络中的中心企业地位模式和以苹果公司为例的整合解决方案提供模式。

第二节　基于服务主导逻辑的技术交易机构商业模式创新

一、服务主导逻辑下的价值创造

商品主导逻辑和服务主导逻辑对价值创造的理解具有很大的差别（见表 6 − 1）。

表6-1　商品主导逻辑与服务主导逻辑的价值创造比较

项目	商品主导逻辑	服务主导逻辑
对产品和服务的理解	有形产品与无形商品（服务）相区别	没有有形产品和服务之分
关注焦点	交换价值	使用价值
企业的作用	价值的创造者	通过互动协助顾客，与顾客共同创造价值，价值创造的支持者
顾客（消费者）的作用	价值的消耗者	价值的创造者，通过互动与企业共同创造价值

资料来源：作者自行整理

　　商品主导逻辑关注的是交换价值，这一主导逻辑认为价值在企业进行产品和服务的研发、生产的过程中实现价值，最终以交换的方法，实现价值和使用价值分离，价值被传递给顾客（如图6-1所示）。在此过程中，顾客不参与任何的价值创造活动，只是价值的消耗者。

图6-1　商品主导逻辑下的价值创造

　　与商品主导逻辑不同，服务主导逻辑认为经济的本质是服务，所有为获得利益而对资源、能力进行使用、整合的过程都是服务，即有形资产和无形资产如服务等并无差异（Vargo，Lusch，2008）。服务主导逻辑关注使用价值，认为价值在顾客对产品和服务使用过程中被创造和实现，商品使用价值的实现是其价值实现的途径。因此，占有使用价值并使之实现的顾客才是价值真正的创造者，企业只有通过与顾客的互动，才能与顾客共同创造价值。如图6-2所示，在服务主导逻辑下的价值共创过程中，企业和顾客同时活动。顾客作为资源的合作生产者通过互动参与产品、服务等资源的生产过程，企业则通过一系列的互动参与到顾客的日常活动当中，与顾客共同创造价值。总之，互动不仅为企业提供了与顾客进行价值共创的机会，且使供需双方的活动得以在互动过程中进行整合。如果企业与顾客间没有互动，就不可能共同创造价值（Gronroos，Ravald，2011）。服务主导逻辑下价值共创过程中的资源（包括各种产品、服务、信息）的生产只是价值共创的中间结果，并没有创造任何价值。

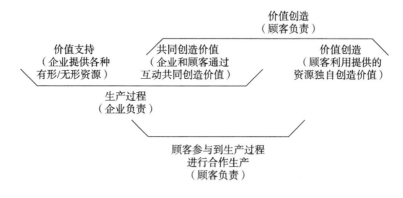

图 6 - 2　服务主导逻辑下的价值创造

总之，在服务主导逻辑下的价值共创过程中，顾客与企业的活动相互关联，互相影响，最终实现在同一个商业过程中共同创造价值，双方在价值共创过程中创造的收益被称为共同生产率收益（Joint Productivity Gain，JPG）

二、基于服务主导逻辑的技术产权交易机构的商业模式的内涵与选择机制

1. 基于服务主导逻辑的技术产权交易机构的商业模式的内涵

在服务主导逻辑下分析技术产权交易机构的商业模式与价值创造，主要关注服务如何在商业模式的运行中发挥作用，引导商业模式实现价值创造。技术产权交易机构商业模式的核心是服务，围绕技术产权的一系列操作性资源是该模式提供服务的根源，技术产权交易机构这一商业模式的运行目标是实现价值创造。技术产权交易机构的商业模式在运行中，围绕"服务""可操作性资源"和"价值实现"把平台的运行分为三个层次。第一层即价值主张。价值主张强调价值的实现，这是构建商业模式最基本也是最为核心的要素。技术产权交易机构的各种商业模式均以提供服务实现价值，这是其价值主张

的实现路径。第二层是服务根源与服务过程。依据服务主导逻辑，服务是价值的重要来源；而服务过程则集中体现了服务主导逻辑下服务创造价值的方式，即在商品生产交换的各个环节以服务为加成，增加商品价值。技术产权交易机构的各种商业模式均能体现这一特征。技术产权交易机构以不同商业模式设计为技术产权提供方和需求方在交易的各个环节提供服务，促进交易实现，最终获得价值。第三层是价值形成。价值形成强调了服务主导逻辑下的新的商业模式范式。技术产权交易机构的各类典型的商业范式均集中体现服务的价值，是以成为服务主导逻辑下新的商业范式。技术产权交易机构的商业模式不仅仅是提供市场，更重要的是以多种商业模式在保证交易秩序、促成交易有效进行等多个角度提供服务，服务对象延伸到了服务提供方、技术需求方乃至交易中间商等众多环节，是全方位、多环节提供服务的典型商业模式。基于服务主导逻辑的基本前提和重要概念对技术产权交易机构的商业模式内涵进行分析（见表6-2）。这种基于服务主导逻辑的十个基本前提与三个层次的分析为进一步理解技术产权交易模式的价值创新与结构设计提供了重要的基础。

表6-2　基于服务主导逻辑的技术产权交易机构商业模式内涵

属性	服务主导逻辑	技术产权交易机构商业模式的内涵
价值驱动	使用价值	为技术产权交易双方（技术产权创造方与技术需求方）提供服务支持
价值创造者	企业和顾客（为主）、合作伙伴及利益相关者（为辅）等其他网络伙伴	技术产权交易机构、技术产权拥有者、技术产权需求方（投资者）、服务提供商
价值目的	充分利用操作性资源来提高价值网络系统的可持续性和适应性	技术产权拥有者：通过平台完成技术产权交易、实现技术产权价值、完成企业融资等；技术产权受让方：参与技术创新活动、获得最新专利技术、实现对新技术的投资；平台：为技术产权交易项目中各方提供公共服务平台；服务提供商：帮助技术产权交易的顺利完成提供各类服务，并从中获利

续表

属性	服务主导逻辑	技术产权交易机构商业模式的内涵
所用资源	知识、技能、经验等操作性资源	技术创新团队创新、平台资源、技术受让方资金、专业辨识能力等
价值创造场景	顾客自我服务消费过程	技术产权交易方与受让方、平台、服务提供商在平台上一系列活动的价值流动过程
价值创造过程	企业提出价值主张，顾客使用资源和企业及其他网络伙伴共同创造价值	平台提供价值主张，通过操作性资源与技术产权交易双方、服务提供商共创价值
产品作用	向顾客提供服务的载体、价值传递的媒介	向技术产权受让方提供服务的载体，价值传递的媒介
企业的作用	提出价值主张、提供资源、创建互动平台以及激励顾客进行价值共创	连接技术产权交易的双方，为技术产权交易涉及的各类服务提供商之间的协作提供平台支持
顾客的作用	整合企业资源、其他社会资源以及个人知识、技能、经验来共创价值，并参与企业的生产过程	参与到技术产权交易过程的分享、讨论、反馈、投资过程及技术产权后续开发、创新与运用的全过程中
企业和顾客的关系	资源生产、价值创造的合作者	价值创造的合作者

2. 基于服务主导逻辑的技术产权交易机构的商业模式创新的原因

（1）为新技术由科学价值向经济价值转换的实现提供服务解决方案和服务平台。

在服务主导逻辑中，所有经济都是服务经济。技术产权交易机构提供服务，为技术创新方提供新技术（如专利）等价值实现的商业模式；同时为需要新技术补充生产的企业提供利于相关技术产权的集中的商业模式。此外，技术产权交易机构的商业模式在实际中注意信息集散、价值评估等服务的引入，进一步为技术产权交易双方提供专业服务帮助，使得相关的产权交易活动能够顺利开展。这种模式很好地解决了技术研发活动的主导者特别是小型企业、创业团队等的资金及用户问题，从而使新技术更好地向潜在需求者、投资方进行展示，帮助企业筹融资活动的开展，解决了非专业创新企业生产经营中对新技术的需求。

技术产权交易的全过程包含技术创新研发、新技术产权确认、资质审核、技术产权发布、推广，到技术受让方对新技术进行考核以及技术产权成功转让等多个环节。在这一系列过程中，技术产权交易机构本身并不提供任何商品。技术产权出让方所提供的标的物——新技术，在整个交易过程中也只是传递服务价值的载体。技术产权交易机构所进行的活动都是给技术产权交易双方提供服务，以帮助双方的技术产权交易能够最终实现。这一系列服务我们可以定义为由技术产权交易机构提供的各种技术产权交易服务的组合，在这一过程中，服务构成了价值创造和增值的主要要素。基于服务主导逻辑，我们认为技术产权交易机构商业模式的核心是为新技术由科学价值向经济价值转换的实现提供服务解决方案和服务平台。只要满足这一核心的商业模式，均可以成为技术产权交易机构的具体设计模式。

（2）作为新技术的价值载体使技术创新的价值得到实现。

在服务主导逻辑中，对象性资源指作为活动或者操作对象的资源；操作性资源指对对象性资源或其他操作性资源施加作用的资源，包括知识与技能等。操作性资源具有可扩展、再利用、可更新与可创造的性质，是服务竞争优势的根源。服务主导逻辑认为顾客在价值创造中扮演主导作用的角色。在技术产权交易机构中，技术产权交易的参与双方事实上成为技术产权交易机构的顾客，也是技术产权交易机构价值创造的主体。

技术产权交易机构的出现使新技术的研发方的价值实现更为便利。作为技术产权的拥有方，实现技术本身的经济价值是其研发创造活动的重要目标，经济价值的实现可以直接为新的技术创新活动开展提供资金支持，同时有助于激励创新活动的参与者更为积极地投身技术的研发创新中。但是技术创新所得即新技术（如专利发明等）往往具有较高的知识专用性，对其价值的识别需要专业知识的帮助。同时技术产权具有较高的正外部性，模仿甚至侵权的存在使得技术产权的价值实现需要更多的专业保护。技术产权交易机构的出现提供了相应的服务，促进了技术产权研发方创新价值的实现。技术研发方在平台上发起，在与受让方的讨论过程中，技术研发可以发现市场需求，对现有研发成果进行改进，甚至可以与技术产权受让方进行互动，双方的交易黏性增加。两者通过技术产权这一载体实现价值的创造。

技术产权交易机构的出现同样有助于技术产权受让方的价值。一方面有助于技术产权受让方接收到新技术的信息，为其甄选有价值的新技术产权购入。同时，技术受让方的个性化需求也可以借助交易机构得到一定程度的满足。技术受让方通过技术产权交易机构发布其所需技术要求，具有相关能力的技术研发方主动提供相应的服务。这一过程节约了双方的寻找成本，加速了技术产权交易的实现。技术产权交易机构用户的价值得以实现。另外，技术产权交易机构与第三方服务提供商为技术产权交易项目提供服务，从项目的发起、项目文案策划宣传、产品运营、筹融资服务等多角度提供全面有效的服务，促进了价值的创造。对于技术产权交易，技术作为对象性资源，是提供服务的载体，也是向技术产权受让方传递价值的媒介。技术产权交易的操作性资源，除了平台技术革新、群体智慧等要素外，还包括平台顾客、技术产权交易机构以及平台上服务提供商之间进行的价值活动以及围绕这一价值活动进行模式创新的能力。总体来看，技术产权交易机构的价值创造过程中，要求商业模式作为新技术的价值载体出现，突出新技术的特色，满足技术产权交易双方的需求以最大化技术产权转让的利益。只要技术产权交易机构的商业模式设计能够使得技术创新的价值得到实现，促进创新价值的实现，就是在服务主导逻辑下真正实现了价值创造的商业模式，也就是技术产权交易机构可以选择的商业模式。

（3）组成技术产权交易的服务生态圈而实现共同创造价值。

在服务主导逻辑中，服务是价值活动的基础。技术产权交易的服务使价值得以创造。技术产权交易机构提供服务的过程是价值创造与实现的全过程。根据商业模式的实现层次，我们把技术产权交易价值创造过程分为价值定位、价值创造、价值传递和价值实现。纵观技术产权交易的全过程，不难发现技术产权交易机构的服务过程就是价值的创新和实现过程，是通过以下四个环节实现的。

第一，在服务主导逻辑中，生产者不能单独创造并传递价值。技术产权拥有方在技术产权交易机构中发起技术产权交易项目，开始了以技术产权为载体的服务创造价值的过程。技术产权本身作为对象性资源，是服务与价值的载体。一旦该项技术产权项目转让提交审核，就会在经过机构的筛选、加工、组织并审核通过后进行展示。技术创新团队创造新技术承载的价值经过技术交易机构的初步加工输入到这一服务逻辑为导向的价值创造过程中。

第二，技术产权在技术产权机构进行展示的过程中，根据技术产权交易机构具体商业模式的战略管理流程、经营流程等，技术产权将得到不断优化。技术产权交易机构承担了汇总信息、展示信息的窗口作用，同时也担负着技术产权经济价值实现、新技术研发方筹资的渠道重任。此外技术产权交易机构还汇聚了技术产权受让方在平台上活动的行为信息。利用技术产权交易机构掌握的受让方活动信息，通过日益发展的网络搜索、数据挖掘等行为，对技术产权受让方这一类用户的行为进行分析，可以发掘新技术潜在的受让方，从而有针对性地对项目进行推广，提高技术产权交易的成功率，增加新技术产出实现和价值实现的转化率。这样，技术产权所承载的价值在技术产权交易相关信息传递的过程中得到进一步提高。技术创新团队创造新技术承载的价值经过技术交易机构的展示和匹配信息搜索，实现了在服务主导逻辑下的价值加成。

第三，新技术在技术产权交易机构中进行推广，在提供最新的一手信息的同时，与这一新技术相关的服务提供商、技术提供商、生产商广泛合作。这一以技术产权交易机构为媒介的行动围绕一项技术产权形成了服务价值网络。这种服务价值网络的形成为新技术注入了新的信息、服务等多种价值。技术产权交易项目在技术产权交易结构借助其商业模式形成的服务价值网络中实现了价值的第三次增值。

第四，技术产权在产权交易机构具体商业模式实现的所有活动，都是围绕技术产权交易双方而展开的，更主要的是围绕技术产权交易的受让方展开的。通过产权交易机构的信息披露以及提供更多的服务，技术产权受让方事实上参与了该项技术价值增值的一系列活动，并在这一过程中得到感知和体验。如技术受让方的项目团队在这一过程中可以得到新技术转化后产品的市场需求的验证、投资者的意见反馈等，更好地了解该项技术，有助于技术产权价值的形成与实现。同时，技术产权交易机构的知名度、人气也伴随着更多技术产权转移服务的提供，更多技术产权交易双方利用技术产权交易机构参与活动、技术产权交易项目的成功实现而不断提高，依托于机构提供各类相关服务的服务提供商也不断从中受益。因此，由技术产权需求方（技术产权受让方）、技术研发活动方（技术产权出让方）、技术产权交易机构和服务提供商一起组成了技术产权交易的服务生态圈，共同创造价值。技术产权交易机构的商业模式是其中的关键，有效的商业模式可帮助技术产权交易项目更快地实现价值，最终实现服务主导逻辑下以技术产权为价值承载的价值创造到价值增值的全过程。

（4）产业链价值协同创新实现价值创新。

在服务主导逻辑中，价值是企业与顾客共同创造的，这正是"社会化协同创新"理念的一种表现。技术产权交易机构不同的商业模式均存在由技术产权需求方、技术创新团队、技术产权交易机构和服务提供商一起组成的服务生态圈或生态系统。技术创新活动是一种高风险活动，而技术产权交易作为技术产权价值实现的一个有效途径，其价值创新具有自身特征。技术产权交易机构的商业模式不仅助推了以传统的风险投资等为具体途径的、主要基于风险投资人与企业之间的价值创新；技术产权交易机构不同的商业模式也都有助于技术产权交易双方与机构之间的价值创新、技术产权交易产业链价值协同创新等的实现。按照技术产权交易的不同种类，我们可以将技术产权交易顾客与机构之间的价值创新分为以下三种。与之相对应，不同的交易种类也有不同的交易机构商业模式相匹配。

第一是共享式创新。这类价值创新主要针对公益性技术产权交易或文化传媒类技术产权交易，技术产权交易机构不追求自身价值最大化，而是按照服务主导逻辑的价值形成这一逻辑层次，与技术产权交易的参与者创造与分享价值。由于项目的特殊性，人人都是技术产权交易项目的参与者。这类产权交易的作用在于最大化技术产权交易的参与对象，提高项目的精准推广度及大众参与度，以保证公益性技术产权交易对象的正外部性得到最大化发挥，最终实现项目的更大化受益。因此，技术产权交易机构需要在某一垂直领域的服务做到极致，使得这一类公益性技术创新或文化传媒类技术产权交易的项目出让方或者交易方只要提及有关项目，就会在第一时间联想到这个交易机构，形成强大的用户黏性。一体化与专业化相结合的商业模式与这类交易类型及价值协同创作模式更为匹配。

第二是排他型创新。这类价值创新主要针对产品技术产权交易，由于其具备一定的门槛或者专利门槛，从而形成一定的排他性。这类技术产权交易项目在交易机构的帮助下，技术创新团队获得资金以支持进一步的研发创新，而交易机构则通过信息搜寻、匹配等获得该技术的潜在需求方。在完成初次的技术产权交易后，协调双方需求，鼓励技术产权受让方与技术产权需求方保持进一步的联系，根据受让方的深层次要求鼓励技术创新团队继续深挖掘、细创新，并鼓励技术产权交易的双方保持进一步的互动，最终形成长期的、多项目的基于技术转让的价值实现与技术转移链条。同时利用自身信息，在技术创新团队相类似创新项目从发起到筹资完成过程中对项目的进度进行规划，并将机构搜集到的数据与技术创新团队适度共享，帮助技术创新团队实现优化，在技术产权交易成功后迅速推广到市场，形成竞争优势。这类技术产权转移中，项目交易机构需要纵向与横向的多重信息搜索能力，并且需要与技术创新团队和技术产权受让方积极沟通，帮助双方实现合作与互动，最终帮助排他型创新实现价值最大化。专业化的商业模式设计与这类交易更为匹配。

第三是投资型创新。这类价值创新主要针对股权技术产权交易，股权技术产权交易可以实现初创企业的融资，技术产权以股权形式进行交易筹集得到的资金满足了这一试错的过程。当下，股权技术产权交易借助互联网技术特有的优势，增加了技术产权交易双方的信息交换，减少了信息的不对称及信息获取成本，从而达到提高投资效率、扩大投资渠道、降低投资门槛的目的。这类技术产权交易机构拥有技术产权交易双方、交易标的产品以及过往相关或类似交易的信息，如技术产权交易项目本身的详细信息，技术创新团队的成员信息、技术创新团队过往技术创新及产权交易信息、类似技术产权交易的相关信息、技术产权受让方作为投资者的投资偏好信息及技术产权交易机构的浏览信息等，这些信息是产权交易机构所掌握的重要资源，通过数据挖掘与商业智能，对这些数据进行深度挖掘和分析，就可发现技术产权交易双方的交易习惯、技术产权受让方的投资兴趣、技术产权研发方的研发效率等有价值的信息。以这类信息为基础，通过技术产权交易机构团队的专业化运作，为对技术产权股权交易项目进行针对性推广、对项目风险进行控制等提供有效的决策依据。技术产权交易机构掌握信息，事实上为此类股权交易提供了基于信息服务的价值加成帮助，提升了技术产权的附加价值。这类价值实现方式要求与信息集成化和高效化的商业模式进行匹配。

3. 基于服务主导逻辑的技术产权交易机构的商业模式选择机制模型构建

（1）技术产权交易机构商业模式服务价值的模型构建。

以技术产权交易服务流程为基础，结合技术产权交易活动的参与对象，我们提出一个技术产权交易机构商业模式的服务价值模型，如图 6 - 3 所示。这一模型不仅有助于从整体上认识和把握技术产权交易机构商业模式的服务结构、组成要素和关系特征，还进一步为技术产权交易机构商业模式下价值创造提供了逻辑基础。这一服务价值模型以服务流程为基础，以技术产权交易项目为对象性资源，以平台顾客（技术产权交易双方）、技术产权交易机构、服务提供商之间进行的价值活动为操作性资源，服务价值在技术产权交易的参与对象中传递，在技术产权交易项目的发起、筹资、讨论和完成的过程中得到增长。

（2）基于服务主导逻辑的技术产权交易价值协同创新模型。

基于上述分析，我们构建了一个基于服务主导逻辑的技术产权交易的价值协同创新模型，如图 6 - 4 所示。

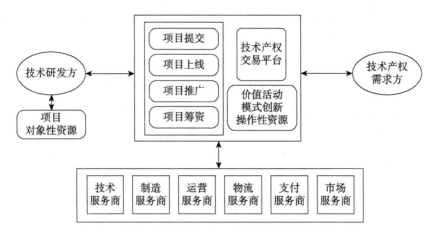

图6-3 服务主导逻辑下的技术产权交易机构商业模式

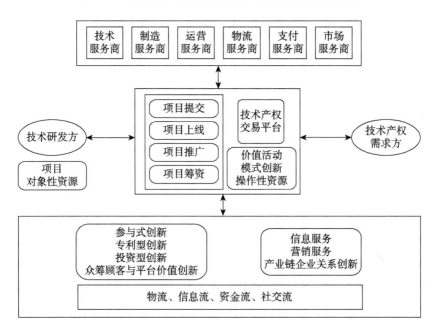

图6-4 技术产权交易机构与价值共创

基于服务主导逻辑构建技术产权交易价值协同创新模型并加以分析，得到以下重要结论。第一，以技术产权交易项目为对象性资源，以服务为价值创造的核心资源，技术产权交易机构实现价值的创造与整合。第二，以技术产权交易基本流程为支持，完善机构商业模式设计，突出不同商业模式特色，完善的运营流程是所有商业模式实现落地运营的关键所在。第三，将技术产权交易各方相互的信息流以及与服务商交流的信息流作为技术产权交易价值链的重要组成部分。将信息作为价值创造的重要组成部分参与技术产权交易机构运转，成为技术产权交易机构价值创造与协同创新的重要组成部分。第四，把价值创新逻辑框架中的技术产权交易的顾客与平台价值创新、技术产权交易产业链价值创新以及技术产权交易产业链企业关系创新具体化。以技术产权交易机构为依托，联系多重创新关系形成基于服务主导逻辑的价值创新网络。以网络中各节点间相互关系为联动，推动网络全面发展，最终以帮助技术产权交易机构为发端，以技术产权为载体，推动服务主导逻辑下的价值创造与实现。

三、基于服务主导逻辑的技术产权交易机构商业模式选择的动力机制

1. 技术产权交易机构商业模式有助于技术转移和成果转化规模与效能同步提升

初步形成资源集聚共享、要素流通配置的良好局面。技术产权交易与其他要素市场深度融合，技术转移和成果转化支撑我国重大发展战略和产业发展需求的能力显著提升。技术转移和成果转化更为活跃，商业模式提升进一步活跃技术产权交易，鼓励技术产权交易机构交易规模、活跃度和成果转化率的同步提升。

2. 技术产权交易机构商业模式有助于技术转移服务机构与服务业态快速发展

区域性、行业性技术转移机构和组织快速发展，技术产权交易机构商业模式推进技术转移和成果转化服务机构专业化、市场化服务能力提升。商业模式优化升级有助于我国技术产权交易机构间及机构与企业和国际技术转移组织之间交流合作的深化。

3. 技术产权交易机构商业模式选择有助于技术产权交易环境优化

技术产权交易机构顶层设计逐步完善，制度规范商业模式选择，商业模式完善直接优化技术产权交易环境。生产要素市场化配置改革逐步深化，促进技术转移和成果转化配套政策有效落实，各类创新要素自由流动和有效配置，资本在技术转移和成果转化中发挥关键作用。技术产权交易监督管理机制更加优化，人才培养制度逐步完善，技术合同管理制度进一步强化，技术转移和成果转化服务规范发展。

四、我国技术产权交易机构的商业模式

（一）我国技术产权交易机构商业模式发展现状

为进一步发挥科技创新成果的经济社会效益，国家对技术产权交易机构的建设越来越重视。2006 年在《国家专利技术交易展示平台计划》实施背景下，我国搭建起一批服务于专利技术转移交易的国家级平台。截止到 2016 年底，已经在全国 26 个省市先后建立了 41 家国家专利技术展示交易中心，构建起全国专利交易的服务体系。全国共有技术产权交易机构一千余家，在加速技术成果的产业化上发挥了重要的对接作用。随着不同类型的技术产权交易机构的建成与投入使用，我国技术产权交易机构发展逐步形成了规模化、体系化的特征。

技术产权交易机构模式可以分为多种类型。不同的分类方法下，各个技术交易机构的运行规律与特征不同。常用的分类方法有以下几种。按照机构的商业模式进行划分，可分为挂靠在政府管理部门下的非营利性机构和以营利性为目标的交易机构。商业模式进一步细分则有全面服务、战略联盟、疑难解决、需求导向、公益性等多种商业模式。按照机构的发展模式和方向进行划分，可分为国家级综合性平台、地方性平台以及专业型平台。按照平台的主导方进行分类，可划分为政府主导型和非政府主导型两类平台（见表 6-3）。

表6-3 我国技术产权交易机构的分类

类别	内涵	平台代表
政府主导型（公益性、非营利性商业模式）	以政府为主导打造组建的，采取同专业方协同合作的形式为交易主体提供综合化服务	中技所、北京技术交易所、上海知识产权交易中心、江苏省技术产权交易市场、浙江网上技术市场、沈阳技术市场
非政府主导型	主要是以企业为主导建设的上下联动的平台，兼具多种商业模式的综合模式平台	汇桔网、中国应用技术网、中国知识产权经营网、赢手网

综上可知，我国技术产权交易机构经过近些年的不断发展探索已经初具规模，发展态势迅猛。全国范围内的实体交易机构发展趋于成熟和完善，各类网上交易机构呈现出火热的发展态势，在科技创新链条中发挥着重要的作用。

（二）我国技术产权交易机构商业模式存在的问题

1. 服务能力有限

我国技术产权交易机构建设起步较晚，发展过程中具有"摸着石头过河"的特征，虽然有其他西方发达国家的产权交易机构为例子，但是考虑到我国的现状，这些例子往往无法提供全面的借鉴意义。总体看，全国技术产权交易机构的成长普遍缺乏标准规范和有力的政策支撑。除了个别全国性的大型交易机构，绝大多数的机构规模都较小，服务领域和水平十分有限。技术产权交易机构所能提供的服务内容多数比较单一，主要功能还局限于初级的技术项目信息发布以及简单的技术产品展示。缺乏以服务加成于技术产权这一载体，无法增加其价值的服务能力和意识。同时，机构有限的规模限制了机构的信息搜寻能力，提供的信息零散。许多机构搜集和发布的技术产权交易信息存在内容重复率高、时效性低等问题，信息附加值低，难以实现供需双方的有效对接，极大地阻碍了技术产权交易的顺利进行。此外，机构建设雷同问题也不容忽视。许多机构在发展之初忽略了对机构所处地区与产业结构的结合，没有明确定位机构交易主导方向，忽视了自身特色的建设，盲目追求服务职能的大而全，竞争力不强，运行效果不甚理想。虽然一体化服务是许多技术产权交易机构商业模式的目标，但是国内缺乏发展经验，相关配套实施、服务、人才较为匮乏，严重限制了技术产权交易机构的一体化发展。同时许多技术产权交易机构忽视专业化建设，使得某些特定种类技术产权交易的难度、成本都居高不下；也导致机构发展质量不高，服务能力提升缓慢，进一步阻碍了技术产权交易机构的发展。

2. 缺乏主动服务意识

在服务主导逻辑下，主动提供服务是价值创造与实现的重要方式。然而我国大多数技术产权交易机构并不具有主动服务的意识，机构运作方式仍停留在"有求必应"的被动响应模式下。在这种模式下技术产权交易机构运行缺乏主动性，缺乏与技术产权交易需求方和提供方的沟通，无法起到连接交易双方的作用。技术产权交易机构主动服务能力的欠缺导致技术产权交易机构没能主动为交易双方提供高附加值的增值服务，仍然局限于普通的信息集散和沟通咨询。技术产权交易机构难以实现服务主导逻辑下的价值共创与协同创新。

简言之，我国技术产权交易机构目前的商业模式较为落后，不足以适应服务主导逻辑下价值创造与协同创新的要求。技术产权交易机构定位模糊，并未准确意识到机构提供服务的价值，服务意识淡漠。同时在提供服务的过程中，也忽视了服务的价值，未能将自身定位为以服务创造价值的机构，而是简单以技术产权供给为推动，满足于粗糙的信息交流活动。因此，技术产权交易机构以技术创新为载体，在服务主导逻辑下实现价值创造与协同创新十分困难。

3. 未能实现全程服务

一项技术要实现自身的产业化和商业化应用所要历经的周期长和环节多，需要交易机构提供包括后续技术评估、融资等在内的全方位和全流程的监督和服务。科技成果价值的实现必须经过"创意—实验室小试—中试—产业化"四个阶段。目前我国的技术产权交易机构大部分均只提供某一环节的服务，服务提供多集中于产业化阶段。缺少对技术创新前期的服务支持与环节跟进，导致技术产权交易机构的信息不完备，难以利用机构形成完整的创新价值链。技术产权交易全程服务可以更好地利用服务创造价值增加，实现价值共创。技术产权交易全程服务有助于产权交易双方保持联系，保证技术创新与需求相匹配，降低行业搜寻成本。同时在技术产权创新的各个环节都提供不同的服务，事实上全程服务商业模式或全面服务商业模式意味着同一个技术产权交易机构提供了多次、多方位的服务，有助于技术创新价值实现的同时，也帮助了技术产权交易机构在服务主导逻辑下实现多次价值增值，有助于产权交易机构自身价值的提升。

4. 条块分割、自成一体

技术是一种要素资源，要素资源流动的最大特点就是跨行业、跨区域。但我国技术产权交易却存在较为严重的区域分割现象。在国家政策层面的大力推动下，我国虽然建立起了各个层次的机构，但它们彼此封闭、相互独立、自成一体，隶属不同地区，各省各地区间尚缺乏统一的技术产权交易机构规范和标准，客观上也阻碍了不同地区之间技术产权流动。一些省（市）为了保证本省（市）的技术供给，规定了国有企业等的技术产权交易必须在省（市）内完成，进一步限制了技术产权的跨省区交易。总之，我国的技术产权交易机构由于缺乏高效的业务协调机制和沟通合作机制，加之人为设立壁垒的阻碍，各个平台无法实现跨区域的资源共享、信息互动和服务联动，存在资源重复建设和信息孤岛的现象。而这种空间和行业分割阻碍了不同行业不同地区协同创新发展与技术创新价值的实现。以技术产权交易机构为载体实现正常的交换、交易功能被削弱，机构的信息提供能力同样受到影响。在分割化、条块化的情况下，技术产权交易机构在服务主导逻辑下发展受限，多种服务的开展与推广受限，技术产权交易机构难以完成向高端平台的跃升。

五、基于服务主导逻辑的技术产权交易机构商业模式优化的建议

1. 积极搭建网络交易机构，鼓励综合服务与综合商业模式发展

依托广东经济强省的地位，积极利用现有的网络、平台、信息资源，努

力搭建以技术交易和技术信息整合为拳头功能的网络技术产权交易机构，鼓励全面服务商业模式在我国产权交易机构的推进。

2. 积极搭建新兴产业的技术产权交易机构，鼓励商业模式选择创新

新一代网络信息技术、新能源汽车、工业 4.0、新型材料、生物医药等高新技术产业是未来的发展重点，技术产权交易机构是技术创新活动参与行业结构调整、鼓励新兴行业发展的重要平台。因此，为了更好地帮助我国制造业结构升级与调整，鼓励新兴产业的发展，建设针对性、专业化商业模式的技术产权交易机构显得十分有必要。建立针对性、专业化的新兴产业交易机构可以分为两个不同的途径进行。第一种是依托现有的产权交易机构，在其基础上搭建、细化专门的新兴产业技术产权交易机构，以实现专业化交易的目的。第二种则是将产权交易机构建设与制造业升级同步进行。不同地区根据发展规划，选择引入成熟的技术产权交易机构，围绕本地区的新兴产业发展需求，搭建专门化的技术产权交易机构。两种方式的核心都在于鼓励交易机构选择或逐步转型为专业服务提供商业模式。

3. 深入推进技术产权证券化商业模式的改革试验

产权证券化是产权交易机构未来商业模式的重要发展方向。产权证券化后可以有效地提高交易流动性，同时有助于技术的进一步开发与利用。可以借助深交所、前海交易所的先天优势，积极开展产权证券化商业模式试点。在产权证券化试点改革的过程中，应鼓励产权交易所积极与陆金所、前交所等知名的金融资产交易所合作，利用成熟交易所全面的功能和庞大的交易群体等优势，提高技术产权项目股权的流动性，并促进交易的增加。同时可以尝试参考陆金所推出的债权转让模式盘活投资者投资的债权资产的模式，盘活技术产权项目股权购买方的权益资产，由技术产权交易中心引导设立的基金出质押资金，或者由陆金所平台提供对接资金。最终借助多个平台合力，以成熟模式助推技术产权交易证券化试点，最终带动整体技术产权交易机构的活跃与发展。

4. 推进产权交易机构的企业孵化器功能发展

技术产权交易机构未来发展中，建议参考武汉光谷的商业模式设计，为

中小企业特别是高新技术产业企业的孵化提供服务，丰富技术产权交易机构服务种类，丰富产权交易机构商业模式内涵。创新型中小企业是技术创新的重要参与者，同时也因为规模有限、存续时间短等问题面临着生存困难。为创新型中小企业的发展提供支持，实际上就是为技术产权交易机构提供更为丰富多样的可交易技术产权。另外，多样化的服务提供是服务主导逻辑下，技术产权交易机构转型发展所追求的目标之一。积极提供中小企业的企业孵化器服务，增加了技术产权交易机构的服务种类，延长了技术产权交易机构的服务链条，更有利于服务主导逻辑下的价值共创与协同创新。基于以上考虑，技术产权交易机构应该积极鼓励孵化器功能的发展，为中小创新企业提供更为全面的服务，将服务链条进一步延伸，提升技术产权交易机构的综合服务能力，有助于技术产权交易机构的地位提升与效率增加。

5. 积极与新兴经济平台合作，丰富技术产权交易商业模式

在互联网经济迅速发展的当下，平台经济的影响力越来越大。技术产权交易在接下来的发展中，可以考虑与平台经济相结合，积极发展新的多种类交易类型，创新技术产权交易商业模式。在服务主导逻辑下，各技术产权交易中心可以考虑引入"股权众筹"，并基于此形成可行的操作方案，推进技术产权交易的多模式发展。

第七章　基于服务主导逻辑的中国制造业服务化战略选择

第一节　强化制造业服务化意识

一、强化服务中间投入意识

首先是要让企业意识到消费者对产品的需求已经发生改变,已从原来仅仅关注产品的使用价值转向更注重与产品相关联的各种服务。因此,制造商如果仅将注意力投入产品的质量、性能、价格上,只关注产品本身的完善,已很难完全满足顾客的多样化需求。必须意识到制造商不仅卖产品还卖服务,还要通过提供更多内容更丰富的服务包来满足消费者需求才能达到赢利的目的。而且,当前的环境和资源的约束使得传统制造业高能耗、高污染的发展模式也面临被淘汰的命运,而制造商和顾客之间的合作关系对于减轻制造商的环境压力具有很大的潜力。在制造业中融入更多人力资本和技术资本等生产性服务有利于传统制造业摆脱高能耗、高污染、附加值低的发展模式。因此,为了在新的市场竞争环境下通过差异化取得可持续竞争优势和实现制造业的转型,从企业到国家层面都应加大对研发设计、市场营销等环节的投入,将服务贯穿于产业链的全过程，提升制造企业的国际竞争力水平。

二、强化服务外部化意识

制造业服务化要求制造企业生产的各个环节不断加大服务投入，但制造企业受自身资源和能力的限制，不可能提供所有的服务环节，只能选择自己的优势部分，其他环节通过外包进行资源整合。因此，一方面，要鼓励制造企业将非核心环节外包出去，由相关专业的外包企业提供更为专业的服务，积极发展总承包、总集成，与客户共同合作，提出整体解决方案。如华为通过建立面向通信设备市场集成化的专业服务产品体系和规范的服务产品开发创新体系，支撑其从全球通信设备制造商的赶超者跃升为领先者。另一方面，鼓励有实力的制造企业进行"制造剥离"，将内部产前、产中或产后的服务功能独立出来，向市场提供从技术产品研发、软硬件开发到人员选聘与培训、管理咨询、金融支持、物流服务、市场营销和售后服务等全过程的服务链。如 IBM 放弃其硬件生产商的市场地位，专门向市场提供商业咨询、战略外包、集成技术服务和维护四个层次服务，成为全球最大的"提供硬件、网络和软件服务的整体解决方案供应商"，重新确立其在全球信息通信产业中的领导地位。因此，企业应有意识地进行服务的外部化，政府要对进行服务外部化的制造企业进行鼓励。

三、强化制造业和服务业融合发展意识

一方面，制造业在全球价值链中的"分工锁定"和"路径依赖"使得很多制造企业形成思维惯式，高端增值服务主要由跨国公司制造商或服务商提供，既不需要企业自身提供，也不需要国内服务提供商。另一方面，有些竞争力较强的制造企业考虑到知识外溢的可能性或者"剥离"困难，采取自我服务内置的方式，既不从跨国公司购买高增值服务，也不需要国内服务商提供。再加上一些当地政府从地方财政税收、GDP 增长出发仍然把重点放在制

造业发展上。所有上述事实导致的结果就是，制造业和服务业的发展被割裂开来，许多企业对服务业与制造业融合的重要性认识不足，对融合的规律也不了解，结果就是一些大企业不愿外包服务部门，一些中小企业既不愿购买，也买不起专业化服务，一些地方的专业服务卖不出去，一些地方的专业服务又很难买到专业服务或成本较高，导致整个制造业国际竞争力低下。与此同时，信息技术快速发展和全球价值链的深化又使得服务业与制造业之间呈现出融合互动、相互依存、相生相伴态势，这已成为现代产业发展的重要特征。因此，从制造企业到国家层面都需要丢掉"先发展工业、后发展服务业"的落后思想，改变就制造谈制造、就服务谈服务的落后方式，树立制造与服务融合的发展观来推进制造业服务化。

第二节　增强制造业服务化动力

"微笑曲线"理论告诉我们，加工制造位于产业链附加值曲线的最低端，利润相对微薄。于是，为了在竞争中取胜，企业需将业务向加工制造环节以外的领域拓展，不再局限于研发设计、生产制造和市场营销，而服务化有助于提高生产效率与管理水平而会成为许多企业的选择，这是制造企业服务化的内在原因。但事实上，如果企业被"低端锁定"且还能继续生存或者并没有到不进则退的境况时，很多企业可能会选择固守现状，放弃服务化可能带来的收益。因此，政府、竞争对手和消费者要共同作用，才能驱动制造业向服务化发展。

一、引导竞争倒逼制造业服务化

随着市场竞争的加剧，面对行业内众多的竞争对手，越来越多的企业会意识到，提高产品质量、性能的方式因更新换代、抄袭模仿已经不能完全保证企业获得核心竞争力，吸引消费者赢得市场的战略更需要依靠增加产品特色、优化产业链服务。在此背景下，政府在遵循市场经济的运行规律下，进行适当引导，如采取差异化扶持政策，侧重扶持进行服务化改造的制造企业；设置与服务化特色相适应的评价指标，对"规上"和"规下"企业等评价对象进行区别对待；或者培育制造业服务化标杆企业，让企业意识到当制造业面临竞争压力时，是通过制造业服务化挖掘利润，而不是简单的直接撤离；等等。这些使得越来越多的企业感受到竞争的压力和转型的收益，双重挤压下倒逼制造业进行服务化转型。

二、通过环境管制挤压制造业服务化转型

制造业服务化有利于延长产品的服务时间与提高产品的服务效率，如通过服务帮助客户延长产品的使用寿命、对废旧产品进行回收再利用等，减少了经济过程中对产品产量的依赖，从而减少材料与能源需求，缓解资源输入与污染输出对自然环境的压力，最终作用于生态效率的提高。因此，制造业服务化是有利于制造业绿色化的。但是受当地政府对现有环境污染事件的"暧昧"态度影响，企业进行转型升级的动力并不大。因此，如果制定严厉的环境管制政策，就有可能挤压制造企业进行转型，从而尽快进行制造业服务化。一方面，通过强化制造企业在资源、能源、环保方面的义务，帮助其树立设计开发生态化、生产过程清洁化、资源利用高效化、环境影响最小化理念，推进节能降耗、减排治污，发展资源节约型、环境友好型制造业，引导制造企业自觉进行服务化战略选择。另一方面，通过严格的环境管制约束，运用经济、法律、标准等手段加强行政监督管理，使那些污染重、竞争力差的制造企业面临被迫退出的境遇，刺激它们去寻求创新路经，以便降低生产成本和减少污染。同时，构建系统的转型激励政策、制度环境和舆论氛围，促使制造企业进行服务化转型。

第三节　提升制造业服务化能力

一、培育企业自主创新能力

无论是制造业还是生产性服务业的自主创新能力的提升，都对制造业服务化进程的推进具有不可替代的重要影响。对制造企业来说，可通过加大科技创新资金投入量，建立更加完备的科技创新投入体系，鼓励资本投资制造业创新产品和服务，可为制造企业服务性要素的引入和发挥作用提供强大的创新资金支撑。而制造企业应努力提升自身的技术创新能力，进一步加强科研投入的顶层设计，按照引进、消化、吸收、再创新的技术路径发展。

二、增加生产性服务业的有效供给

制造业服务化是在制造生产过程中投入更多服务要素而产生的结果，因此，生产性服务业的发展水平极大影响了制造业的转型升级。生产性服务业发展水平越高，制造业引入服务性要素的成本相应越低，知识资源、人力资本等无形资本更易引入制造业，制造业价值创造和提升也就更加容易，制造业服务化进程也就更易实现。

三、搭建公共服务平台

随着市场需求从产品导向向产品服务系统转变、高价值环节从制造环节为主向服务环节为主转变、竞争优势从规模化供给能力向个性化供给能力转变、客户交易从一次性短期交易向长期交易方式转变，制造业服务化系统性、复杂性特征越来越明显，是一个涉及制造商与各个利益相关者的系统工程，关系到各方利益格局的调整，需要通过制度创新、技术创新、流程创新等来共同推进。因此，需搭建一些公共服务平台，解决一些共性需求。一是搭建公共技术服务平台，面向制造业和服务业以及制造业和服务业融合发展中的一些共性技术问题，政府出头组建新技术研发平台开展共性技术研发，并制定面向工业互联网平台的协同制造技术标准和产业链上下游间的服务规范，推进共性技术在各个行业的融合应用。二是打造生产性服务业公共服务平台。围绕制造业服务需求，建立创新设计、物流服务、质量检验检测认证、市场营销、供应链管理等生产性服务公共平台，如在城市中心区建立生产性服务功能区，重点发展研发设计、信息、物流、商务、金融等现代服务业；在制造业产业集群内部或者附近，建立研发设计、物流服务、质量检验检测认证、市场营销、供应链管理等生产性服务公共平台；在各种高新技术园区或者知识密集型制造业的集群内部或者周边，建立为其服务的研发平台以及法律、工程、融资、信息、咨询、设计、租赁、物流和政策支撑体系等。三是搭建公共信息服务平台。利用现代信息化手段，联合制造企业、产业协会、高等院校、科研院所、科技园区和生产力中心等相关机构和企业共同参与，建立面向制造业基于互联网、云计算和大数据的制造信息服务公共平台。

四、加强信息化建设

一方面，信息技术在消费者需求信息平台中的应用，借助网络信息系统独有的大数据功能优势，有利于企业更好地将顾客需求信息的变化进行全面的整理、汇总和分析，并根据顾客需求的变化及时改善产品及服务设计理念，形成新制造品整体生产方案，应对消费者需求结构的变化，对制造业变革产生更好的指导作用。另一方面，制造企业内部的信息化改造，有利于制造企业站在企业战略高点对研发、设计、生产、质量监控、后续服务整个生产过程进行全程化指导辅助，加强制造业内部制造部门和服务部门间的交流与合作，在更高效地利用原有资源的同时，推动大规模定制过程的实现，全面提升制造业服务化的质量和水平。此外，服务业本身的信息化建设，可以极大提高服务过程效率和生产者素质，也可以创造新需求核心产业，还可以促进服务业向制造业的渗透和服务业内部部门间的跨界融合，因而在极大地提高自身劳动生产率的同时提升制造业服务化中服务投入水平，通过促进制造业和服务业融合推进制造业服务化的深化。

五、加大人力资本投入

服务业尤其是生产性服务业的人力资本、知识资本密集性特征决定了人才对制造业服务化的重要性。应把制造业服务化人才队伍建设摆在重要位置，重视高技术型人力资本的培养，扩大人力资本投资，对人力资本进行快速积累。实施人才激励计划，通过各类人才工程、人才资助计划等激励政策，鼓励创新型、高技能型人才发展，让更多高端人才脱颖而出；设立专项人才计划，增设制造业服务化人才专项基金，有的放矢地招引与培育转型中亟需的专业性高端人才；实施服务型人才国际化工程，积极引进海外高端服务人才，引导支持跨国公司在华设立研发服务机构，在全球范围内招引和培养复合型人才和高端服务型人才；构建分行业专业人才服务和交流平台，为专业人才提供一个可进行专业交流的平台，为企业提供一个可与人才进行互动的平台，使得人才发展和供需更好地衔接；加大生产性服务行业的培训力度，在高等院校中完善生产性服务业相关学科建设，并不断增设培训中心与技术学校，提供多样化的技术培训服务，为培养掌握高技术、高知识型人才奠定基础；等等。

六、加大生产性服务业的开放力度

生产性服务业的对外开放一方面可以将世界高端、先进的技术和管理理念引进国内，产生技术溢出和竞争效应，带动本国生产性服务企业紧跟国际先进技术，不断创新、提高自身技术水平的同时，也带动与生产性服务企业紧密相关的制造企业的服务化。另一方面，本国可以直接获得质量更高、成本更低的生产性服务，能有效地降低制造企业生产性中间投入的成本，在促进制造业服务化的同时，促进出口技术复杂度的提升，提升制造业的国际竞争力。

第四节　完善制造业服务化环境

一、构建公平的政策环境

当地政府要改变"重制造业、轻服务业"的倾向，如在用地方面，在符合土地利用总体规划和城镇建设规划的前提下，对生产性服务业项目建设用地优先安排；在用电、资质申请、人才引进、产业配套等方面，制定公平的甚至有利于制造业服务化的导向性政策条款；对生产性服务业的行业准入政策进行清理，破除行业垄断、进入门槛等隐形限制，放宽制造企业开展服务业务和涉足生产性服务领域的准入门槛，减少不必要的前置审批和资质认定条件，促进制造业与服务业融合发展；等等。

二、完善制度建设

建立知识产权信用体系，强化对侵犯知识产权等失信行为的惩戒，防止转型升级过程中的恶意利益侵占行为；加大对企业研发设计知识产权的保护力度，建立知识产权协同应用和风险防范机制，健全知识产权交易和中介服务体系；制定生产性服务企业相关的认证体系，并制定相应的法规或专业资格认证程序，出台相关规定和组建行业协会等规范行业市场秩序，来规范市场运作。完善相关的法律法规建设，将合理的激励措施落实为政策法规，以提升企业服务化转型升级的动力和热情；等等。

三、完善制造业服务化财税政策

一是发挥财政资金的引导作用，引导制造业服务化快速发展。成立促进制造业服务化的专项发展基金，对企业的服务化项目给予贴息或补助，重点促进制造企业进行服务创新、产业共性技术开发以及制造业服务化的公共平台建设等。在工业转型升级专项扶持资金中安排一部分财政资金，每年对列入制造业服务化的示范企业可给予一定的资金扶持，鼓励制造业企业向"微笑曲线"两端的服务环节延伸。二是发挥税收的调节作用，刺激制造业服务化规模化发展。对制造业服务化程度较高和范围较广的企业，给予适当税收优惠；继续深化服务业增值税的"扩围"改革，解决目前生产性服务企业普遍存在的税负过重问题；对开展制造业服务化的企业进行税收剥离，除了对生产销售货物（有形动产）部分征收增值税外，其余延伸服务部分均应改征营业税，税率可参照或低于相近的服务子行业的税率。在高新技术企业认定和相关税收优惠政策中，进一步加大对技术研发、工业设计、检测认证、节能环保等科技型、创新型制造服务企业的支持。

四、强化金融支持

引导金融机构创新金融信贷产品和服务，建立适合服务化的项目融资方式。支持有条件的制造企业利用资本市场、债券市场间接融资等多种形式，通过并购重组等多种资本运作方式和通过担保、扩大授信等多种方式，获得服务化转型所需的资金支持，为制造企业服务化解除后顾之忧。同时鼓励风险投资机构和信用担保机构更多关注有特色、有潜力的制造服务企业，为制造业服务化提供金融支持。

五、加强服务标准化建设

制定和加强服务标准的运用，完善相关服务标准认证认可体系，完善服务业标准化政策，有利于促进制造业服务化市场健康规范发展。一是企业管理层要将服务标准化与差异化作为制造业服务化和服务业生产率提升的核心予以重视，大企业要在制定企业服务标准中发挥引领作用，并为中小企业提供服务标准化培训和服务。二是政府要加强服务标准化体系的完善、应用以及管理，将服务标准化作为一个国家战略展开，既要强化强制性标准统一管理，又要发挥市场在促进创新、推动发展等方面的决定性作用，还要加快推进标准化法修改进程。

第五节　通过制造业服务化提升中国制造业
国际竞争力

一、采取差异化的制造业服务化路径

研究表明，当制造企业和生产性服务企业在市场中处于不同地位时，其服务化的策略选择是有差异的。因此，当企业在产业链上处于不同位置时应采取差异化的服务化策略。一是当制造企业占据产业链龙头位置且对上游的生产性服务企业具有绝对的控制力时，政策的重点就是鼓励制造企业进行服务化转型，围绕制造企业布局配套服务等；当生产性服务企业占据产业链的龙头位置时，政策的重点就是以龙头服务企业为主构建生产性服务功能平台，为制造企业提供全方位的服务，促进制造企业的服务化转型。当整个产业链上不存在龙头企业，且服务化利润在制造企业和生产性服务企业中分配比例

越均匀越合理时，那么政策的重点就是有效促进制造业和服务业的融合发展。

二、采取差异化生产性服务业投入策略

目前我国生产性服务业不够强大，对我国制造业服务需求的供给产生了消极影响。因此，我国应结合生产性服务业细分行业特点，创造有利于其发展壮大的外部环境，增加本土生产性服务业的有效供给，充分发挥生产性服务业的支撑和引领作用，提高制造业的服务投入水平，提升制造业尤其是中高技术制造业国际竞争力。具体地说，对产能过剩的生产性服务业进行资源整合，该淘汰的淘汰，该升级的升级。对行业成本过高的生产性服务业，要加大创新投入；对存在短板的生产性服务业，则应加大投入，搭建平台，优化环境，开展示范工程，促进其大力发展。

三、提升我国本土化服务投入水平

研究显示，中国制造业的本国服务化指数呈现出先下降后上升的趋势，而国外服务化指数却呈现出先上升后下降的趋势。制造业本国服务化对中国制造业国际分工地位和出口技术复杂度的影响显著为正，而制造业国外服务化则降低了国际分工地位和出口技术复杂度。基于此，我国制造业只有在服务化过程中加大本土化生产性服务业的投入，才能真正提升我国制造业的国际竞争力。因此，未来我国制造业服务化的政策导向是鼓励制造企业在国内寻找服务提供商，本土生产性服务业要优先为本国制造企业的服务化提供有效服务供给，通过增强国内服务投入水平和配套能力，延伸加工贸易的国内价值链条，提升出口中国内附加值比重，从而提升其国际竞争力。此外，还要加强外资制造业与本地服务业的产业关联，大力推动外资制造业开放产品与服务支撑系统，加强产业链的本地化延伸和配套，重点将外资制造业所需的产品研发、高级管理人员培训、物流服务、法律服务、广告策划、市场调研等生产性服务，引入本地化的协作与配套系统。同时，鼓励各类生产性服

务企业在产业链上下游合作，建立产业联盟。

四、重点推进技术密集型制造业的服务化

研究表明，中国制造业国际分工地位指数非常低，而技术密集型制造业的服务化对制造业国际分工地位的影响效应最大。基于此，我国应鼓励技术密集型制造业的服务化转型。而国际经验也表明，技术密集型制造业服务化对制造业国际分工地位有显著影响。事实上，美国等国家提出的再工业化战略并非是简单地将劳动密集型的制造工厂迁回美国，而是瞄准了技术密集型的制造业，将来制造业创新的重点是技术密集型制造业，通过在技术密集型制造业中加大生产性服务业投入，重新在全球价值链中占领重要位置，提升其国际分工地位。而且，制造业服务化还会催生和培育相关新兴服务业，如专业设计分析、创意产业、软件开发等，这反过来还有利于我国服务业国际分工地位的提升。因此，我国要重点推进技术密集型制造业的服务化。

五、鼓励新兴生产性服务业发展

从国家经济竞争力来看，生产性服务业发展水平的高低，是决定一个国家参与国际分工的地位、产业控制力和竞争力的关键。而制造业服务化本质上是制造业或制造环节与服务业或服务环节之间融合发展的新业态、新模式。随着制造业服务化的推进，一些服务企业向制造环节深入的生产经营方式会催生一些新的服务业态，如 IT 技术系统解决方案、3D 虚拟仿真设计、融资租赁业务、逆向信贷等，再加上制造企业服务外部化程度的提高，制造业服务化必然会促进服务业的发展。研究也表明，中国服务业的国际分工地位和出口技术复杂度与制造业服务化之间均存在长期均衡关系，且制造业服务化是决定中国服务业国际分工地位和出口技术复杂度的 Granger 原因。因此，可通过制造业服务化促进生产性服务业的发展，重点是要鼓励引导制造企业围绕产品功能扩展、提供全寿命周期服务等目标向产业下游扩展，发展故障诊断、

维护检修、检测检验、远程咨询、仓储物流、电子商务、在线商店等专业服务和增值服务；鼓励实力较强的大中型企业和"专精特新"科技型优势中小企业向产业链的上游扩展，凭借自身的技术、人才等优势，发展研发、设计服务等商务服务、信息软件、节能环保等服务；鼓励制造企业利用新一代信息科学技术，在推进产品定制、零部件定制、柔性制造、个性化制造等发展的同时，不断变革、创新制造方式和服务业态；等等。

六、促进制造业和服务业融合发展

随着制造业与服务业相互渗透越来越强，产业链重构为一条既包含制造业价值链增值环节，又包含服务业价值链增值环节的融合型产业价值链，具有更广阔的利润空间和增长潜力。而制造业服务化作为制造业与服务业融合发展的新型模式，成为推动全球产业升级的主要驱动力量。因此，我国应强调促进服务业与制造业融合互动发展，这反过来也会推动制造业服务化发展。重点是建立一体化的产业政策体系，消除服务业和制造业之间在税收、金融、科技、要素价格之间的政策差异，从客户需求的视角整合行业管理部门的职能，制定相互协调融合的行业监管、支持政策，形成合力；开展示范试点，引导和支持有条件的制造企业向上游产业、相关产业、下游产业延伸，发展供应链管理服务，由提供设备向提供系统集成总承包服务转变，由提供产品向提供整体解决方案转变；引导制造企业生产组织方式改革，实行主辅分离、辅业改制，鼓励拥有自主发明专利的研发企业、自主创新设计的设计企业、独立网络的物流公司等向外提供专业化服务；强调信息技术在服务业与制造业融合中的"黏合剂"作用，大力发展面向制造业的信息技术服务，推进信息化和服务化的两化融合；强调产业集群在促进服务业与制造业融合中的载体作用，鼓励和引导具有规模优势的制造和服务企业实现跨区域和跨行业联合，形成规模化、集团化的大型企业，制定优惠政策吸引产业链上、下游企业集聚发展，建立基于比较优势和产业链区别定位之上的区域分工体系；等等。

七、充分利用"一带一路"等重大发展机遇

　　充分利用"一带一路"等重大发展机遇，进一步开放生产性服务领域，在提升我国生产性服务业国际竞争力的同时，推动我国制造业服务化转型，主动谋求中国经济在国际产业布局中由低端向高端逐渐转移。一方面，要通过利用国际优质资源提升本土高技术制造业国际竞争力。重点是引导制造业服务化企业联合重组，走品牌化道路，然后鼓励制造企业加大对发达国家的研发中心的投资并购活动，推动更多企业设立海外销售服务中心，利用国外的优势人力、技术等资源提升我国制造业的国际竞争力；或者利用国外优质生产性服务资源，增加制造业的中间服务投入水平，带动本土制造业尤其是高技术制造业转型升级，进而提升国际竞争力。另一方面，要通过利用国际市场的相关经济效应和开展标准化来提升我国服务业国际竞争力。如利用服务贸易自由化带来高端服务投入的产业关联效应、技术溢出效应、竞争效应以及倒逼国内服务行业市场化改革的效应，推动国内服务业尤其是高端生产服务业的发展，提升制造业的国内服务投入水平和质量，促进本土制造业尤其是高技术制造业转型升级和国际分工地位提升。此外，通过开展标准化来提升我国制造业国际竞争力，尽快制定达到甚至高于国际水准的相关技术规范、产业标准和产品标准，推进生产性服务业的国家标准化进程；同时与进口国的政府层面或行业协会层面达成技术标准共识，积极开展国际认证工作，避免因信息不对称等原因造成的技术壁垒和减少产权指控，从而提升制造业国际竞争力。

第八章　研究结论与展望

第一节　主要结论

研究结论一：全球价值链下制造业服务化本质是消费者、制造企业和服务提供商围绕服务供需与利润分配的动态博弈过程。

一般来说，若博弈双方选择合作时，如消费者愿意接受服务成本或者需要更多服务附加、制造企业愿意外购非优势服务或者外供优势服务、服务提供商愿意提供规范化服务或者外资企业不采取"高端封锁"等时，将会有更多的制造企业加入该产业链中从而实现总利润的最大化，从而提升制造业国际竞争力。相反，如果消费者、制造企业和服务提供商之间不采取合作策略，如消费者不愿意承担服务附加成本、制造企业不接受服务提供商的服务而进行自行服务、服务提供商没有能力向制造企业提供相关服务或者跨国服务公司不愿意向本土制造企业提供相关高端服务等时，本土制造企业服务化的动力就会消失，制造业转型升级难以实现，竞争力提升也必定缓慢。但是，无论是从消费者参与视角还是制造企业和服务提供商（服务企业）协调发展以及服务化来源视角来看，制造业服务化策略选择都受经济社会发展水平、制造业本身特征的影响。原因是消费者是否愿意承担服务附加成本或享受更完善的服务追求等都与当地经济发展水平有关，而且掌控全球价值链上话语权的跨国公司往往是在经济发达国家，不同要素密集型制造业需要的服务投入也是存在差异的，贸易规则也会影响制造企业的服务供给水平，等等。基于此，从制造业服务化视角分析全球价值链下制造业国际竞争力时，既需要考虑消费者、制造企业与服务提供商之间的协同，还需考虑不同经济发展水平、不同制造行业以及国外服务化和国内服务化的差异。本书通过构建进化博弈模型对制造企业服务化决策行为进行分析，指出全球价值链下制造业服务化本质上是消费者、制造企业和服务提供商围绕服务供需与利润分配的动态博弈过程，从而为制造业服务化提升制造业国际竞争力内在机理提供微观解释。

研究结论二：以信息技术和网络技术为特征的第三次科技革命使得价值导向从基于交换价值的商品主导逻辑向基于使用价值的服务主导逻辑转变，因而，基于服务主导逻辑全球价值链下制造业服务化的动力机制是创造更多价值和获得更多价值分配。

以信息技术和网络技术为特征的第三次科技革命使产业融合趋势不断加剧、产业边界日趋模糊，企业希望通过向顾客提供能满足其需求的服务而实现价值增值，顾客希望企业能根据其需求（使用价值）来提供各种服务。与传统技术分离观相适应的商品主导逻辑显然无法解释这些现象，促使指导企业战略和行动的价值导向从商品主导逻辑转向服务主导逻辑。但在服务主导逻辑下，全球价值链上制造业国际竞争力主要取决于一国产业在生产过程中的价值增量（价值创造）及其在国际分工中的价值增值获取能力（价值分配）。理论推导显示，一方面制造业服务化使制造企业通过技术溢出拓展和创造用户需求并满足差异化需求，通过专业化和服务质量提升以及价值链整合扩展价值、催生更多的高端服务业、提升服务业的技术创新能力和技术溢出效应来增加服务有效供给等实现价值创造能力提升。另一方面，制造业服务化带来的整体方案设计的完善、集聚程度的上升、标准制定可获得性提高及更多使用本国服务投入都会使全球价值链上制造业分配价值增加。

研究结论三：制造业服务化可通过提升制造业的价值创造和价值分配能力实现制造业竞争力提升。制造业国际竞争力不仅体现在价值创造能力的提升上，还与一国在全球价值链中价值分配地位有关，因此，制造业服务化主要是通过提升制造业的价值创造和价值分配能力实现制造业在全球价值链中的竞争力提升。制造业服务化可通过技术导入和技术溢出创造价值、满足个性化需求过程中创造价值、专业化分工提升价值创造能力、价值链整合创造价值和增加服务有效供给提升制造业价值创造能力，也可以通过价值链攀升、整体方案提供、标准制定权获得、集聚发展和增加本国服务投入在全球价值链获得更多价值分配，两方面作用共同提升制造业的国际竞争力。

研究结论四：不同经济发展水平的国家或地区以及不同类型制造行业、不同服务来源的制造业服务化特征是存在差异的。

不同经济发展水平的国家或地区以及不同类型制造业服务化特征是存在差异的。而且，从全球价值链角度来看，制造业服务化还涉及服务投入来源的国内和国外差异。制造业服务化测算结果也显示，整体上经济发展水平较高的国家制造业服务化指数较高，且无论是劳动密集型还是资本和技术密集型制造业都是欧盟发达经济体最高，但不同类型国家制造业整体的国内和国外服务化指数差异悬殊，且无论是劳动密集型还是资本和技术密集型制造业国内服务化指数都是其他发展中经济体最高。中国不同类型的制造业在服务化水平上存在较大差异，由高到低分别是技术密集型、资本密集型、劳动密集型，且中国制造业的本国服务化指数呈现出先下降后上升的趋势，而国外服务化指数却呈现出先上升后下降的趋势。

研究结论五：不同经济发展水平的国家或地区以及不同类型的制造行业、不同服务来源的制造业服务化对制造业国际竞争力提升影响是有差异的。

国际验证显示制造业本国服务化对制造业出口复杂度的影响作用不显著，而制造业国外服务化则显著地促进了制造业出口复杂度的提升；制造业服务化对发达经济体的制造业出口复杂度没有显著的促进作用，但对发展中经济体的制造业出口复杂度则具有显著的正向影响。制造业服务化对不同类型制造业 GVC 地位的影响效应基本一致，都是显著为负，但主要是制造业国外服务化的负向影响较大，而制造业本国服务化的影响在大多数模型中都是显著为正的。发达经济体的资本密集型制造业对其服务化较敏感，而发展中经济体的知识技术密集型制造业对其服务化较敏感。国内服务化对发达经济体制造业 GVC 地位的促进作用要强于发展中经济体。劳动密集型和资本密集型制造业在发达经济体中对其制造业服务化较敏感，而知识技术密集型制造业在发展中经济体中对其制造业服务化较敏感。中国验证显示制造业服务化对提升中国制造业国际分工地位确实存在显著的正向促进效应，但制造业服务化对制造业出口技术复杂度的影响不显著。制造业本国服务化对中国制造业国际分工地位和出口技术复杂度的影响显著为正，而制造业国外服务化则降低了国际分工地位和出口技术复杂度。制造业服务化对中国不同类型制造业的影响存在较大差别，其中制造业服务化对不同类型制造业的国际分工地位都存在显著的正向影响，且对技术密集型制造业的影响效应最大，但制造业服务化仅对劳动密集型制造业的出口技术复杂度产生了显著的正向影响效应。中国服务业的国际分工地位和出口技术复杂度与制造业服务化之间均存在长期均衡关系，制造业的国外服务化只是中国服务业国际分工地位的 Granger 原因，制造业服务化的波动对中国服务业出口技术复杂度的影响较大，但是对中国服务业国际分工地位的影响非常小。

研究结论六：服务主导逻辑下制造业服务化促进制造业国际竞争力提升的路径是进行商业模式的创新。

商业模式的核心功能与根本意义在于通过提高交易效率来创造新价值，价值观念的变化必然导致商业模式变革。按照服务主导逻辑，制造企业有三个商业模式创新的路径：以 Facebook 为例的平台构建模式、以利丰集团为例的追求价值网络中的中心企业地位模式和以苹果公司为例的整合解决方案提供模式。技术产权交易机构商业模式创新的路径是：积极搭建网络交易机构鼓励综合服务与综合商业模式发展、积极搭建新兴产业的技术产权交易机构鼓励商业模式选择创新、深入推进技术产权证券化商业模式的改革试验、推进产权交易机构的企业孵化器功能发展和积极与新兴经济平台合作。

研究结论七：基于服务主导逻辑的中国制造业服务化战略选择有：总体上要强化制造业服务化意识、增强制造业服务化动力、提升制造业服务化能力和完善制造业服务化环境；对于不同要素密集度制造行业，可加大批发零售业、交通运输业和商务服务业等生产性服务对劳动密集型制造业的投入，对资本密集型制造业，考虑到其对技术操作、资本投入等的高要求，可加大信息传输、计算机与软件服务、金融、商务服务等生产性服务的投入，对技术密集型制造业，可加大科学研究和综合技术服务、批发零售服务、交通运输服务、商务服务等生产性服务的投入；对中国来说，通过采取差异化的制造业服务化路径、差异化生产性服务业投入策略、提升我国本土化服务投入水平、重点推进技术密集型制造业的服务化、鼓励新兴生产性服务业发展、促进制造业和服务业融合发展和充分利用"一带一路"等重大发展机遇促进制造业国际竞争力提升。

第二节　研究不足与展望

本书对制造业服务化的微观机理、动力机制及其与制造业国际竞争力提升的关系进行了深入研究，但因时间、学识等相对有限，本书尚存在如下不足。

一、理论分析与推导

本书虽构建一个进化博弈模型对制造业服务化的内在机理进行了分析推导，仅从影响因素的角度进行了分析，还不够全面和深入，可以进一步地进行修正，从而建立一个完整的理论框架。而且，制造业服务化对制造业国际竞争力影响并非简单的线性关系，本书仅从价值创造和价值分配的视角对制造业服务化对制造业国际竞争力提升的内在机理进行了理论推导，尚未将其构建成数理模型，致使本书提出的一些理论假说可能存在一定的先验性偏误。

二、相关变量的选取与处理

从严格的计量实证理论来看，要想科学考察制造业服务化对制造业国际竞争力的影响，就应该严格控制影响制造业国际竞争力的其他变量并对其进行准确测度。本书在变量选取与处理上可能存在一些错漏，如目前学术界对制造业服务化、制造业国际竞争力的测量指标和计算方法尚未统一，替代变量的选择和处理方法的不同可能会对实证结果的有效性造成影响。同时，现实中影响制造业国际竞争力的因素有很多，本书仅选择了部分主要控制变量，而且在国际验证和中国制造业行业验证时，由于研究对象的不同导致控制变量的选择也不一样，这些问题都可能会带来遗漏变量等问题，从而影响本书研究结果的稳健性。此外，由于数据因素的限制，本书在对计量模型进行实证检验时未能选取全部国家为样本，仅选择了 WIOD 数据库中的 38 个主要国家，并且在进一步的分析中又划分了两个子样本，在对中国制造业的实证检验中，制造业行业数据被合并为 17 个，会对实证结果稳健性造成一定的影响。

三、研究结果的解释与讨论有待完善

本书虽然对研究结论都进行了理论上的解释，但由于自身理论水平的不足，可能存在诠释不足、措辞不严谨，逻辑不严密的可能，对其中的一些结果的解释还不够深入，可能会忽略某些有价值的发现，或对某些观点的解释存在不足。并且，书中的某些发现和结果与理论之间存在一些偏差，受作者认知和能力的限制，对这些研究结果的讨论略显不足。

在后续研究中，要紧紧围绕制造业服务化提升制造业国际竞争力这一主题，针对上述不足和尚未涉足的问题，进一步开展以下几个方向的研究：①尝试构建制造业国际竞争力综合评估指标体系，从多个方面进行综合评估，以消除单一或个别替代指标的局限性；②进一步探索并实证检验制造业服务化影响制造业国际竞争力的内在机理，识别其中的主要影响效应；③立足中国制造业的发展实践，区分制造业服务化过程中不同类型的服务业对制造业国际竞争力的影响，从而为提升不同类型制造业的国际竞争力提供更详细的对策建议。

参考文献

［1］安筱鹏．制造业服务化路线图：机理、模式与选择［M］．北京：商务印书馆，2012.

［2］白清．生产性服务业促进制造业升级的机制分析——基于全球价值链视角［J］．财经问题研究，2015（4）.

［3］蔡三发，李珊珊．基于灰色关联分析的制造业服务化水平评估体系研究［J］．工业工程与管理，2016，21（6）.

［4］陈洁雄．制造业服务化与经营绩效的实证检验——基于中美上市公司的比较［J］．商业经济与管理，2010（4）.

［5］陈立敏，王璇，饶思源．中美制造业国际竞争力比较：基于产业竞争力层次观点的实证分析［J］．中国工业经济，2009（6）.

［6］陈丽娴，沈鸿．制造业服务化如何影响企业绩效和要素结构——基于上市公司数据的PSM－DID实证分析［J］．经济学动态，2017（5）.

［7］陈卫平，朱述斌．国外竞争力理论的新发展——迈克尔·波特"钻石模型"的缺陷与改进［J］．国际经贸探索，2002（3）.

［8］陈晓华，刘慧．产业出口技术复杂度赶超与出口品范围广化［J］．中南财经政法大学学报，2011（6）.

［9］陈秀英．制造业投入服务化对制造业价值链攀升影响的实证研究［J］．经济问题探索，2016（7）.

［10］程承坪，张旭，程莉．工资增长对中国制造业国际竞争力的影响研究——基于中国1980—2008年数据的实证分析［J］．中国软科学，2012（4）.

［11］程大中，程卓．中国出口贸易中的服务含量分析［J］．统计研究，2015，32（3）.

［12］程大中．中国参与全球价值链分工的程度及演变趋势——基于跨国投入—产出分析［J］．经济研究，2015，50（9）.

[13] 崔岩，臧新．承接服务外包对中国工业国际分工地位的影响 [J]．广东外语外贸大学学报，2015，26（5）．

[14] 戴翔，金碚．产品内分工、制度质量与出口技术复杂度 [J]．经济研究，2014（7）．

[15] 戴翔，李洲．全球价值链下中国制造业国际竞争力再评估——基于 Koopman 分工地位指数的研究 [J]．上海经济研究，2017（8）．

[16] 戴翔．中国制造业出口内涵服务价值演进及因素决定 [J]．经济研究，2016，51（9）．

[17] 戴翔．中国制造业国际竞争力——基于贸易附加值的测算 [J]．中国工业经济，2015（1）．

[18] 邓军．增加值贸易视角下中国制造业出口竞争力评估 [J]．中南财经政法大学学报，2013（5）．

[19] 狄昂照．亚太地区十五个国家（地区）国际竞争力的比较 [J]．中国国情国力，1992（3）．

[20] 樊茂清，黄薇．基于全球价值链分解的中国贸易产业结构演进研究 [J]．世界经济，2014，37（2）．

[21] 方润生，郭朋飞，李婷．基于陕鼓集团案例的制造企业服务化转型演进过程与特征分析 [J]．管理学报，2014（6）．

[22] 傅京燕．环境成本内部化与产业国际竞争力 [J]．中国工业经济，2002（6）．

[23] 高运胜，甄程成，郑乐凯．中国制成品出口欧盟增加值分解研究——基于垂直专业化分工的视角 [J]．数量经济技术经济研究，2015，32（9）．

[24] 顾乃华，夏杰长．对外贸易与制造业投入服务化的经济效应——基于 2007 年投入产出表的实证研究 [J]．社会科学研究，2010（5）．

[25] 顾乃华．工业投入服务化：形成机制、经济效应及其区域差异——基于投入产出数据和 HLM 模型的实证研究 [J]．产业经济研究，2010（3）．

[26] 郭腾飞．制造业服务化理论分析 [J]．经营与管理，2016（1）．

[27] 郭跃进．论制造业的服务化经营趋势 [J]．中国工业经济，1999（3）．

[28] 郝凤霞，钱枫莉．制造业投入服务化对其出口竞争力影响的实证研究 [C] // 中国软科学研究会．第十三届中国软科学学术年会论文集．中国软科学研究会，2017．

[29] 胡查平，汪涛．制造企业服务化：服务提供真的能够改善企业绩效？[J]．经济管理，2013（10）．

[30] 胡查平，汪涛．制造业服务化战略转型升级：演进路径的理论模型——基于 3 家本

土制造企业的案例研究 [J]. 科研管理, 2016, 37 (11).

[31] 胡昭玲, 夏秋, 孙广宇. 制造业服务化、技术创新与产业结构转型升级——基于 WIOD 跨国面板数据的实证研究 [J]. 国际经贸探索, 2017, 33 (12).

[32] 胡昭玲, 张咏华. 中国制造业国际分工地位研究——基于增加值贸易的视角 [J]. 南开学报, 2015 (3).

[33] 胡昭玲, 张玉. 制度质量改进能否提升价值链分工地位? [J]. 世界经济研究, 2015 (8).

[34] 黄群慧, 霍景东. 全球制造业服务化水平及其影响因素——基于国际投入产出数据的实证分析 [J]. 经济管理, 2014, 36 (1).

[35] 黄群慧. 中国制造如何向服务化转型 [N]. 经济日报, 2017 - 06 - 16 (14).

[36] 黄薇, 任若恩. 中国价格竞争力变动趋势分析: 基于单位劳动成本的实际有效汇率测算研究 [J]. 世界经济, 2008 (6).

[37] 黄先海, 杨高举. 中国高技术产业的国际分工地位研究: 基于非竞争型投入占用产出模型的跨国分析 [J]. 世界经济, 2010 (5).

[38] 侯若石. 全球生产组织方式发生重大变化 [J]. 珠江经济, 2003 (7).

[39] 黄锦华, 谭力文. 标准掌控与全球价值链治理研究 [J]. 技术经济与管理研究, 2012 (6).

[40] 贾俐俐. 全球价值链分工下中国产业国际竞争力研究 [D]. 北京: 中共中央党校, 2008.

[41] 简新华. 产业经济学 [M]. 武汉: 武汉大学出版社, 2002.

[42] 简兆权, 刘晓彦, 李雷. 制造业服务化组织设计研究述评与展望 [J]. 经济管理, 2017, 39 (8).

[43] 江静, 刘志彪, 于明超. 生产者服务业发展与制造业效率提升: 基于地区和行业面板数据的经验分析 [J]. 世界经济, 2007 (8).

[44] 江静, 路瑶. 要素价格与中国产业国际竞争力: 基于 ISIC 的跨国比较 [J]. 统计研究, 2010 (8).

[45] 江小涓. 我国出口商品结构的决定因素和变化趋势 [J]. 经济研究, 2007 (5).

[46] 姜黎辉. 制造企业服务化转型的海星模式研究 [J]. 技术经济与管理研究, 2016 (3).

[47] 姜铸, 李宁. 服务创新、制造业服务化对企业绩效的影响 [J]. 科研管理, 2015 (5).

[48] 金碚, 李鹏飞, 廖建辉. 中国产业国际竞争力现状及演变趋势——基于出口商品的

分析 [J]. 中国工业经济, 2013 (5).

[49] 金碚. 产业国际竞争力研究 [J]. 经济研究, 1996 (11).

[50] 金碚. 世界分工体系中的中国制造业 [J]. 中国工业经济, 2003 (5).

[51] 金芳. 中国国际分工地位的变化、内在矛盾及其走向 [J]. 世界经济研究, 2008 (5).

[52] 黎峰. 全球价值链下的国际分工地位: 内涵及影响因素 [J]. 国际经贸探索, 2015 (9).

[53] 李国昊, 陈超, 罗建强. 基于演化博弈的制造业服务化知识缺口补救模型分析 [J]. 工业工程与管理, 2014 (2).

[54] 李惠娟, 蔡伟宏. 中国服务业在全球价值链的国际分工地位评估 [J]. 国际商务 (对外经济贸易大学学报), 2016 (5).

[55] 李靖华, 林莉, 闫威涛. 制造业服务化的价值共创机制: 基于价值网络的探索性案例研究 [J]. 科学学与科学技术管理, 2017, 38 (5).

[56] 李俊, 马风涛. 中国制造业产品服务增加值的测算及其产出效应——基于世界投入产出表的研究 [J]. 中南财经政法大学学报, 2015 (6).

[57] 李强, 原毅军, 孙佳. 制造企业服务化的驱动因素 [J]. 经济与管理研究, 2017, 38 (12).

[58] 李小平, 周记顺, 王树柏. 中国制造业出口复杂度的提升和制造业增长 [J]. 世界经济, 2015 (2).

[59] 李媛, 金殿臣. 中美制造业国际竞争力比较——基于 GVC 参与指数及 GVC 地位指数的分析 [J]. 商业研究, 2017 (2).

[60] 李晓华. 产业组织的垂直解体与网络化 [J]. 中国工业经济, 2005 (7).

[61] 梁超. 出口技术复杂度提升了我国的技术创新能力吗? [J]. 中央财经大学学报, 2013 (3).

[62] 梁敬东, 霍景东. 制造业服务化与经济转型: 机理与实证 [J]. 首都经济贸易大学学报, 2017, 19 (2).

[63] 林玲, 陈妹, 赵素萍. 产品内分工、要素禀赋与出口技术复杂度 [J]. 经济问题探索, 2015 (10).

[64] 连南杰. 制造业服务化提升产业价值链 [J]. 中国工业评论, 2015 (11).

[65] 蔺雷, 吴贵生. 服务延伸产品差异化服务增强机制探讨 [J]. 数量经济技术经济研究, 2005 (8).

[66] 蔺雷, 吴贵生. 我国制造企业服务增强差异化机制的实证研究 [J]. 管理世界,

2007 (6).

[67] 令狐克睿,简兆权.制造业服务化价值共创模式研究——基于服务生态系统视角 [J].华东经济管理,2017,31 (6).

[68] 刘斌,王乃嘉.制造业投入服务化与企业出口的二元边际——基于中国微观企业数据的经验研究 [J].中国工业经济,2016 (9).

[69] 刘斌,魏倩,吕越,等.制造业服务化与价值链升级 [J].经济研究,2016 (3).

[70] 刘海云,毛海欧.国家国际分工地位及其影响因素——基于"GVC 地位指数"的实证分析 [J].国际经贸探索,2015 (8).

[71] 刘继国.制造业企业投入服务化战略的影响因素及其绩效:理论框架与实证研究 [J].管理学报,2008 (2).

[72] 刘林青,黄起海,闫志山.国家空间里的能力加值比赛——基于产业国际竞争力的结构观 [J].中国工业经济,2013 (4).

[73] 刘林青,谭畅.产业国际竞争力的结构观——一个正在涌现的研究域 [J].经济评论,2014 (3).

[74] 刘林青,谭力文.产业国际竞争力的二维评价——全球价值链背景下的思考 [J].中国工业经济,2006 (12).

[75] 刘维刚,倪红福.制造业投入服务化与企业技术进步:效应及作用机制 [J].财贸经济,2018 (8).

[76] 刘维林,李兰冰,刘玉海.全球价值链嵌入对中国出口技术复杂度的影响 [J].中国工业经济,2014 (6).

[77] 刘维林.产品架构与功能架构的双重嵌入——本土制造业突破 GVC 低端锁定的攀升途径 [J].中国工业经济,2012 (1).

[78] 刘维林.中国式出口的价值创造之谜:基于全球价值链的解析 [J].世界经济,2015,38 (3).

[79] 刘志彪,张杰.我国本土制造业企业出口决定因素的实证分析 [J].经济研究,2009 (8).

[80] 刘遵义,陈锡康,杨翠红,等.非竞争型投入占用产出模型及其应用——中美贸易顺差透视 [J].中国社会科学,2007 (5).

[81] 刘世锦,任兴洲,王微.关于服务经济发展的若干认识 [J].科学发展,2010 (8).

［82］吕越，李小萌，吕云龙．全球价值链中的制造业服务化与企业全要素生产率［J］．南开经济研究，2017（3）．

［83］吕越，吕云龙．全球价值链嵌入会改善制造业企业的生产效率吗——基于双重稳健 - 倾向得分加权估计［J］．财贸经济，2016（3）．

［84］吕云龙，吕越．制造业出口服务化与国际竞争力——基于增加值贸易的视角［J］．国际贸易问题，2017（5）．

［85］吕政，刘勇，王钦．中国生产性服务业发展的战略选择——基于产业互动的研究视角［J］．中国工业经济，2006（8）．

［86］马丹．中美对外贸易体制比较研究［D］．对外经济贸易大学，2006.

［87］马盈盈，盛斌．制造业服务化与出口技术复杂度：基于贸易增加值视角的研究［J］．产业经济研究，2018（4）．

［88］毛日昇．中国制造业贸易竞争力及其决定因素分析［J］．管理世界，2006（8）．

［89］聂聆，李三妹．制造业全球价值链利益分配与中国的竞争力研究［J］．国际贸易问题，2014（12）．

［90］潘文卿，李跟强．垂直专业化、贸易增加值与增加值贸易核算——全球价值链背景下基于国家（地区）间投入产出模型方法综述［J］．经济学报，2014，1（4）．

［91］潘文卿，李跟强．中国区域的国家价值链与全球价值链：区域互动与增值收益［J］．经济研究，2018，53（3）．

［92］裴长洪，王镭．试论国际竞争力的理论概念与分析方法［J］．中国工业经济，2002（4）．

［93］彭水军，李虹静．中国生产者服务业、制造业与出口贸易关系的实证研究［J］．国际贸易问题，2014（10）．

［94］彭水军，袁凯华，韦韬．贸易增加值视角下中国制造业服务化转型的事实与解释［J］．数量经济技术经济研究，2017，34（9）．

［95］彭绍仲，李海舰，曾繁华．全球商品链的内部化优势与价格均衡机制［J］．中国工业经济，2005（9）．

［96］綦良群，赵少华，蔡渊渊．装备制造业服务化过程及影响因素研究——基于我国内地30个省市截面数据的实证研究［J］．科技进步与对策，2014（14）．

［97］邱斌，叶龙凤，孙少勤．参与全球生产网络对我国制造业价值链提升影响的实证研究——基于出口技术复杂度的分析［J］．中国工业经济，2012（1）．

［98］邱文宏，林宏嘉，纪慧如．制造服务化策略与演化：以百大制造业公司为例［J］．

科技管理学刊，2015（3）．

［99］饶畅．制造业投入服务化对碳生产率影响的理论建模和实证检验——以珠三角为例［J］．经济与管理，2013（6）．

［100］尚涛．全球价值链与我国制造业国际分工地位研究——基于增加值贸易与 Koopman 分工地位指数的比较分析［J］．经济学家，2015（1）．

［101］石学刚，齐二石，姜宏．制造业服务化对提升制造型企业创新能力的作用研究［J］．天津大学学报（社会科学版），2012（4）．

［102］束端，隆艳平，刘艳．基于演化博弈的制造业服务化影响因素研究［J］．物流工程与管理，2017，39（2）．

［103］孙少勤，邱璐．全球价值链视角下中国装备制造业国际竞争力的测度及其影响因素研究［J］．东南大学学报（哲学社会科学版），2018（1）．

［104］孙婷．要素价格扭曲与环境规则趋紧背景下中国制造业国际竞争力研究［D］．济南：山东大学，2018.

［105］孙文清．经济新常态下制造业服务化战略转型研究——基于企业文化的解释视角［J］．华东经济管理，2016，30（11）．

［106］孙林岩，李刚，江志斌，等.21 世纪的先进制造模式——服务型制造［J］．中国机械工程，2007（19）．

［107］唐志芳，顾乃华．制造业服务化、全球价值链分工与劳动收入占比——基于 WIOD 数据的经验研究［J］．产业经济研究，2018（1）．

［108］王岚，李宏艳．中国制造业融入全球价值链路径研究——嵌入位置和增值能力的视角［J］．中国工业经济，2015（2）．

［109］王岚．融入全球价值链对中国制造业国际分工地位的影响［J］．统计研究，2014（5）．

［110］王敏．谁分走了中国的制造业出口蛋糕？——基于全球价值链的视角［J］．经济经纬：2017，34（6）．

［111］王术峰，李松庆．制造业服务化程度与绩效关系分析［J］．商业经济研究，2016（13）．

［112］王永进，盛丹，施炳展，等．基础设施如何提升了出口技术复杂度？［J］．经济研究，2010（7）．

［113］王玉燕，林汉川，吕臣．全球价值链嵌入的技术进步效应——来自中国工业面板数据的经验研究［J］．中国工业经济，2014（9）．

［114］王直，魏尚进，祝坤福．总贸易核算法：官方贸易统计与全球价值链的度量［J］．

中国社会科学，2015（9）.

[115] 王思语，郑乐凯. 制造业出口服务化与价值链提升——基于出口复杂度的视角 [J]. 国际贸易问题，2018（5）.

[116] 王金敏. 要素禀赋、全球价值链嵌入与制造业国际竞争力 [D]. 合肥：安徽大学，2018.

[117] 王菁. 生产者服务与制造业出口技术复杂度提升研究 [D]. 天津：天津财经大学，2016.

[118] 王菁，齐俊妍. 中国生产者服务贸易的国际竞争力分析——基于技术含量视角 [J]. 科技管理研究，2015，35（23）.

[119] 魏后凯. 中国制造业集中状况及其国际比较 [J]. 中国工业经济，2002（1）.

[120] 魏作磊，李丹芝. 中国制造业服务化的发展特点——基于中美日德英法的投入产出分析 [J]. 工业技术经济，2012（7）.

[121] 文东伟，冼国明. 中国制造业的垂直专业化与出口增长 [J]. 经济学（季刊），2010（2）.

[122] 伍业君，张其仔. 比较优势演化与经济增长——基于阿根廷的实证分析 [J]. 中国工业经济，2012（2）.

[123] 夏杰长. 坚持现代服务业和先进制造业并举 [N]. 人民日报，2015 - 05 - 21（7）.

[124] 夏秋，胡昭玲. 制造业投入服务化能提高全要素生产率吗——基于成本和风险的视角 [J]. 当代财经，2018（7）.

[125] 肖挺. 制造业国际贸易对服务化就业结构变迁影响的实证研究 [J]. 世界经济研究，2016（11）.

[126] 谢汶莉，李强. 中国与TPP核心国农产品国际竞争力的比较 [J]. 国际贸易问题，2015（7）.

[127] 徐振鑫，莫长炜，陈其林. 制造业服务化：我国制造业升级的一个现实性选择 [J]. 经济学家，2016（9）.

[128] 徐东辉. 推动制造业与服务业融合发展 [N]. 吉林日报，2016 - 12 - 22（12）.

[129] 许和连，成丽红，孙天阳. 制造业投入服务化对企业出口国内增加值的提升效应——基于中国制造业微观企业的经验研究 [J]. 中国工业经济，2017（10）.

[130] 杨高举，黄先海. 内部动力与后发国分工地位升级——来自中国高技术产业的证据 [J]. 中国社会科学，2013（2）.

［131］ 杨玲 . 生产性服务进口贸易促进制造业服务化效应研究 ［J］. 数量经济技术经济研究，2015（5）.

［132］ 杨仁发，汪青青 . 生产性服务投入、技术创新与制造业国际竞争力 ［J］. 山西财经大学学报，2018（9）.

［133］ 杨素花 . 中国出口产品技术复杂度的特点及其影响因素分析 ［D］. 天津：天津财经大学，2011.

［134］ 于津平，邓娟 . 垂直专业化、出口技术含量与全球价值链分工地位 ［J］. 世界经济与政治论坛，2014（2）.

［135］ 于明远，范爱军 . 结构软化、行业差异与中国制造业国际竞争力 ［J］. 经济与管理研究，2018（6）.

［136］ 于明远 . 生产性服务、结构软化与中国制造业国际竞争力的提升 ［D］. 济南：山东大学，2017.

［137］ 余姗，樊秀峰 . 中国制造业出口技术复杂度变迁及其影响机制分析——基于价值链分工视角 ［J］. 经济经纬，2016（1）.

［138］ 樊茂清，黄薇 . 基于全球价值链分解的中国贸易产业结构演进研究 ［J］. 世界经济，2014（2）.

［139］ 张定胜，刘洪愧，杨志远 . 中国出口在全球价值链中的位置演变——基于增加值核算的分析 ［J］. 财贸经济，2015（11）.

［140］ 张海燕 . 基于附加值贸易测算法对中国出口地位的重新分析 ［J］. 国际贸易问题，2013（10）.

［141］ 张杰，陈志远，刘元春 . 中国出口国内附加值的测算与变化机制 ［J］. 经济研究，2013（10）.

［142］ 张福 . 制造业与生产性服务业融合研究——价值链分解与整合视角下 ［J］. 现代商贸工业，2016，37（25）.

［143］ 张端阳 . 国外服务标准化研究综述 ［J］. 东北大学学报（社会科学版），2012，14（4）.

［144］ 张茉楠 . 全球价值链发展与下一代贸易规则 ［J］. 宏观经济管理，2015（11）.

［145］ 张其仔 . 开放条件下我国制造业的国际竞争力 ［J］. 管理世界，2003（8）.

［146］ 张小蒂，孙景蔚 . 基于垂直专业化分工的中国产业国际竞争力分析 ［J］. 世界经济，2006（5）.

［147］ 张艳，唐宜红，周默涵 . 服务贸易自由化是否提高了制造业企业生产效率 ［J］.

世界经济, 2013 (11).

[148] 张咏华. 中国制造业在国际垂直专业化体系中的地位——基于价值增值角度的分析 [J]. 上海财经大学学报, 2012 (5).

[149] 张雨, 戴翔. 什么影响了服务出口技术复杂度——基于全球 112 个经济体的实证研究 [J]. 国际贸易问题, 2015 (7).

[150] 赵亚普, 张文红. 我国制造企业服务转型的挑战及对策: 惰性理论视角 [J]. 科学学与科学技术管理, 2012 (4).

[151] 郑海涛, 任若恩. 多边比较下的中国制造业国际竞争力研究: 1980—2004 [J]. 经济研究, 2005 (12).

[152] 郑海涛, 任若恩. 中国制造业国际竞争力的比较研究——基于中国和德国的比较 [J]. 中国软科学, 2004 (10).

[153] 郑玉, 戴一鑫. 全球价值链背景下制造业投入服务化对产业国际竞争力的提升效应——基于跨国 - 行业面板数据的经验研究 [J]. 财经论丛, 2018 (7).

[154] 周大鹏. 制造业服务化对产业转型升级的影响 [J]. 世界经济研究, 2013 (9).

[155] 周大鹏. 制造业服务化演化机理及发展趋势研究 [J]. 商业研究, 2013 (1).

[156] 周杰, 薛有志, 李小玉. 制造企业服务化转型价值效应研究——产业竞争程度的调节作用 [J]. 科技进步与对策, 2018, 35 (8).

[157] 周名丁, 胡查平. 制造业服务化: 驱动力、利益与挑战研究述评 [J]. 贵州社会科学, 2016 (6).

[158] 周念利, 郝治军, 吕云龙. 制造业中间投入服务化水平与企业全要素生产率——基于中国微观数据的经验研究 [J]. 亚太经济, 2017 (1).

[159] 周鹏, 余珊萍, 韩剑. 生产性服务业与制造业价值链升级间相关性的研究 [J]. 上海经济研究, 2010 (9).

[160] 周升起, 兰珍先, 付华. 中国制造业在全球价值链国际分工地位再考察——基于 Koopman 等的 "GVC 地位指数" [J]. 国际贸易问题, 2014 (2).

[161] 朱建国, 苏涛, 王骏翼. 产业国际竞争力内涵初探 [J]. 世界经济文汇, 2001 (1).

[162] 祝树金, 张鹏辉. 中国制造业出口国内技术含量及其影响因素 [J]. 统计研究, 2013 (6).

[163] 庄芮, 方领. 基于国际竞争力比较的中日韩服务贸易谈判问题探析 [J]. 国际贸易问题, 2013 (9).

[164] Amiti M, Freund C L. The Anatomy of China's Export Growth [J]. World Bank Policy Research Working Paper Series, 2008, 4628.

[165] Antràs P, Chor D, Fally T, et al. Measuring the Upstreamness of Production and Trade Flows [J]. American Economic Review, 2012, 102 (3).

[166] Araujo L. Spring M. Services, Products, and the Institutional Structure of Production [J]. Industrial Marketing Management, 2006, 35 (7).

[167] Arnold J M, Javorcik B S, Mattoo A. Does Services Liberalization Benefit Manufacturing Firms? Evidence from the Czech Republic [J]. Journal of International Economics, 2011, 85 (1).

[168] Backer K, Miroudot S. Mapping Global Value Chains [Z]. WIOD Conferences Paper, 2012.

[169] Baines T S, Lightfoot H W, Benedettini O, et al. The Servitization of Manufacturing: A review of Literature and Reflection on Future Challenges [J]. Journal of Manufacturing Technology Management, 2009, 20 (5).

[170] Bair J, Peters E D. Global Commodity Chains and Endogenous Growth: Export Dynamism and Development in Mexico and Honduras [J]. World Development, 2006, 34 (2).

[171] Balassa B. Trade Liberalisation and "Revealed" Comparative Advantage [J]. Manchester School, 1965, 33 (2).

[172] Baldwin J R, Yan B. Global Value Chains and the Productivity of Canadian Manufacturing Firms [J]. Economic Analysis Research Paper Series, 2014 (3).

[173] Baldwin R, E Robert Nicoud. Trade – in – Goods and Trade – in – Tasks: An Integrating Framework [J]. Journal of International Economics, 2014, 92 (1).

[174] Ballantyne D, Varey R J. Introducing a Dialogical Orientation to the Service – Dominanlogic of Marketing [R]. New York: Sharpe, 2006.

[175] Berry L L, Parasuraman A. Marketing Services: Competing Through Quality [M]. NY: The Free Press, 1991.

[176] Bitner M J. Services Marketing: Perspectives on Service Excellence [J]. Journal of Retailing, 1997, 73 (1).

[177] Bowen D E, Wadley C A. Designing a Strategic Benefits Program [J]. Compensation and Benefits Review, 1989 (5).

[178] Brax S A. Manufacturer Becoming Service Provider – Challenges and a Paradox [J]. Manufacturing Service Quality, 2005, 15 (2).

[179] Cabral M H, Veiga P. Determinants of Export Diversification and Sophistication in Sub – Saharan Africa [J]. Social Science Electronic Publishing, 2010 (wp550).

[180] Choudhri E, Schembri. Produetivityporfermance and international competitiveness: An old text reensidered [J]. The Canadian Journal of Economices, 2002, 35 (2).

[181] Chung W C, Lau H. Development of an architecture for a hybrid manufacturing information system [J]. Engineering with Computers, 2000, 16 (16).

[182] Cobb C W, Douglas P H. A Theory of Production [J]. American Economic Review, 1928, 18 (1).

[183] Cooper T, Evans S. Products to Services [R]. Sheffield: The Centre for Sustainable Consumption, Sheffield Hallam University, 2000.

[184] Dani, Rodrik. What's so Special about China's Exports? [J]. China & World Economy, 2006, 14 (5).

[185] Daudin G, Rifflart, C. and Schweisguth, D. Who Produces for Whom in the World Economy? [J]. Canadian Journal of Economics, 2011, A (1).

[186] Dowling Grahame R, Richard Staelin. A Model of Perceived Risk and Intended Risk – Handling Activity [J]. Journal of Consumer Research, 1994, 21 (6).

[187] Engin A B. Comparative Analysis for Periodical and Random Servicing Systems Considering Different Working Circum – Stances: A Textile Application [J]. Journal of Manufacturing Systems, 2009, 28 (4).

[188] Falk M, Peng F. The Increasing Seruice Intensity of European Manufacturing [J]. The Service Industries Journal, 2013, (15 – 16).

[189] Fishbein B, McGarry L S, Dillon P S. Leasing: A Step Toward Producer Responsibility [M]. NY: Inform, 2000.

[190] Foster McGregor N, StehrerR. Value Added Content of Trade: A Comprehensive Approach [J]. Economics Letters, 2013, 120 (2).

[191] Francois J F. Trade in Producer Services and Returns due to Specialization under Monopolistic Competition [J]. Canadian Journal of Economics, 1990, 23 (1).

[192] Francois, Woerz. Producer Services, Manufacturing Linkages and Trade [J]. Journal of

Industry, 2008 (3) .

[193] Friedman D. Evolutionary games in economics [J] . Econometrica, 1991, 59 (3) .

[194] Friedman D, Fung K C. International trade and the internal organization of firms: an evolutionary approach [J] . Journal of International Economis, 1996, 41 (1 - 2) .

[195] Gadrey J. The Characterization Of Goods and Services: An Alternative Approach [J]. Review of Income and Wealth, 2000, 46 (3) .

[196] Gebauer, Fischer T, Fleisch E. Exploring the Interrelationship among Pattems of ServiceStrategy Changes and Organizational Design Elements [J] . Journal of Service Management, 2010, 21 (1) .

[197] Gebauer H, Fleisch E. Managing Sustainable Service Improvements in Manufacturing Companies [J] . Kybemetes, 2007, 36 (6) .

[198] Gebauer H, Fleisch E, Friedli T. Overcoming the Service Paradox in Manufacturing Companies [J] . European Management Journal, 2005, 23 (1) .

[199] Gebauer H, Friedli T, Fleisch E. Success Factors for Achieving High Service Revenues in-Manufacturing Companies [J] . Journal of Business and Industrial Marketing, 2006, 13 (3) .

[200] Gereffi G, Korzeniewicz M. Commodity Chains and Global Capitalism [M] . Westport, CT: Praeger Publishers, 1994.

[201] Gereffi G, Humphrey J, Sturggeon T. The Governance of Global Value Chains: An Analytic Framework [J] . The Bellagio Conference on Global Value Chains, 2003 (4) .

[202] Gereffi G. A commodity chains framework for analyzing global industries [Z] . Working paper for IDS, 1999.

[203] Gereffi G. Beyond the Producer – driven/Buyer – driven Dichotomy – the Evolution of Global Value Chains in the Era [J] . IDS Bulletin, 2001a, 32 (3) .

[204] Glasmeier A, Howland M. Service – Led Rural Development: Definitions, Theories, and Empirical Evidence [J] . International Regional Science Review, 1993, 16 (1 - 2) .

[205] Grossman G M, Helpman E. Innovation and Growth in the Global Economy [M]. Cambridge, Mass: MIT Press, 1991.

[206] Gulati R, Nohria N, Zaheer A. Strategic Networks [J] . Strategic Management Journal, 2000, 21 (3) .

[207] Harding T, Javorcik B S. A Touch of Sophistication: FDI and Unit Values of Exports [J].

CEPR Discussion Papers, 2009.

[208] Hausmann R, Rodrik D. Economic Development as Self – discovery [J] . Journal of Development Economcs, 2003 (72) .

[209] Hausmann R, Hidalgo C. Country Diversification, Product Ubiquity, and Economic Divergence [Z] . CID Working Paper, 2010.

[210] Hausmann R, Huang Y, Rodrik D. What you Export Matters [J] . Journal of Economic Growth, 2007, 12 (1) .

[211] Helpman E. P. Krugman. Market Structure and Foreign Trade: Increasing Returns, Imperfect Competition, and the International Economy [M] . Cambridge, Mass: MIT Press, 1985.

[212] Hidalgo C A, Klinger B, Barabási A L, et al. The Product Space Conditions the Development of Nations [J] . Science, 2007, 317 (5837) .

[213] Hobo M, Watanabe C, Chen C J. Double Spiral Trajectory Between Retail, Manufacturing and Customers Leads a Way to Service Oriented Manufacturing [J] . Technovation, 2006, 26 (7) .

[214] Hobrook, Morris B. Consumption Experience, Customer value and Subjective Personal Inteospection: An Illustrative Photographic Essay [J] . Journal of Business Research, 2006, 59 (6) .

[215] Hoen A R, Oosterhaven J. On the Measurement of Comparative Advantage [J] . Annals of Regional Science, 2006, 40 (3) .

[216] Howard M B, Caldwell N D. Procuring Complex Performance: Studies of Innovation in Product Service Management [M] . New York: Routledge, 2010.

[217] Hummels D J, Ishii K, Yi M. The Nature and Growth of Vertical Specialization in World Trade [J] . Journal of International Economics, 2001, 54 (1) .

[218] Humphrey J, Schmitz H. How does insertion in global value chains affect upgrading in industrial clusters? [J] . Regional studies, 2002, 36 (9) .

[219] Humphrey J. Upgrading in Global Value Chains [J] . Ilo Working Papers, 2004.

[220] Ivanka V K, Bart Van L. Servitization: Disentangling the Impact of Service Business Model Innovation on Manufacturing Firm Performance [J] . Journal of Operations Management. 2013, 31 (4) .

[221] Jagtap S, Johnson A. Requirements and Use of In – Service Information in an Engineering

Redesign Task: Case Studies From The Aerospace Industry [J]. Journal of the American Society for Information Science and Technology, 2010, 61 (12).

[222] Johnson R C, Noguera G. Accounting for Intermediates: Production Sharing and Trade in Value Added [J]. Journal of International Economics. 2012, 86 (2).

[223] Kaplinsky R, Morris M. Governance Matters in Value Chains [J]. Developing Alternatives, 2003 (3).

[224] Kaplinsky R, Morris M, Readman J. The Globalization of Product Markets and Immiserizing Growth: Lessons From the South African Furniture Industry [J]. World Development, 2002, 30 (7).

[225] Kastalli I V, Looy B V. Servitization: Disentangling the Impact of Services Business Model Innovation on Manufacturing Firm Performance [J]. Journal of Operations Management, 2013, 31 (7).

[226] Kee H, Tang H. Domestic Value Added in Exports: Theory and Firm Evidence from China [J]. American Economic Review, 2016, 25 (2).

[227] Kogut B. Designing Global Strategies: Comparative and Competitive Value – Added Chains [J]. Journal of Development Economics, 1985, 26.

[228] Kommerskollegium. Everybody Is in Services: The Impact of Servicification in Manufacturing on Trade and Trade Policy [Z]. Stockholm Working Paper, 2012.

[229] Koopman R, Wang Z, Wei Shangin. Tracing Value – added and Double Counting in Gross Exports [J]. American Economic Review, 2014 (2).

[230] Koopman R, Powers W, Wang Z, Wei Shangin. Estimating Domestic Content in Exports when Processing Trade is Pervasive [J]. Journal of Development Economics, 2012 (99).

[231] Koopman R, Powers W, Wang Z, Wei Shangin. Give Credit Where Credit is Due: Tracing Value – added in Global Production Chains [Z]. NBER Working Paper, 2011.

[232] Krugman P. Intraindustry Specialization and the Gains from Trade [J]. Journal of Political Economy, 1981, 89 (5).

[233] Krugman P R. Increasing Returns, Monopolistic Competition, and International Trade [J]. Journal of International Economics, 1979, 9 (4).

[234] Krugman P, Richard N, Cooper T N. Srinivasan. Growing World Trade: Causes and Consequences [J]. Brookings Papers on Economic Activity, 1995 (1).

[235] Kumakura M. What's So Special about China's Exports? A Comment [J]. China & World Economy, 2007, 15 (5).

[236] Kwon T, You J. Global Value Chains of East Asia: Trade in Value Added and Vertical Specialization [J]. Asian Economic Journal, 2015, 29 (2).

[237] Lodefalk M. The Role of Services for Manufacturing Firm Exports [J]. Review of World Economics, 2014, 150 (1).

[238] Low P. The Role of Services in Global Value Chains [Z]. Real Sector Working Paper, 2013.

[239] Malleret V. Value Creation Through Service Offers [J]. European Management Journal, 2006, 24 (1).

[240] Martin F, Fei Peng. The Increasing Service Intensity of European Manufacturing [J]. The Service Industries Journal, 2012, 12 (7).

[241] Martinez V, Bastl M, Kingston J, et al. Challenges in Transforming Manufacturing Organisations into Product - Service Providers [J]. Journal of Manufacturing Technology Management, 2010, 21 (4).

[242] Mathe H, Shapiro R. Integrating Service Strategy in the Manufacturing Company [M]. London: Chapman & Hall, 1993.

[243] Mathieu V. Product Services: from a Service Supporting the Product to a Service Supporting the Client [J]. Journal of Business & Industrial Marketing, 2001, 16 (1).

[244] Meijkamp R. Changing Consumer Behavior through Eco - efficient Services: an Empirical Study of Car Sharing in the Netherlands [D]. Delft: Delft University of Technology, 2000.

[245] Meuter, Matthew L, Mary Jo Bitner, Amy L Ostrom, Stephen W Brown. Choosing among Alternative Service Delivery Modes: An Investigation of Customer Trial of Self - Service Technologies [J]. Journal of Marketing, 2005, 69 (2).

[246] Michaely M. Multilateral Balancing in International Trade [J]. American Economic Review, 1962, 52 (4).

[247] Michaely M. Trade, Income Levels, and Dependence [J]. Journal of Development, 1984 (2).

[248] Mont O K. Drivers and Barriers for Shifting towards more Service - oriented Business: Analysis of the PSS Field and Contributions from Sweden [J]. Journal of Sustainable Product Design, 2002 (2).

[249] Neely A. Exploring the Financial Consequences of The Servitization of Manufacturing [J]. Operations Management Research, 2008, 1 (2).

[250] Okuda K, Nishinoa N, Ueda K. Modelling and Theoretical Analysis of membership – type Services in Manufacturing Industries [C]. 45th CIRP Conference on Manufacturing Systems, 2012.

[251] Oliva R, Kallenberg R. Managing the Transition from Products to Services [J]. International Journal of Service Industry Management, 2003, 14 (2).

[252] Peppers Don, Rogers. Enterprise One To One [M]. New York: Doubleday, 1997.

[253] Porter M E. Clusters and New Economics of Competition [J]. Harvard Business Review, 1998 (11).

[254] Porter M E. Competitive Advantages: Creating and Sustaining Superior Performance [M]. New York: The Free Press, 1985.

[255] Prahalad C K, Ramaswamy V. Coopting Customer Competence [J]. Harvard Business Review, 2000, 78 (1).

[256] Raddats C, Easingwood C. Services Growth Options for B2B Product centric Business [J]. Industrial Marketing Management, 2010, 39 (8).

[257] Redding S, Venables A. Economic geography and international inequality [J]. Journal of International Economics, 2004, 62 (1).

[258] Reiskin E D, White A L, Kauffman Johnson J, et al. Sertivization the Chemical Supply Chain [J]. Journal of Industrial Ecology, 2000, 3 (2 – 3).

[259] Rooyen C J V, Esterhuizen D, Doyer O T, et al. How Competitive is Agribusiness in the South African Food Commodity Chain? [J]. Agrekon, 1999, 38 (4).

[260] Rugman A M, Cruz R. The Double Diamond Model of International Competitiveness: the Canadian Experience [J]. Management International Review, 1993, 33 (2).

[261] Sawhney M, Balasubramanian S, Krishnan V. Creating Growth with Services [J]. MIT Sloan Management Review, 2004, 21 (6).

[262] Schott P K. The relative sophistication of Chinese exports [J]. Economic Policy, 2008, 23 (53).

[263] Slack N. Operations Strategy: Will it Ever Realise its Potential [J]. GestaoProducao, 2005 (a), 12 (3).

［264］Stehrer R. Trade in Value Added and the Value Added in Trade ［Z］. WIOD Working Paper, 2012.

［265］Sunghee L, Shijin Y, Daeki K. When is Servitization a Profitable Competitive Strategy? ［J］. International Journal of Production Economics, 2016, 17 （3）.

［266］Szalavetz A. Tertiarization of Manufacturing Industry in the New Economy: Experiences in Hungarian Companies ［J］. Hungarian Academy of Sciences Working Paper, 2003, 3 （134）.

［267］Tian K T, Bearden W, Hunter G L. Consumers Need for Uniqueness: Scale Development and Validation ［J］. Journal of Consumer Research, 2001, 28 （1）.

［268］Timmer M P, Los B, Stehrer R, et al. Fragmentation, Incomes and Jobs: An Analysis of European Competitiveness ［J］. Economic Policy, 2013, 28 （76）.

［269］Toffel M W. Contracting for Sertivization ［Z］. Haas School of Business University of California – Berkeley Working Paper, 2002.

［270］Upward R, Wang Z, Zheng J. Weighing Chinas Export Basket: The Domestic Content and Technology Intensity of Chinese Exports ［J］. Journal of Comparative Economics, 2013, 41 （2）.

［271］Vandermenwe S, Rada J. Servitization of Business: Adding Value by Adding Services ［J］. European Management Journal, 1988, 6 （4）.

［272］Vargo S L, Lusch R F. Evolving to a New Dominant Logic for Marketing ［J］. Journal of Marketing, 2004, 68 （1）.

［273］Vargo S L, Maglio P P, Akaka M A. On Value and Value Co – Creation: Service Systemsand Service Logic Perspective ［J］. European Management Journal, 2008, 26 （3）.

［274］Vollrath T L, VoD H. Investigating the Nature of World Agricultural Competitiveness ［J］. Technical Bulletin, 1988.

［275］Wang Z, Wei S J, Zhu K F. Quantifying International Production Sharing at the Bilateral and Sector Levels ［Z］. NBER Working Paper, 2013.

［276］Wang Z, Wei S J. What Accounts for the Rising Sophistication of China's Exports? ［J］. Nber Working Papers, 2008.

［277］Ward Y, Graves A. Through – life Management: The Provision of Integrated Customersolutions by Aerospace Manufacturers ［Z］. University of Bath Working Paper, 2005.

[278] Weeks R V, J W du Plessis. Servitization: Developing a Business Model to Translate Corporate Strategy into Strategic Projects [J]. IEEE, 2011.

[279] Wezel F C, Lomi A. The Organizational Advantage of Nations: An Ecological Perspective on the Evolution of the Motorcycle Industry in Belgium, Italy and Japan, 1894 – 1993 [J]. Advances in Strategic Management, 2003, 20 (1).

[280] White A L, Stoughton M, Feng L. Sertivization: The Quiet Transition to Extended Product Responsibility [R]. Boston: Tellus Institute, 1999.

[281] Wise R, Baumgartner P. Go Downstream: The New Profit Imperative in Manufacturing [J]. Harvard Business Review, 1999, 77 (5).

[282] Xu B. The sophistication of exports: Is China special? [J]. China Economic Review, 2010, 21 (3).

[283] Zeithaml V A, Brown S W, Bitner M J, et al. Profiting from Service and Solutions [M]. New York: Business Experts, 2014.

附 录

附表 1　各国制造业整体的服务化指数

单位：%

年份	2000	2001	2002	2003	2004	2005	2006	2007	2008	2009	2010	2011	2012	2013	2014
非欧盟发达经济体	31.69	32.65	32.58	32.41	31.99	31.72	31.72	32.07	31.98	32.56	31.88	31.35	31.59	31.95	32.55
美国	31.12	33.48	32.69	31.39	30.56	31.30	30.53	31.02	30.30	29.00	28.84	28.51	29.32	29.64	30.59
加拿大	31.47	33.29	32.96	32.76	32.70	32.92	33.02	33.29	33.30	31.63	31.41	31.00	31.18	31.54	32.16
澳大利亚	33.45	33.36	34.09	34.95	33.90	32.24	32.03	31.75	31.61	34.49	33.26	33.35	34.15	35.34	36.82
日本	32.27	34.83	34.02	32.89	32.39	31.41	31.91	32.51	33.01	34.75	32.54	32.20	31.78	31.25	31.43
韩国	28.17	28.84	29.37	30.07	29.44	29.43	29.36	29.41	28.91	30.10	29.13	28.75	28.64	28.66	29.03
瑞士	29.57	28.41	28.29	28.57	29.05	28.88	29.09	29.64	29.83	30.11	30.94	30.13	30.47	31.07	31.43
挪威	35.78	36.38	36.65	36.21	35.89	35.85	36.08	36.83	36.91	37.85	37.02	35.54	35.59	36.13	36.40
欧盟发达经济体	36.57	37.13	37.42	37.76	38.36	38.48	38.65	38.88	39.52	40.19	39.45	38.69	38.90	39.38	39.47
英国	34.89	36.35	36.97	37.33	37.41	36.85	36.87	37.86	36.36	37.31	34.13	33.53	33.89	34.48	34.80
法国	39.42	40.49	40.65	41.02	41.46	41.43	42.10	42.08	42.29	40.77	40.31	39.98	39.77	40.76	41.07
德国	35.84	36.49	36.70	36.69	36.68	36.99	36.71	37.49	38.02	38.56	36.82	37.02	36.69	37.95	37.69
奥地利	31.90	32.32	33.45	33.58	34.15	34.35	34.35	34.51	35.66	35.07	35.39	35.62	35.30	36.08	36.20
比利时	39.14	38.57	38.59	39.11	39.19	38.45	39.13	39.89	39.27	40.45	39.49	40.10	39.71	43.27	43.35

续表

年份	2000	2001	2002	2003	2004	2005	2006	2007	2008	2009	2010	2011	2012	2013	2014
卢森堡	34.45	35.89	37.05	36.42	39.33	37.84	41.13	38.31	41.24	44.86	45.39	44.02	40.95	42.43	41.80
丹麦	29.60	30.45	30.96	31.09	31.17	32.40	32.30	32.69	33.92	35.23	34.13	34.14	33.20	33.69	33.86
西班牙	36.00	37.14	38.05	38.51	39.03	39.57	39.90	41.09	41.34	40.88	38.68	37.99	38.17	38.54	38.76
葡萄牙	32.50	32.86	33.07	34.06	34.53	34.80	34.66	35.12	35.33	36.31	35.77	36.83	37.49	36.84	36.59
爱尔兰	40.63	38.79	37.63	39.74	41.39	42.94	43.03	44.22	45.71	46.72	48.47	43.95	44.71	43.85	46.35
意大利	40.36	41.41	41.76	42.38	42.44	42.67	42.61	42.85	43.32	42.85	40.66	40.39	41.10	41.97	41.80
瑞典	36.44	37.46	37.70	37.42	37.50	38.11	37.78	37.87	38.71	38.66	36.33	36.62	36.92	37.06	37.69
芬兰	33.72	33.54	33.72	34.15	34.67	35.68	34.66	34.73	37.05	39.44	39.06	38.76	40.65	40.17	39.85
荷兰	40.98	39.24	39.54	40.04	40.83	40.27	39.84	40.88	40.19	40.58	39.66	38.93	39.43	40.17	40.25
希腊	42.66	46.03	45.45	44.79	45.62	44.90	44.72	43.52	44.41	45.19	47.40	42.53	45.48	43.42	41.91
欧盟															
发展中经济体	35.90	36.25	36.28	36.62	35.87	35.65	35.92	35.59	35.92	36.37	36.03	35.78	36.00	36.12	35.91
保加利亚	39.94	38.78	38.39	37.66	39.20	38.73	40.29	37.92	38.77	39.71	41.18	38.68	38.46	38.94	37.93
塞浦路斯	44.91	44.97	42.42	42.85	34.19	29.94	30.65	30.49	31.36	32.95	32.22	32.40	31.86	30.13	32.24
克罗地亚	35.37	35.83	36.03	37.00	37.20	38.79	39.71	39.45	39.67	40.47	41.26	40.94	40.83	40.87	40.77
匈牙利	32.49	33.22	34.16	33.64	33.65	34.64	34.67	35.26	36.06	36.31	35.70	35.51	35.40	35.09	34.40
捷克	29.90	30.81	32.80	33.77	33.71	33.97	34.44	34.67	35.38	36.20	36.12	35.95	35.59	36.11	35.85
斯洛伐克	33.93	33.02	34.49	35.33	33.87	33.25	33.77	33.99	34.38	35.82	34.94	35.11	33.92	34.12	33.14

续表

年份	2000	2001	2002	2003	2004	2005	2006	2007	2008	2009	2010	2011	2012	2013	2014
斯洛文尼亚	32.32	32.56	32.84	33.22	33.76	34.48	35.25	35.82	35.78	35.55	36.42	36.30	35.70	35.48	35.09
波兰	38.49	41.07	41.09	40.36	39.37	40.38	40.19	40.37	40.60	39.19	39.23	38.53	39.05	38.51	38.15
罗马尼亚	34.40	32.85	32.87	33.65	33.35	33.16	32.84	32.93	33.22	33.77	30.75	31.38	34.96	35.21	35.38
爱沙尼亚	33.77	35.09	35.90	35.77	35.53	35.28	35.08	34.71	35.23	36.15	36.34	35.80	36.31	37.09	37.54
立陶宛	35.34	35.72	33.81	33.80	33.11	33.05	32.97	31.60	35.09	34.42	34.07	33.70	32.91	33.69	31.48
拉脱维亚	35.30	35.44	35.67	38.09	37.36	38.17	38.16	37.76	37.37	37.80	36.85	37.13	38.12	37.57	37.48
马耳他	40.59	41.95	41.12	40.92	42.06	39.67	38.92	37.65	34.11	34.40	33.25	33.70	34.88	36.69	37.40
其他发展中经济体	31.08	32.37	32.04	32.35	31.21	31.30	31.20	31.16	30.79	31.96	31.33	30.68	31.10	31.41	32.12
中国	26.38	27.19	27.72	26.96	26.77	27.23	27.60	28.27	27.07	28.49	28.26	27.89	28.79	30.10	31.09
土耳其	37.33	37.48	36.53	35.56	35.33	34.51	35.15	35.24	36.76	37.94	36.23	35.73	37.91	36.75	37.50
墨西哥	28.42	29.42	30.02	30.92	30.36	30.89	30.32	30.86	30.40	31.47	30.56	29.78	29.85	30.70	31.09
印尼	26.22	27.10	26.46	27.92	25.97	25.49	24.71	23.72	22.65	23.35	23.10	22.68	22.71	22.89	23.67
巴西	34.70	35.35	34.85	34.00	32.61	35.65	37.09	37.13	36.36	36.03	36.36	36.04	37.52	37.35	37.63
印度	34.82	36.67	37.00	38.29	37.94	37.58	34.84	33.53	32.53	35.12	33.99	33.54	32.26	33.41	34.89
俄罗斯	31.59	35.48	35.38	37.43	33.41	31.67	32.17	32.76	33.53	36.06	35.43	33.34	33.50	34.34	35.94

数据来源：作者计算，下同。

附表 2　各国制造业整体的国内服务化指数

单位：%

年份	2000	2001	2002	2003	2004	2005	2006	2007	2008	2009	2010	2011	2012	2013	2014
非欧盟发达经济体	22.35	23.21	23.47	23.32	22.50	21.90	21.49	21.46	21.14	22.32	21.43	20.63	20.82	20.87	21.20
美国	26.21	28.73	28.01	26.66	25.38	25.80	24.65	25.00	23.99	23.80	23.24	22.46	23.27	23.40	24.23
加拿大	19.68	20.97	20.89	21.08	20.87	20.59	20.69	21.27	21.21	20.28	19.66	19.38	19.25	19.67	19.80
澳大利亚	25.64	25.87	26.74	28.04	26.77	24.98	24.33	23.58	23.39	26.66	25.91	25.32	26.23	26.95	28.22
日本	28.34	30.47	29.58	28.48	27.60	26.10	25.78	25.66	25.70	28.46	25.92	25.01	24.38	23.07	22.30
韩国	16.83	17.67	18.70	18.97	18.01	17.82	17.32	16.89	14.95	17.04	16.11	14.84	14.84	15.34	16.05
瑞士	15.23	13.70	14.65	14.79	14.77	14.15	13.68	13.91	14.44	15.11	15.72	15.14	14.92	14.79	15.02
挪威	24.52	25.07	25.68	25.21	24.10	23.83	24.00	23.90	24.27	24.89	23.47	22.25	22.89	22.88	22.78
欧盟发达经济体	21.18	21.52	22.03	22.22	22.11	21.91	21.38	21.41	21.08	21.83	19.45	18.54	18.44	18.70	18.61
英国	25.30	26.24	26.83	27.21	27.16	26.47	26.28	26.80	24.99	25.02	20.78	19.69	19.82	21.54	21.64
法国	28.02	28.98	29.42	29.78	29.54	28.98	29.28	28.97	28.99	27.50	25.78	24.97	24.62	25.09	25.12
德国	24.49	25.03	25.97	25.84	25.44	25.25	24.41	24.61	24.89	25.91	23.45	23.17	22.74	23.01	22.78
奥地利	16.79	16.49	17.41	17.39	17.45	16.83	16.59	16.69	17.20	17.79	16.73	16.12	16.00	16.02	15.90
比利时	19.05	19.63	20.17	20.53	20.25	19.53	19.66	19.29	18.30	18.89	14.54	14.48	13.62	13.70	13.38
卢森堡	7.73	7.85	8.83	7.05	6.98	6.93	6.33	5.74	5.35	7.80	6.38	5.79	5.00	4.40	4.48
丹麦	16.38	16.68	16.77	17.19	16.92	17.18	16.62	16.49	16.86	19.21	17.69	17.07	16.63	16.01	16.27

续表

年份	2000	2001	2002	2003	2004	2005	2006	2007	2008	2009	2010	2011	2012	2013	2014
西班牙	21.74	23.39	24.70	25.27	25.42	25.92	25.76	26.54	27.36	27.98	23.89	22.46	22.68	22.72	22.47
葡萄牙	18.67	18.94	19.20	20.05	19.88	19.93	18.97	19.28	18.93	21.24	19.91	19.90	20.72	19.56	19.00
爱尔兰	12.17	10.02	9.60	10.10	10.49	11.67	11.84	12.50	12.35	10.48	8.12	6.68	6.27	7.30	6.88
意大利	30.42	31.30	31.95	32.61	32.33	31.91	30.96	30.83	31.57	31.66	28.05	27.28	28.19	28.47	28.50
瑞典	22.16	22.62	22.98	22.93	22.96	22.90	22.30	21.98	21.93	21.77	19.67	19.80	19.99	20.50	20.40
芬兰	21.41	21.43	21.71	21.68	21.16	20.71	19.68	19.31	19.00	22.23	20.64	20.17	20.91	20.66	21.20
荷兰	25.03	23.75	23.33	23.52	24.21	23.52	22.48	23.74	21.60	19.58	15.40	14.40	13.90	15.38	15.44
希腊	28.33	30.43	31.55	32.14	31.42	30.89	29.49	28.36	26.93	30.35	30.79	26.05	25.52	26.10	25.71
欧盟发展中经济体	18.67	18.47	18.69	18.59	17.36	16.83	16.10	16.00	16.01	17.41	16.15	15.45	15.24	15.26	15.38
保加利亚	21.78	20.78	21.56	20.35	19.33	18.22	17.49	16.21	15.72	21.11	20.52	19.07	17.76	17.87	17.86
塞浦路斯	28.73	28.19	24.97	24.28	17.20	13.05	11.86	11.69	11.73	13.12	12.51	12.73	12.97	11.91	14.82
克罗地亚	22.08	21.95	21.59	22.62	22.93	24.24	24.82	24.52	24.59	27.16	27.48	26.76	26.41	26.36	25.81
匈牙利	9.21	9.77	11.27	10.93	11.05	11.77	10.24	10.39	10.87	11.08	9.65	9.10	8.84	8.60	8.20
捷克	14.14	14.56	16.32	16.96	15.80	15.59	15.49	15.53	16.15	16.57	15.29	14.65	14.05	14.21	13.42
斯洛伐克	15.39	13.56	14.43	15.06	13.42	12.08	11.24	11.46	11.90	12.75	12.07	11.43	9.66	9.24	8.79
斯洛文尼亚	15.94	16.07	16.58	16.74	16.10	15.46	15.46	15.28	15.53	16.41	15.98	15.34	14.85	14.75	14.45

续表

年份	2000	2001	2002	2003	2004	2005	2006	2007	2008	2009	2010	2011	2012	2013	2014
波兰	25.50	28.49	27.98	26.26	25.19	26.51	25.16	24.83	24.77	24.15	21.95	20.88	21.55	21.32	20.86
罗马尼亚	21.05	18.54	19.14	18.84	18.55	18.83	18.83	19.14	20.27	22.14	18.93	18.74	21.11	21.35	21.34
爱沙尼亚	16.42	17.22	18.18	18.12	17.12	16.11	15.43	15.20	14.89	16.60	14.82	13.28	12.36	13.09	13.55
立陶宛	19.63	17.66	17.11	16.53	15.17	13.97	12.99	14.05	13.23	14.73	13.39	12.41	11.85	11.80	11.97
拉脱维亚	21.74	20.62	21.00	22.81	21.44	21.82	20.84	20.45	20.36	22.35	20.33	19.70	19.74	19.81	19.84
马耳他	11.06	12.65	12.82	12.18	12.34	11.15	9.45	9.26	8.15	8.12	7.00	6.78	7.02	8.11	9.05
其他发展中经济体	21.83	22.85	22.67	22.78	21.24	21.16	20.97	20.87	20.49	22.46	21.61	20.92	21.35	21.41	22.33
中国	19.47	20.25	20.17	18.43	17.61	18.04	18.47	18.92	18.60	21.04	20.33	20.31	21.57	22.98	24.63
土耳其	27.04	27.30	25.78	24.26	23.26	22.87	22.70	22.72	23.56	26.32	24.34	22.96	25.61	23.15	24.76
墨西哥	14.39	14.66	15.91	16.71	15.58	16.47	15.55	16.11	15.74	16.79	15.84	15.39	15.35	16.32	16.53
印尼	17.33	17.96	18.45	20.51	17.92	16.58	17.08	16.25	14.97	16.59	16.09	15.56	15.37	15.43	16.14
巴西	29.05	29.15	29.10	28.02	26.82	29.73	31.09	30.84	29.63	30.51	30.86	30.44	31.26	30.63	30.94
印度	28.18	29.33	29.35	30.62	29.19	27.90	24.63	23.28	22.30	25.24	23.91	23.71	22.48	23.78	25.45
俄罗斯	25.88	29.86	29.70	31.45	28.65	26.82	27.58	28.60	29.36	32.23	31.87	29.74	29.71	30.07	31.46

附表3 各国制造业整体的国外服务化指数

单位:%

年份	2000	2001	2002	2003	2004	2005	2006	2007	2008	2009	2010	2011	2012	2013	2014
非欧盟发达经济体	9.34	9.44	9.12	9.09	9.49	9.82	10.22	10.61	10.84	10.24	10.45	10.73	10.77	11.07	11.35
美国	4.91	4.75	4.68	4.72	5.18	5.49	5.88	6.02	6.31	5.21	5.60	6.05	6.05	6.24	6.36
加拿大	11.78	12.32	12.07	11.69	11.83	12.33	12.34	12.02	12.09	11.35	11.75	11.62	11.94	11.87	12.36
澳大利亚	7.81	7.50	7.35	6.91	7.13	7.26	7.70	8.16	8.22	7.83	7.35	8.02	7.92	8.38	8.60
日本	3.93	4.36	4.44	4.42	4.79	5.30	6.13	6.85	7.31	6.29	6.62	7.19	7.41	8.18	9.13
韩国	11.34	11.17	10.67	11.09	11.43	11.61	12.04	12.52	13.95	13.06	13.02	13.91	13.80	13.32	12.98
瑞士	14.33	14.71	13.64	13.78	14.28	14.73	15.40	15.73	15.39	15.00	15.22	15.00	15.55	16.29	16.41
挪威	11.26	11.31	10.97	11.01	11.79	12.02	12.07	12.93	12.64	12.96	13.55	13.30	12.70	13.25	13.62
欧盟发达经济体	15.39	15.62	15.39	15.54	16.25	16.58	17.28	17.47	18.44	18.37	19.99	20.16	20.46	20.68	20.85
英国	9.58	10.11	10.14	10.12	10.25	10.37	10.60	11.06	11.37	12.29	13.35	13.84	14.08	12.94	13.15
法国	11.40	11.50	11.23	11.23	11.91	12.45	12.82	13.11	13.31	13.27	14.53	15.01	15.15	15.68	15.96
德国	11.35	11.46	10.74	10.85	11.24	11.74	12.31	12.88	13.13	12.65	13.37	13.85	13.95	14.94	14.91
奥地利	15.11	15.83	16.05	16.19	16.70	17.52	17.76	17.82	18.46	17.29	18.67	19.50	19.30	20.06	20.30
比利时	20.09	18.94	18.42	18.58	18.95	18.92	19.47	20.60	20.98	21.56	24.95	25.63	26.10	29.57	29.97
卢森堡	26.73	28.04	28.21	29.37	32.36	30.91	34.80	32.56	35.89	37.06	39.01	38.22	35.95	38.03	37.32
丹麦	13.22	13.78	14.19	13.90	14.25	15.22	15.68	16.20	17.06	16.02	16.44	17.07	16.57	17.67	17.59

续表

年份	2000	2001	2002	2003	2004	2005	2006	2007	2008	2009	2010	2011	2012	2013	2014
西班牙	14.26	13.75	13.34	13.24	13.61	13.66	14.13	14.55	13.98	12.90	14.79	15.53	15.49	15.82	16.29
葡萄牙	13.83	13.92	13.87	14.01	14.65	14.87	15.69	15.85	16.41	15.07	15.86	16.94	16.77	17.27	17.59
爱尔兰	28.46	28.77	28.03	29.64	30.89	31.27	31.19	31.71	33.36	36.24	40.35	37.26	38.44	36.55	39.47
意大利	9.94	10.11	9.81	9.77	10.11	10.76	11.64	12.02	11.75	11.19	12.61	13.11	12.91	13.50	13.29
瑞典	14.27	14.83	14.71	14.50	14.54	15.21	15.49	15.90	16.78	16.89	16.66	16.82	16.93	16.56	17.29
芬兰	12.31	12.11	12.01	12.47	13.50	14.97	14.98	15.42	18.05	17.22	18.43	18.59	19.73	19.51	18.65
荷兰	15.95	15.49	16.21	16.52	16.62	16.75	17.37	17.15	18.59	21.01	24.26	24.54	25.54	24.79	24.82
希腊	14.34	15.60	13.90	12.64	14.20	14.01	15.23	15.16	17.48	14.84	16.61	16.49	19.96	17.32	16.20
欧盟中发展中经济体	17.23	17.79	17.59	18.03	18.51	18.82	19.82	19.58	19.91	18.96	19.88	20.33	20.76	20.85	20.53
保加利亚	18.15	18.00	16.83	17.30	19.87	20.51	22.80	21.70	23.04	18.60	20.66	19.62	20.71	21.07	20.08
塞浦路斯	16.18	16.79	17.45	18.56	16.98	16.88	18.80	18.80	19.64	19.83	19.71	19.67	18.89	18.22	17.42
克罗地亚	13.29	13.87	14.44	14.37	14.26	14.55	14.89	14.93	15.08	13.31	13.78	14.19	14.42	14.51	14.96
匈牙利	23.28	23.45	22.89	22.71	22.60	22.87	24.42	24.87	25.19	25.23	26.05	26.41	26.56	26.49	26.20
捷克	15.75	16.25	16.48	16.81	17.90	18.38	18.95	19.14	19.23	19.64	20.82	21.30	21.54	21.90	22.44
斯洛伐克	18.53	19.46	20.06	20.27	20.44	21.17	22.54	22.54	22.48	23.06	22.88	23.68	24.26	24.89	24.35
斯洛文尼亚	16.38	16.49	16.26	16.48	17.65	19.03	19.80	20.54	20.25	19.14	20.44	20.96	20.85	20.73	20.64

续表

年份	2000	2001	2002	2003	2004	2005	2006	2007	2008	2009	2010	2011	2012	2013	2014
波兰	12.99	12.58	13.11	14.10	14.18	13.87	15.03	15.54	15.83	15.05	17.28	17.65	17.50	17.19	17.29
罗马尼亚	13.35	14.31	13.73	14.81	14.80	14.33	14.01	13.79	12.95	11.62	11.82	12.64	13.85	13.86	14.04
爱沙尼亚	17.35	17.87	17.72	17.65	18.41	19.17	19.64	19.51	20.35	19.55	21.52	22.52	23.95	24.00	23.99
立陶宛	15.71	18.06	16.70	17.27	17.94	19.08	19.98	17.55	21.87	19.70	20.69	21.29	21.06	21.89	19.51
拉脱维亚	13.56	14.81	14.67	15.28	15.92	16.35	17.32	17.31	17.01	15.45	16.52	17.43	18.38	17.77	17.64
马耳他	29.52	29.30	28.29	28.74	29.71	28.52	29.47	28.39	25.96	26.29	26.25	26.92	27.87	28.58	28.35
其他发展中经济体	9.25	9.52	9.37	9.58	9.97	10.14	10.23	10.29	10.30	9.50	9.72	9.77	9.75	10.00	9.78
中国	6.91	6.94	7.55	8.54	9.16	9.18	9.13	9.35	8.47	7.45	7.93	7.58	7.21	7.12	6.46
土耳其	10.29	10.18	10.75	11.30	12.07	11.63	12.44	12.52	13.20	11.62	11.90	12.78	12.30	13.60	12.74
墨西哥	14.03	14.76	14.11	14.22	14.78	14.42	14.77	14.76	14.67	14.67	14.72	14.39	14.50	14.38	14.56
印尼	8.89	9.14	8.01	7.41	8.05	8.91	7.63	7.47	7.68	6.77	7.01	7.12	7.34	7.46	7.53
巴西	5.65	6.20	5.75	5.98	5.79	5.92	6.00	6.28	6.73	5.52	5.49	5.59	6.26	6.73	6.69
印度	6.65	7.33	7.65	7.67	8.75	9.68	10.22	10.25	10.24	9.88	10.09	9.82	9.78	9.63	9.44
俄罗斯	5.70	5.62	5.69	5.98	4.76	4.86	4.58	4.16	4.17	3.82	3.56	3.60	3.79	4.27	4.48

附表4　各国制造业整体服务化指数的国内占比

年份	2000	2001	2002	2003	2004	2005	2006	2007	2008	2009	2010	2011	2012	2013	2014
非欧盟发达经济体	70.15	70.32	71.43	71.51	70.03	68.80	67.53	66.71	65.80	68.27	67.17	65.62	65.66	65.12	64.86
美国	84.23	85.82	85.69	84.95	83.06	82.45	80.74	80.60	79.18	82.05	80.57	78.78	79.35	78.95	79.21
加拿大	62.55	62.99	63.39	64.34	63.83	62.54	62.64	63.89	63.70	64.12	62.59	62.53	61.72	62.36	61.58
澳大利亚	76.65	77.53	78.44	80.24	78.96	77.47	75.96	74.28	73.99	77.30	77.90	75.94	76.81	76.28	76.65
日本	87.81	87.48	86.96	86.57	85.21	83.12	80.79	78.94	77.85	81.90	79.65	77.68	76.70	73.83	70.95
韩国	59.75	61.26	63.68	63.10	61.16	60.55	59.00	57.42	51.73	56.60	55.29	51.61	51.81	53.53	55.29
瑞士	51.52	48.23	51.80	51.75	50.83	49.00	47.04	46.93	48.42	50.18	50.82	50.23	48.96	47.59	47.79
挪威	68.52	68.90	70.07	69.61	67.16	66.47	66.54	64.90	65.76	65.76	63.39	62.59	64.31	63.33	62.58
欧盟发达经济体	57.73	57.59	58.45	58.46	57.51	56.75	55.35	54.93	53.48	54.82	50.16	48.57	47.90	48.02	47.82
英国	72.53	72.18	72.57	72.89	72.61	71.85	71.26	70.78	68.72	67.05	60.87	58.73	58.46	62.46	62.20
法国	71.08	71.59	72.37	72.61	71.26	69.95	69.56	68.85	68.54	67.46	63.96	62.46	61.90	61.54	61.15
德国	68.33	68.59	70.75	70.42	69.36	68.27	66.48	65.64	65.47	67.19	63.68	62.59	61.98	60.62	60.43
奥地利	52.63	51.02	52.03	51.79	51.10	48.99	48.29	48.37	48.24	50.72	47.26	45.27	45.34	44.39	43.93
比利时	48.68	50.90	52.26	52.48	51.66	50.79	50.24	48.35	46.59	46.70	36.83	36.10	34.29	31.66	30.86
卢森堡	22.42	21.87	23.85	19.35	17.74	18.31	15.39	14.99	12.97	17.39	14.06	13.17	12.21	10.37	10.71
丹麦	55.35	54.77	54.17	55.29	54.28	53.02	51.45	50.45	49.71	54.52	51.83	50.00	50.08	47.54	48.06

基于服务主导逻辑的中国制造业服务化战略

续表

年份	2000	2001	2002	2003	2004	2005	2006	2007	2008	2009	2010	2011	2012	2013	2014
西班牙	60.39	62.98	64.92	65.63	65.14	65.49	64.57	64.60	66.19	68.45	61.76	59.13	59.42	58.96	57.98
葡萄牙	57.45	57.63	58.06	58.86	57.58	57.28	54.73	54.89	53.57	58.49	55.67	54.02	55.26	53.11	51.93
爱尔兰	29.95	25.83	25.51	25.42	25.35	27.17	27.51	28.28	27.02	22.43	16.75	15.21	14.02	16.66	14.84
意大利	75.37	75.59	76.50	76.94	76.18	74.78	72.67	71.95	72.88	73.89	68.99	67.55	68.59	67.84	68.19
瑞典	60.83	60.40	60.97	61.27	61.23	60.08	59.01	58.03	56.66	56.31	54.13	54.07	54.14	55.31	54.13
芬兰	63.49	63.89	64.38	63.47	61.05	58.04	56.79	55.61	51.29	56.35	52.83	52.03	51.45	51.43	53.20
荷兰	61.08	60.53	59.01	58.75	59.30	58.40	56.41	58.06	53.75	48.24	38.83	36.98	35.24	38.29	38.35
希腊	66.40	66.11	69.41	71.77	68.87	68.80	65.95	65.17	60.64	67.15	64.95	61.24	56.12	60.11	61.34
欧盟发展中经济体	51.67	50.56	51.36	50.60	48.36	46.91	44.50	44.66	44.16	47.44	44.37	42.78	41.82	41.81	42.43
保加利亚	54.54	53.59	56.15	54.05	49.30	47.04	43.42	42.76	40.56	53.15	49.82	49.29	46.16	45.88	47.07
塞浦路斯	63.98	62.68	58.86	56.67	50.32	43.60	38.68	38.35	37.39	39.81	38.84	39.30	40.71	39.52	45.96
克罗地亚	62.43	61.28	59.92	61.15	61.66	62.49	62.49	62.15	62.00	67.10	66.61	65.35	64.69	64.49	63.31
匈牙利	28.34	29.40	33.00	32.48	32.84	33.98	29.55	29.47	30.15	30.52	27.04	25.62	24.98	24.52	23.85
捷克	47.31	47.25	49.76	50.23	46.89	45.90	44.98	44.79	45.65	45.76	42.34	40.75	39.47	39.34	37.43
斯洛伐克	45.37	41.07	41.85	42.63	39.63	36.34	33.27	33.71	34.62	35.61	34.53	32.57	28.48	27.07	26.51
斯洛文尼亚	49.32	49.36	50.49	50.38	47.71	44.82	43.84	42.66	43.40	46.17	43.87	42.26	41.60	41.58	41.17

续表

年份	2000	2001	2002	2003	2004	2005	2006	2007	2008	2009	2010	2011	2012	2013	2014
波兰	66.26	69.37	68.10	65.06	63.97	65.65	62.60	61.51	61.00	61.61	55.95	54.18	55.19	55.36	54.69
罗马尼亚	61.19	56.44	58.24	55.99	55.63	56.78	57.33	58.13	61.02	65.58	61.55	59.71	60.38	60.63	60.32
爱沙尼亚	48.62	49.08	50.64	50.66	48.18	45.66	44.01	43.78	42.25	45.92	40.78	37.11	34.04	35.30	36.09
立陶宛	55.55	49.44	50.60	48.91	45.83	42.26	39.40	44.46	37.69	42.79	39.29	36.82	36.01	35.02	38.03
拉脱维亚	61.59	58.20	58.88	59.89	57.38	57.17	54.61	54.17	54.48	59.12	55.17	53.05	51.78	52.72	52.94
马耳他	27.26	30.15	31.18	29.77	29.35	28.11	24.29	24.59	23.90	23.59	21.06	20.11	20.12	22.11	24.20
其他发展中经济体	69.39	69.64	69.79	69.32	67.09	66.61	66.32	66.09	65.54	69.23	67.72	67.07	67.40	66.90	68.02
中国	73.82	74.46	72.76	68.34	65.77	66.28	66.91	66.94	68.71	73.85	71.95	72.83	74.94	76.34	79.22
土耳其	72.44	72.85	70.57	68.23	65.83	66.29	64.60	64.47	64.10	69.38	67.16	64.24	67.55	62.99	66.02
墨西哥	50.64	49.83	52.99	54.03	51.32	53.30	51.28	52.19	51.76	53.36	51.84	51.68	51.43	53.15	53.16
印尼	66.10	66.27	69.74	73.46	69.00	65.04	69.12	68.49	66.11	71.03	69.64	68.60	67.68	67.40	68.20
巴西	83.71	82.46	83.51	82.41	82.24	83.40	83.82	83.07	81.48	84.69	84.89	84.48	83.31	81.99	82.23
印度	80.91	80.00	79.32	79.97	76.95	74.24	70.68	69.44	68.53	71.86	70.32	70.71	69.70	71.17	72.94
俄罗斯	81.94	84.16	83.93	84.02	85.76	84.67	85.75	87.31	87.56	89.39	89.94	89.21	88.69	87.57	87.54

附表 5　各国劳动密集型制造业的服务化指数

单位:%

年份	2000	2001	2002	2003	2004	2005	2006	2007	2008	2009	2010	2011	2012	2013	2014
非欧盟发达经济体	32.99	33.39	33.97	34.09	34.10	34.25	34.81	35.38	35.37	35.08	34.89	35.04	35.15	34.97	34.85
美国	33.43	34.88	34.94	35.05	33.59	34.90	34.09	34.26	34.46	32.43	33.07	33.91	34.63	35.23	35.91
加拿大	37.52	38.20	38.58	38.70	37.89	38.45	38.66	38.77	38.58	36.84	36.64	38.12	38.08	38.34	38.44
澳大利亚	33.56	32.70	34.98	34.10	35.31	34.38	36.47	35.66	35.05	36.17	35.68	36.07	36.47	34.97	34.33
日本	33.19	34.27	34.31	34.16	34.52	34.64	36.03	36.52	35.59	35.43	33.91	33.78	33.32	32.45	32.21
韩国	29.41	30.16	30.11	30.72	30.57	30.11	30.96	31.99	31.47	31.15	32.00	31.43	31.57	31.25	31.29
瑞士	31.59	31.27	31.52	31.98	32.57	32.65	32.87	33.31	33.45	34.70	35.73	33.99	34.54	35.86	35.82
挪威	32.26	32.26	33.33	33.93	34.22	34.65	34.54	37.14	39.02	38.83	37.21	37.98	37.42	36.70	35.96
欧盟发达经济体	36.94	37.43	37.97	38.46	38.51	39.65	39.99	40.13	41.13	41.37	40.53	40.20	40.19	39.90	40.21
英国	35.19	35.50	36.62	36.78	37.36	36.49	36.86	37.37	37.05	35.66	32.04	32.00	31.55	30.44	31.28
法国	37.24	37.92	38.21	38.21	38.52	39.48	40.63	40.58	41.41	40.65	40.55	39.66	39.41	40.14	40.25
德国	38.43	38.98	39.77	40.25	39.84	40.85	40.75	41.61	42.42	42.77	42.08	42.32	42.04	42.66	42.70
奥地利	32.07	32.32	33.60	34.58	34.30	35.27	35.33	35.40	37.70	37.62	37.62	37.85	37.45	38.46	38.42
比利时	41.15	41.62	41.58	41.95	41.35	41.28	41.62	42.31	43.01	42.84	41.83	42.91	42.40	43.21	43.36
卢森堡	32.55	34.72	34.04	34.39	38.66	38.20	38.97	39.02	42.14	44.37	44.14	41.08	38.20	39.62	39.89
丹麦	31.53	31.42	32.44	33.17	33.23	35.73	36.08	35.96	37.14	38.60	37.76	38.46	38.14	39.90	39.43

续表

年份	2000	2001	2002	2003	2004	2005	2006	2007	2008	2009	2010	2011	2012	2013	2014
西班牙	36.08	37.40	38.50	38.67	39.61	40.24	41.08	41.54	41.89	41.45	38.55	38.54	39.16	38.99	39.24
葡萄牙	32.38	32.69	32.17	32.77	33.32	33.47	32.89	33.14	33.39	34.24	33.87	34.85	36.12	35.32	35.09
爱尔兰	39.72	39.41	40.56	41.45	41.07	42.51	42.47	43.96	44.81	46.32	46.96	45.13	45.82	44.99	47.58
意大利	42.86	43.34	43.69	44.74	44.80	45.46	45.27	45.59	46.01	45.04	42.25	41.74	41.85	42.06	41.95
瑞典	34.93	34.80	35.50	36.19	37.52	40.22	39.26	39.43	41.30	38.22	39.03	39.36	38.96	39.56	40.00
芬兰	32.85	31.59	33.85	36.12	36.52	37.57	37.28	37.86	39.61	42.06	41.86	42.07	42.52	42.45	42.83
荷兰	38.49	39.31	40.72	40.31	40.29	39.83	40.80	41.21	43.01	40.26	37.41	37.46	37.53	32.37	32.94
希腊	48.64	50.36	48.33	47.31	41.25	48.14	50.52	47.01	45.99	50.51	52.09	49.50	51.65	48.40	48.17
欧盟发展中经济体	33.03	33.07	33.31	33.88	33.75	33.98	34.29	34.38	34.32	35.02	34.37	34.58	34.92	35.22	35.17
保加利亚	34.19	31.22	32.93	32.30	34.19	33.59	34.37	34.20	33.39	36.50	37.59	34.35	34.78	36.03	35.23
塞浦路斯	31.35	32.81	30.78	30.44	29.72	30.55	30.67	30.95	31.09	32.31	31.33	32.00	35.24	34.10	36.77
克罗地亚	36.07	36.41	35.62	36.80	36.05	37.44	37.87	37.43	37.24	38.72	39.65	40.58	40.44	41.01	40.95
匈牙利	29.35	29.50	30.48	31.88	31.87	33.69	34.31	35.22	36.52	35.80	36.44	36.52	36.20	35.21	34.45
捷克	28.39	28.85	30.28	30.97	31.81	32.38	33.44	34.64	35.03	35.34	36.65	36.45	36.28	36.72	36.50
斯洛伐克	31.60	32.10	32.98	33.94	33.60	32.51	31.89	31.93	33.37	34.22	30.97	34.67	31.64	30.89	29.87
斯洛文尼亚	31.36	31.62	32.26	33.91	34.13	34.55	35.48	35.21	35.78	35.66	37.18	37.13	36.09	36.08	35.33

续表

年份	2000	2001	2002	2003	2004	2005	2006	2007	2008	2009	2010	2011	2012	2013	2014
波兰	36.95	38.46	40.67	40.30	38.94	39.45	39.16	38.83	39.11	37.46	37.63	38.08	38.64	37.83	37.66
罗马尼亚	30.67	28.27	28.96	29.62	29.23	29.61	29.64	30.21	29.81	32.08	26.85	25.78	31.38	31.26	32.06
爱沙尼亚	35.57	36.07	37.26	37.22	37.24	37.08	37.04	36.47	37.37	37.61	37.75	37.38	36.67	38.09	38.18
立陶宛	32.94	30.81	29.41	28.29	27.60	27.63	28.56	29.96	30.75	31.82	30.28	29.64	29.52	29.60	29.19
拉脱维亚	33.30	33.55	32.19	37.12	35.41	35.35	36.67	34.70	34.74	35.37	33.87	35.31	35.13	36.97	36.88
马耳他	37.61	40.29	39.26	37.60	39.00	37.93	36.61	37.23	31.99	32.34	30.62	31.59	31.92	34.00	34.11
其他发展中经济体	29.60	30.66	30.65	30.77	30.36	30.38	30.38	30.45	30.10	30.71	30.51	30.17	30.46	31.38	32.06
中国	22.55	23.69	24.59	23.57	22.41	22.17	22.36	22.62	21.77	22.09	22.78	22.79	22.85	24.78	25.56
土耳其	35.50	36.26	34.77	33.56	32.69	31.85	32.48	32.86	33.62	33.95	33.11	32.94	34.30	35.00	35.45
墨西哥	26.15	25.95	27.04	28.08	27.96	28.67	27.82	27.60	27.19	28.27	28.22	27.78	27.75	28.43	28.96
印尼	27.77	28.73	26.48	27.28	26.32	26.88	25.47	24.31	22.70	21.91	22.55	22.37	22.51	22.97	23.37
巴西	30.69	31.25	30.83	30.67	30.03	33.07	33.65	34.50	34.58	35.01	35.45	34.80	36.52	36.20	36.69
印度	35.42	37.09	38.57	39.35	40.05	39.67	39.48	38.38	38.38	40.38	39.07	39.66	38.23	39.98	41.40
俄罗斯	28.60	31.86	32.98	33.04	32.70	29.89	30.30	31.78	31.43	32.53	32.53	31.25	32.17	33.67	35.55

附表 6　各国劳动密集型制造业服务化指数的国内占比

年份	2000	2001	2002	2003	2004	2005	2006	2007	2008	2009	2010	2011	2012	2013	2014
非欧盟发达经济体	76.41	76.44	77.10	77.58	76.97	76.64	76.29	75.94	75.42	76.97	76.63	75.54	75.50	75.00	74.87
美国	88.21	89.09	88.88	88.35	87.09	86.72	86.04	85.95	85.19	87.16	86.12	85.20	85.83	85.84	85.90
加拿大	73.70	73.74	74.06	74.78	75.02	74.60	75.20	75.82	75.90	76.18	76.35	75.67	75.61	75.55	74.63
澳大利亚	79.85	81.01	81.54	83.84	83.71	83.57	83.84	83.12	82.66	84.35	84.84	84.62	85.06	83.67	84.02
日本	90.31	89.78	89.60	89.61	89.00	88.16	86.68	85.67	85.11	87.67	86.62	85.08	84.36	83.42	81.59
韩国	70.18	69.82	71.24	71.80	70.75	70.43	70.28	69.43	66.58	69.73	68.71	66.23	65.39	67.02	68.22
瑞士	56.26	54.75	56.99	57.21	56.57	56.12	54.82	55.16	56.47	59.11	60.89	60.15	59.70	58.58	59.19
挪威	76.37	76.90	77.38	77.51	76.62	76.90	77.18	76.44	76.05	74.58	72.85	71.84	72.57	70.93	70.52
欧盟发达经济体	64.48	64.37	65.14	65.27	64.82	64.42	63.63	63.01	62.13	62.59	59.14	58.08	57.73	56.98	56.55
英国	78.79	78.13	78.24	78.39	78.39	77.13	76.64	76.74	75.62	71.63	68.75	66.23	67.70	68.62	70.38
法国	76.94	77.24	77.92	78.29	75.19	74.57	74.62	73.90	73.92	72.79	69.91	68.76	68.28	68.15	67.24
德国	71.27	71.72	73.46	73.50	73.06	72.75	71.82	71.44	71.64	73.08	69.78	69.18	69.13	68.44	68.53
奥地利	59.05	56.97	57.91	57.85	58.03	56.46	56.03	56.35	56.37	58.32	56.20	53.39	54.20	53.02	52.50
比利时	58.33	58.79	59.74	60.49	60.56	60.76	60.62	59.31	57.13	55.86	46.34	46.18	44.07	44.25	42.23
卢森堡	25.82	25.26	26.56	22.42	19.87	20.82	17.57	17.12	15.00	17.56	16.40	16.01	15.54	13.69	14.57
丹麦	58.73	57.94	58.15	59.33	58.92	57.77	55.98	54.86	52.81	56.98	54.07	52.68	52.57	46.91	47.80

续表

年份	2000	2001	2002	2003	2004	2005	2006	2007	2008	2009	2010	2011	2012	2013	2014
西班牙	70.29	71.89	73.25	74.50	74.67	74.71	74.47	74.25	75.62	78.91	74.15	73.05	73.40	73.39	71.89
葡萄牙	66.78	67.27	68.28	69.40	68.31	68.58	67.00	66.83	65.83	69.76	67.25	66.20	67.85	66.10	64.48
爱尔兰	37.07	34.83	35.36	35.61	36.98	38.46	39.61	38.81	38.02	31.56	25.80	25.65	22.88	24.61	21.53
意大利	81.02	80.91	81.50	82.23	82.27	81.78	80.29	79.82	81.02	81.55	77.26	76.33	76.57	75.85	75.60
瑞典	65.69	65.60	66.15	67.09	67.50	66.71	66.09	65.24	64.62	62.51	62.65	62.39	63.03	62.85	61.72
芬兰	74.16	74.21	74.68	74.01	72.82	70.41	69.66	68.95	65.53	69.76	68.06	67.07	66.21	65.87	66.87
荷兰	64.79	65.65	64.94	64.39	65.16	64.87	64.69	64.51	62.21	58.45	51.32	49.09	45.38	43.86	44.30
希腊	78.42	79.13	80.96	81.55	80.53	80.48	79.31	77.03	76.65	80.07	79.10	78.93	79.14	79.10	78.62
欧盟中发展中经济体	58.98	58.22	59.03	58.66	57.25	56.73	55.00	55.15	55.40	58.82	56.39	54.92	53.97	53.60	54.09
保加利亚	65.22	63.64	65.29	63.37	59.72	58.71	57.27	55.77	54.84	67.12	64.46	62.25	60.15	59.22	59.43
塞浦路斯	58.75	60.59	57.99	56.48	52.85	53.30	49.46	48.78	47.10	49.58	50.78	53.23	53.75	51.90	58.38
克罗地亚	64.95	63.87	62.25	63.50	64.13	65.00	65.13	64.78	65.23	69.35	69.19	68.27	67.64	66.90	65.81
匈牙利	37.07	37.98	41.86	42.70	44.81	46.40	42.71	43.09	44.44	44.74	45.33	41.80	41.88	41.01	39.86
捷克	58.07	59.87	62.13	63.16	59.22	58.34	58.95	59.48	60.44	60.08	56.91	54.70	54.55	54.10	52.25
斯洛伐克	64.98	59.81	59.89	60.86	59.18	57.42	53.93	54.41	55.78	61.00	58.32	58.42	51.27	48.96	48.25
斯洛文尼亚	56.09	56.55	57.99	58.37	55.73	52.76	52.00	51.32	51.87	55.45	52.27	50.28	49.00	48.80	48.60

续表

年份	2000	2001	2002	2003	2004	2005	2006	2007	2008	2009	2010	2011	2012	2013	2014
波兰	72.46	74.93	74.14	72.37	71.35	73.05	71.46	70.95	70.74	70.56	66.34	64.47	65.63	65.58	64.76
罗马尼亚	64.60	60.24	61.55	59.77	59.11	60.25	61.31	62.25	65.52	70.27	66.41	65.73	67.70	68.70	68.60
爱沙尼亚	55.84	56.15	57.69	58.15	56.61	55.48	54.12	54.58	53.25	56.70	53.91	53.01	50.06	50.65	52.31
立陶宛	65.89	61.39	62.52	61.59	60.49	58.59	55.84	57.65	57.33	63.93	57.76	54.61	54.13	52.75	53.51
拉脱维亚	67.07	64.17	65.67	65.83	65.05	63.84	61.18	60.90	61.92	66.40	62.02	59.39	58.00	58.16	59.08
马耳他	35.74	37.64	38.42	36.46	36.05	34.38	31.60	33.04	31.68	29.50	29.30	27.75	27.90	30.02	32.35
其他发展中经济体	74.90	75.62	75.62	75.30	74.19	74.31	75.06	74.99	75.03	77.72	76.24	75.56	76.50	76.61	76.93
中国	76.26	77.30	76.60	74.37	72.10	73.33	74.64	75.47	77.45	81.66	80.75	81.27	83.01	84.31	85.79
土耳其	75.25	77.19	74.91	73.67	72.94	73.94	73.44	73.07	73.80	75.79	73.76	70.48	72.58	71.06	71.77
墨西哥	65.22	65.96	67.50	66.72	66.01	67.42	67.29	67.13	68.02	70.46	68.82	67.80	67.91	69.20	68.48
印尼	68.89	69.36	72.74	76.85	73.85	71.48	74.99	75.26	72.84	76.68	75.49	74.03	73.97	73.45	73.81
巴西	86.65	86.27	86.89	86.24	86.59	88.36	88.74	87.46	86.49	88.55	88.66	88.44	87.64	86.50	86.80
印度	85.29	84.65	84.22	84.69	82.63	80.63	82.48	82.51	83.15	82.45	81.38	82.81	85.63	86.99	88.24
俄罗斯	81.30	82.72	82.17	81.60	84.63	84.01	85.39	87.02	86.89	87.84	87.80	87.34	87.24	86.48	86.44

附表 7 各国资本密集型制造业的服务化指数

单位:%

年份	2000	2001	2002	2003	2004	2005	2006	2007	2008	2009	2010	2011	2012	2013	2014
非欧盟发达经济体	31.49	32.09	32.55	32.38	31.21	30.54	30.87	31.39	31.03	32.56	31.73	30.27	30.98	32.15	33.24
美国	32.33	33.75	34.48	32.37	30.42	30.58	30.54	29.95	27.98	29.46	28.82	26.64	27.53	28.63	29.55
加拿大	29.87	31.32	31.27	31.00	30.21	29.88	29.99	30.40	30.91	27.82	27.52	26.79	26.92	27.15	28.49
澳大利亚	31.56	31.44	31.65	33.66	30.46	28.00	27.11	27.23	27.66	32.31	30.30	30.49	31.44	35.17	38.88
日本	33.08	34.69	35.51	33.71	33.06	31.32	32.81	33.99	33.48	36.51	35.42	33.29	32.95	31.33	31.38
韩国	24.48	24.97	25.58	26.36	25.33	25.62	27.20	28.40	26.74	29.32	28.73	27.09	27.53	28.36	29.64
瑞士	30.45	29.11	29.07	30.21	30.86	30.74	30.64	31.55	32.64	32.62	34.08	33.47	33.38	36.70	35.86
挪威	38.65	39.33	40.30	39.38	38.11	37.64	37.80	38.23	37.76	39.89	37.22	34.11	37.14	37.69	38.87
欧盟发达经济体	35.44	35.40	36.08	36.82	37.50	37.02	37.07	37.46	37.77	39.55	39.20	38.14	37.99	40.62	40.87
英国	31.55	33.67	33.53	34.67	35.36	33.98	33.00	34.79	32.50	33.41	31.23	30.21	30.28	36.11	36.43
法国	39.64	41.00	42.04	42.52	42.81	41.97	43.18	43.37	42.45	42.60	43.04	41.72	41.81	44.31	45.18
德国	36.63	37.08	37.77	37.76	38.16	37.95	37.67	38.47	38.38	39.52	39.09	38.60	37.44	41.74	41.25
奥地利	32.93	32.78	34.21	34.06	34.47	35.29	35.64	36.06	37.69	37.57	36.85	36.75	36.00	36.83	37.47
比利时	39.65	35.58	35.96	36.53	36.96	36.87	38.09	39.22	37.31	40.19	40.39	40.17	39.14	47.53	47.36
卢森堡	35.26	36.70	38.97	37.98	41.14	38.91	43.49	38.96	42.47	48.11	48.08	47.01	43.76	45.98	45.23
丹麦	26.39	28.69	28.21	29.49	28.38	28.73	27.80	28.65	29.23	32.22	32.00	31.15	29.59	30.18	31.41

续表

年份	2000	2001	2002	2003	2004	2005	2006	2007	2008	2009	2010	2011	2012	2013	2014
西班牙	33.20	34.55	36.27	37.25	37.94	39.03	39.78	41.73	40.97	41.15	38.27	36.26	35.69	36.78	37.44
葡萄牙	32.15	33.00	33.35	34.95	35.64	35.77	35.22	36.51	36.19	37.21	36.41	37.14	37.31	36.70	36.50
爱尔兰	34.03	33.43	35.05	37.37	36.60	37.04	34.76	35.96	38.95	40.41	35.37	36.88	37.29	37.83	40.50
意大利	37.89	39.08	39.34	40.20	40.52	40.17	40.31	40.17	40.95	42.34	42.89	42.64	43.16	45.63	45.39
瑞典	34.30	34.12	36.07	36.22	36.88	35.69	35.65	34.96	35.87	40.08	37.95	37.54	37.28	37.99	39.53
芬兰	33.19	33.32	34.50	36.48	35.96	36.05	34.50	35.26	37.25	40.30	41.96	39.41	39.95	41.03	40.92
荷兰	44.82	32.70	31.28	32.18	34.92	33.23	32.75	36.20	33.21	34.42	37.65	35.32	35.91	47.82	47.74
希腊	39.92	45.24	44.58	44.59	46.69	44.60	44.19	41.53	43.13	43.68	46.82	41.32	45.28	42.89	40.67
欧盟															
发展中经济体	39.18	39.82	39.76	39.73	38.18	37.41	37.38	37.05	38.26	38.31	38.34	38.09	37.85	37.52	36.81
保加利亚	41.78	42.83	42.55	42.00	42.13	41.34	42.81	39.45	40.89	41.19	42.79	40.12	39.99	40.26	39.52
塞浦路斯	55.34	55.20	51.37	51.26	42.41	28.80	29.57	29.23	32.80	33.51	31.07	32.80	32.20	31.20	31.48
克罗地亚	36.29	36.13	35.86	36.84	37.35	37.88	39.01	39.17	39.84	39.47	41.72	41.12	40.69	40.27	40.02
匈牙利	35.47	35.67	36.55	36.03	35.05	36.45	36.50	36.78	37.54	38.37	37.10	37.17	36.16	36.10	33.60
捷克	29.35	30.31	31.79	33.22	33.35	33.30	33.85	33.63	34.81	35.01	36.43	36.03	35.29	35.84	35.13
斯洛伐克	39.11	36.25	38.00	37.01	33.67	33.00	33.73	32.66	34.96	35.70	36.31	37.51	35.58	35.45	33.21
斯洛文尼亚	35.31	35.34	34.99	35.40	36.65	36.99	39.03	39.60	39.05	38.37	39.83	39.40	38.75	38.45	37.60

续表

年份	2000	2001	2002	2003	2004	2005	2006	2007	2008	2009	2010	2011	2012	2013	2014
波兰	38.31	43.73	40.95	40.53	37.61	39.02	38.80	38.42	40.11	39.33	38.95	37.76	38.02	38.16	37.70
罗马尼亚	38.26	38.40	37.30	38.83	37.91	37.57	37.07	36.56	37.50	38.59	36.44	37.67	37.44	34.47	35.11
爱沙尼亚	35.78	36.66	37.82	36.90	35.65	35.83	34.72	34.41	35.87	36.78	36.84	35.51	34.95	36.22	36.48
立陶宛	49.29	50.59	49.21	48.34	43.64	40.69	39.85	36.84	41.69	40.32	39.73	38.61	37.49	39.04	35.09
拉脱维亚	43.52	43.74	46.68	43.67	44.48	49.27	45.03	48.22	47.03	46.40	44.91	43.97	46.36	44.08	43.79
马耳他	31.58	32.83	33.83	36.45	36.41	36.21	36.02	36.65	35.30	35.03	36.29	37.43	39.09	38.17	39.75
其他发展中经济体	31.26	32.44	32.18	32.79	30.65	30.44	30.09	30.12	29.72	31.45	30.37	29.43	29.74	29.94	31.02
中国	28.58	28.94	28.98	27.54	27.15	26.91	27.43	28.44	25.95	28.17	27.22	26.49	28.14	29.60	30.76
土耳其	41.16	39.62	38.45	37.50	37.09	35.47	35.80	35.51	37.61	40.03	37.44	37.36	40.49	38.12	39.20
墨西哥	30.18	30.29	31.33	32.27	29.60	30.17	28.97	29.81	28.16	30.52	28.86	26.79	26.25	27.84	28.20
印尼	15.78	17.95	19.12	21.59	19.20	17.66	18.46	18.05	18.60	19.66	18.87	18.54	18.12	18.16	19.56
巴西	39.17	39.91	39.19	36.31	34.40	36.32	38.16	38.47	36.89	36.11	36.75	36.08	37.01	36.92	37.47
印度	32.31	35.22	33.94	36.41	35.21	36.04	30.07	28.58	27.24	29.81	28.99	27.96	25.42	26.42	28.28
俄罗斯	32.03	36.00	35.41	39.56	33.35	31.57	32.04	32.36	34.56	36.84	35.60	33.30	33.40	34.10	35.76

附表 8　各国资本密集型制造业服务化指数的国内占比

年份	2000	2001	2002	2003	2004	2005	2006	2007	2008	2009	2010	2011	2012	2013	2014
非欧盟发达经济体	68.02	68.39	69.92	69.66	67.07	65.32	63.37	62.80	60.54	64.60	63.19	60.76	61.69	61.22	61.88
美国	83.99	86.05	85.04	83.72	80.87	79.53	76.60	76.51	72.78	77.36	76.00	73.57	74.28	75.61	76.80
加拿大	65.45	66.74	66.38	66.60	65.72	63.91	63.94	66.08	63.94	64.09	62.58	62.37	62.06	63.11	63.72
澳大利亚	75.21	75.65	76.90	78.34	75.28	72.41	69.63	67.75	68.08	73.34	73.84	70.26	71.59	72.32	73.01
日本	86.56	86.04	85.86	85.46	83.57	80.13	77.22	74.58	71.39	77.57	74.66	71.63	70.94	66.26	63.14
韩国	48.22	48.94	52.53	50.97	47.17	46.05	44.11	43.87	33.57	42.16	41.45	36.18	37.11	39.19	43.60
瑞士	50.70	48.03	54.41	54.76	53.54	52.26	47.94	49.23	50.27	53.89	55.44	53.83	53.86	50.61	52.31
挪威	66.05	67.26	68.30	67.76	63.32	62.96	64.18	61.55	63.74	63.79	58.35	57.48	62.03	61.42	60.54
欧盟发达经济体	55.73	55.56	56.13	55.96	55.08	53.60	51.21	51.19	48.64	51.67	47.41	45.17	44.08	45.37	45.31
英国	72.70	72.59	71.58	71.46	71.00	69.29	66.99	68.15	62.82	62.97	56.14	52.31	50.48	61.14	58.21
法国	71.50	72.79	73.33	72.69	71.56	68.92	67.33	67.34	64.75	66.53	63.52	61.42	61.49	58.65	59.36
德国	65.50	67.69	70.10	68.65	66.97	64.80	61.89	61.41	60.07	63.72	59.70	56.65	55.44	53.42	52.25
奥地利	55.10	53.90	55.11	53.81	53.42	50.04	48.24	48.55	46.94	50.36	46.64	43.68	44.35	43.13	42.44
比利时	40.40	45.57	46.86	46.04	45.69	44.18	43.85	41.30	40.05	42.33	31.81	31.19	28.99	23.06	22.89
卢森堡	21.32	20.88	22.92	18.39	16.94	17.37	14.60	14.11	12.06	17.15	13.24	12.22	11.23	9.31	9.73
丹麦	54.81	55.73	54.12	54.98	52.58	52.10	51.27	48.93	48.84	53.74	50.72	45.80	47.43	45.65	46.90

续表

年份	2000	2001	2002	2003	2004	2005	2006	2007	2008	2009	2010	2011	2012	2013	2014
西班牙	58.99	62.43	64.51	65.29	64.61	63.70	61.75	62.25	61.86	65.18	58.84	54.05	52.43	52.54	52.33
葡萄牙	55.47	56.30	57.09	58.11	56.76	55.77	53.00	53.69	51.96	55.81	53.17	51.38	51.03	47.94	47.15
爱尔兰	44.19	41.97	41.68	44.53	45.29	45.46	43.83	42.42	42.14	37.93	29.96	31.42	29.11	29.92	27.97
意大利	68.48	69.31	70.60	70.58	69.16	66.55	63.31	62.86	62.89	66.08	64.29	62.55	62.69	60.96	63.15
瑞典	54.46	55.98	56.03	55.49	55.08	52.35	50.89	50.64	47.29	50.37	49.21	48.21	47.22	51.03	49.07
芬兰	53.90	54.07	53.73	51.83	50.22	48.51	45.07	44.68	40.46	47.08	42.27	40.77	40.79	40.24	43.67
荷兰	61.33	49.31	44.37	44.52	45.59	42.20	36.67	43.37	33.66	34.63	30.92	28.10	25.87	47.19	47.01
希腊	57.87	54.93	59.98	62.97	61.33	62.77	59.41	58.16	53.79	61.16	60.79	57.76	52.64	56.39	57.56
欧盟发展中经济体	49.42	48.20	48.40	47.79	46.46	44.59	42.11	42.25	42.08	45.43	42.10	40.74	39.42	38.98	39.61
保加利亚	48.79	47.18	48.65	46.45	42.44	40.02	36.86	35.30	32.54	43.58	41.19	41.37	37.33	37.10	38.70
塞浦路斯	68.27	67.07	63.36	60.09	57.25	36.71	36.33	33.23	34.17	36.18	34.01	38.83	37.32	37.60	39.36
克罗地亚	61.32	59.91	58.37	59.48	59.83	60.80	61.08	61.07	61.96	66.16	64.91	63.10	62.17	61.68	60.06
匈牙利	38.12	38.56	40.41	41.15	41.09	40.63	36.70	35.98	35.17	37.41	32.31	28.75	27.30	26.54	28.33
捷克	47.26	48.06	47.17	51.63	48.91	47.26	45.54	46.07	45.29	47.69	43.73	41.90	40.43	39.45	38.27
斯洛伐克	47.22	41.83	43.12	45.44	43.40	40.56	37.50	39.56	40.31	45.09	41.35	37.23	34.72	32.91	34.65
斯洛文尼亚	50.78	50.49	51.31	50.77	48.55	46.08	44.92	44.09	44.39	47.92	45.48	43.19	42.17	41.32	41.25

续表

年份	2000	2001	2002	2003	2004	2005	2006	2007	2008	2009	2010	2011	2012	2013	2014
波兰	61.23	65.69	65.01	61.57	61.36	61.53	59.05	58.42	57.22	59.89	52.96	50.03	50.77	51.65	51.66
罗马尼亚	58.95	53.28	55.54	52.17	52.79	54.59	55.10	55.50	58.78	64.36	59.11	57.74	58.17	56.98	56.34
爱沙尼亚	44.67	44.82	45.08	44.99	42.20	41.63	40.97	40.43	40.45	44.69	40.70	38.93	36.48	35.68	36.13
立陶宛	38.01	34.72	34.51	34.95	33.72	32.98	29.46	35.37	30.63	27.99	29.98	29.44	27.88	26.35	30.01
拉脱维亚	47.83	41.78	43.23	44.28	43.50	46.98	41.87	44.11	45.28	48.29	44.89	43.79	43.02	43.21	42.48
马耳他	29.98	33.16	33.45	28.27	28.98	29.84	22.10	20.14	20.81	21.36	16.66	15.33	14.64	16.23	17.74
其他发展中经济体	72.80	73.29	73.40	72.51	69.58	68.54	66.63	65.89	65.32	70.44	68.52	67.31	66.41	65.65	67.14
中国	80.38	81.22	80.16	75.93	73.46	73.03	73.56	73.88	73.09	77.58	74.82	73.99	76.43	77.51	80.05
土耳其	69.28	68.42	66.48	63.13	61.21	60.02	56.78	57.54	56.35	65.73	62.91	62.23	66.85	58.49	63.17
墨西哥	71.58	71.79	73.60	74.38	72.53	72.77	71.56	71.28	72.02	73.97	70.66	68.22	66.07	68.04	67.11
印尼	60.35	61.06	65.55	68.67	62.11	58.02	62.14	61.05	63.12	70.73	69.36	67.58	65.59	64.85	65.60
巴西	84.45	82.36	82.94	81.49	80.25	81.74	81.64	80.12	78.59	82.28	82.41	81.66	80.29	78.98	78.91
印度	75.12	75.46	74.46	76.01	72.50	70.44	58.08	55.63	54.91	59.13	58.41	56.22	48.06	49.80	53.60
俄罗斯	84.59	87.19	87.86	87.84	89.02	88.28	89.12	90.51	90.69	91.91	92.50	91.99	91.85	91.23	91.10

附表9 各国技术密集型制造业的服务化指数

单位:%

年份	2000	2001	2002	2003	2004	2005	2006	2007	2008	2009	2010	2011	2012	2013	2014
非欧盟发达经济体	31.59	32.95	32.30	32.07	31.96	31.90	32.02	32.43	32.32	32.41	32.01	31.61	31.41	31.38	31.75
美国	30.44	33.12	31.88	30.38	29.93	30.65	29.78	30.59	30.05	28.06	27.84	27.92	28.73	28.62	29.64
加拿大	28.50	31.11	30.19	29.93	30.66	31.33	31.84	32.52	32.54	31.52	31.67	30.94	31.10	31.23	31.54
澳大利亚	37.09	37.98	37.04	38.48	38.21	37.34	38.33	38.74	37.53	38.04	37.70	37.06	37.54	36.38	36.56
日本	32.08	34.88	33.70	32.67	32.16	31.28	31.52	31.95	32.75	34.13	31.55	31.75	31.33	31.17	31.41
韩国	28.74	29.46	30.00	30.69	30.15	30.21	29.73	29.44	29.36	30.21	29.01	29.00	28.68	28.51	28.66
瑞士	28.92	27.67	27.41	27.49	27.96	27.78	28.07	28.58	28.61	28.79	29.49	28.82	29.20	29.20	29.86
挪威	35.37	36.44	35.85	34.83	34.64	34.67	34.90	35.21	35.41	36.14	36.77	35.81	33.29	34.55	34.54
欧盟发达经济体	36.61	37.23	37.29	37.39	38.06	38.19	38.17	38.83	39.43	39.49	38.48	38.20	38.34	38.07	38.35
英国	35.49	37.07	37.69	38.00	37.89	37.67	37.87	38.87	37.38	38.78	35.35	34.86	35.44	34.83	35.11
法国	39.95	41.06	41.03	41.46	41.92	41.81	42.19	42.12	42.49	40.35	39.52	39.59	39.34	40.08	40.33
德国	35.15	35.86	35.85	35.76	35.72	35.99	35.67	36.46	37.07	37.40	35.20	35.54	35.42	36.06	35.81
奥地利	31.38	32.12	33.09	32.91	33.96	33.54	33.35	33.38	33.74	32.76	33.71	34.08	34.05	34.74	34.73
比利时	37.81	38.65	38.51	39.11	39.48	38.26	38.82	39.35	39.23	39.32	37.65	38.74	38.94	39.64	40.04
卢森堡	33.21	34.22	33.63	33.46	33.28	33.50	34.17	35.16	35.37	35.01	37.73	36.54	34.82	35.08	34.09
丹麦	28.97	30.15	30.53	29.84	30.42	31.09	31.23	32.00	33.69	33.88	32.36	32.39	31.47	30.92	31.22

续表

年份	2000	2001	2002	2003	2004	2005	2006	2007	2008	2009	2010	2011	2012	2013	2014
西班牙	37.08	38.00	38.48	38.88	39.19	39.52	39.47	40.61	41.30	40.49	38.96	38.83	39.37	39.42	39.30
葡萄牙	32.82	32.99	33.97	34.99	35.10	35.43	35.83	35.90	36.41	37.74	37.07	38.33	38.90	38.44	38.16
爱尔兰	41.46	38.83	36.70	39.13	41.73	43.40	43.69	44.80	46.49	47.16	49.85	43.70	44.48	43.42	45.74
意大利	39.76	41.07	41.48	41.82	41.91	42.26	42.29	42.76	43.16	41.91	38.80	38.58	39.65	40.24	40.17
瑞典	37.50	39.31	38.92	38.20	37.68	38.24	38.07	38.45	39.05	38.31	34.65	35.27	36.01	35.77	36.02
芬兰	34.40	34.75	33.40	32.15	33.05	34.67	33.54	33.13	36.00	38.05	36.20	36.54	40.01	38.20	37.26
荷兰	40.90	41.77	41.84	42.64	43.36	43.48	42.58	42.85	42.45	43.68	41.85	41.47	42.25	39.73	39.98
希腊	43.32	42.62	44.30	42.54	46.26	44.06	43.71	46.56	47.64	47.52	48.29	48.53	44.97	44.47	47.22
欧盟发展中经济体	33.42	34.10	34.69	34.87	34.78	34.69	35.07	34.98	34.74	35.69	35.26	34.84	35.32	35.47	35.41
保加利亚	41.16	39.24	38.97	38.12	39.59	38.94	39.54	38.13	39.04	40.46	41.22	39.63	38.69	38.97	37.70
塞浦路斯	27.98	30.12	30.17	30.66	29.12	29.98	31.07	30.67	31.01	33.14	32.90	32.33	30.76	28.95	30.26
克罗地亚	34.31	35.18	36.50	37.28	38.19	40.43	41.66	41.27	41.33	42.35	42.25	41.17	41.28	41.17	41.14
匈牙利	32.77	33.78	34.65	33.60	33.73	34.43	34.36	34.95	35.65	35.98	35.29	34.93	35.05	34.81	34.58
捷克	30.63	31.59	33.79	34.66	34.30	34.63	34.87	35.04	35.65	36.77	35.91	35.82	35.56	36.07	35.96
斯洛伐克	31.06	31.26	32.91	34.94	34.05	33.60	34.25	34.97	34.32	36.16	35.08	34.13	33.60	34.08	33.57
斯洛文尼亚	31.35	31.66	32.12	31.92	32.28	33.31	33.26	34.12	34.17	34.37	34.70	34.58	34.14	33.80	33.77

续表

年份	2000	2001	2002	2003	2004	2005	2006	2007	2008	2009	2010	2011	2012	2013	2014
波兰	39.93	41.94	41.50	40.32	40.54	41.60	41.44	42.13	41.57	40.01	40.13	39.19	39.85	39.09	38.69
罗马尼亚	34.02	32.35	32.45	33.27	32.82	31.28	31.19	31.36	31.24	32.46	29.45	30.74	35.36	37.32	36.89
爱沙尼亚	29.22	31.96	31.54	31.84	32.20	32.21	32.49	32.47	32.27	33.67	34.58	34.61	36.57	36.51	37.36
立陶宛	25.37	25.97	26.25	27.12	26.05	26.04	26.45	28.10	28.22	28.94	29.12	29.46	28.54	29.50	28.50
拉脱维亚	33.69	33.83	36.44	35.53	34.37	33.06	34.52	33.40	32.14	34.04	34.52	33.59	35.44	32.78	32.79
马耳他	42.97	44.37	43.75	44.10	44.97	41.40	40.76	38.15	35.02	35.65	33.22	32.80	34.30	38.05	39.08
其他发展中经济体	32.74	33.87	33.57	33.79	32.78	32.99	33.17	33.00	32.13	33.39	32.98	32.29	32.75	32.96	33.54
中国	28.96	29.59	29.68	28.96	28.98	29.96	30.27	30.89	29.57	31.34	30.52	30.17	31.27	32.39	33.40
土耳其	38.12	38.00	38.04	37.15	37.24	36.89	37.37	37.28	38.76	40.09	38.41	37.15	39.14	37.57	38.58
墨西哥	28.70	30.05	30.51	31.38	31.02	31.52	31.04	31.66	31.40	32.31	31.37	30.97	31.00	31.75	32.16
印尼	34.21	33.27	33.49	36.21	33.12	32.64	31.91	30.14	27.94	29.74	29.36	28.72	28.18	28.08	28.47
巴西	36.42	37.59	36.87	36.36	34.36	37.70	39.64	38.83	37.84	37.33	37.28	37.63	39.23	39.14	39.17
印度	35.08	36.67	36.34	38.13	37.39	36.30	35.20	34.33	33.45	34.72	35.10	34.05	33.84	34.96	36.20
俄罗斯	31.78	35.85	36.14	35.49	33.73	32.44	33.04	33.99	31.96	35.66	36.04	34.11	34.18	35.14	36.52

附表 10　各国知识技术密集型制造业服务化指数的国内占比

年份	2000	2001	2002	2003	2004	2005	2006	2007	2008	2009	2010	2011	2012	2013	2014
非欧盟发达经济体	67.80	67.98	69.00	69.26	68.05	66.99	66.12	65.64	65.11	67.03	66.02	64.78	64.33	63.22	62.64
美国	83.37	85.02	85.01	84.27	82.49	81.98	80.42	80.25	79.39	81.94	80.43	78.73	79.29	78.11	78.08
加拿大	52.37	52.89	53.00	54.67	53.79	52.88	53.54	55.63	56.65	57.44	55.17	55.19	53.83	53.76	52.44
澳大利亚	74.75	75.86	76.37	78.57	77.53	76.63	76.60	75.62	74.78	76.60	76.83	75.68	75.90	72.65	72.50
日本	87.92	87.66	87.05	86.66	85.39	83.58	81.43	79.85	79.56	83.11	81.09	79.51	78.32	75.92	72.98
韩国	59.22	61.44	63.90	63.52	62.24	62.17	61.21	59.51	55.47	59.05	57.62	54.35	54.61	56.13	57.35
瑞士	50.58	46.73	49.92	49.71	48.85	46.66	45.09	44.58	46.19	47.31	47.54	47.19	45.52	44.12	44.12
挪威	66.41	66.28	67.77	67.40	66.08	65.02	64.57	64.01	63.77	63.74	63.47	62.81	62.81	61.87	61.03
欧盟发达经济体	55.95	55.76	56.57	56.53	55.85	55.39	54.49	54.04	53.31	53.50	48.67	47.64	47.49	47.13	46.53
英国	70.94	70.72	71.32	71.73	71.44	71.08	70.87	69.90	68.51	66.81	60.36	58.81	58.51	61.72	61.79
法国	69.52	69.94	70.74	71.14	70.23	69.07	68.90	67.98	68.23	66.08	62.32	60.86	60.09	60.32	59.77
德国	68.34	68.09	70.27	70.13	69.15	68.17	66.57	65.56	65.60	66.57	63.28	62.67	62.06	60.83	60.79
奥地利	48.28	46.89	47.98	47.94	47.10	45.14	44.93	44.78	45.18	46.88	43.09	42.09	41.70	40.96	40.69
比利时	48.53	49.26	51.00	51.57	50.61	50.29	50.16	48.89	46.57	44.51	35.81	35.28	33.86	34.03	32.60
卢森堡	23.71	22.11	24.61	19.58	18.37	18.62	16.59	16.30	14.91	18.20	14.83	14.71	13.18	11.40	10.93
丹麦	52.31	51.79	50.68	51.65	50.68	49.04	47.53	47.49	47.71	52.75	50.41	49.43	49.13	48.71	48.65

续表

年份	2000	2001	2002	2003	2004	2005	2006	2007	2008	2009	2010	2011	2012	2013	2014
西班牙	56.91	59.32	61.33	62.00	61.33	62.40	61.70	61.76	64.33	64.97	57.83	55.96	57.04	56.06	54.53
葡萄牙	47.32	46.73	47.40	48.60	47.71	48.16	46.02	46.09	44.86	49.97	47.55	46.30	48.03	46.09	44.50
爱尔兰	26.23	21.68	20.82	19.89	19.87	21.89	21.92	23.05	21.60	17.94	12.17	8.98	8.03	9.64	7.74
意大利	74.12	74.33	75.33	75.93	75.34	74.17	72.61	71.83	73.25	72.93	66.76	65.37	67.41	66.90	66.49
瑞典	60.95	59.85	60.55	60.86	61.01	60.23	59.41	58.17	57.49	56.27	53.08	53.72	54.31	54.31	53.57
芬兰	60.25	61.19	61.70	61.20	58.42	55.81	56.01	54.22	50.05	53.54	49.75	49.41	48.96	49.35	49.59
荷兰	58.77	60.89	59.22	59.13	60.17	60.23	59.01	60.34	57.50	47.59	36.52	35.40	34.91	31.53	31.78
希腊	73.07	73.67	75.66	76.65	76.38	76.59	75.16	74.28	73.93	77.45	76.31	75.64	75.09	75.07	74.50
欧盟发展中经济体	47.16	46.34	47.13	46.56	44.72	43.70	41.79	41.12	40.84	43.53	41.16	39.50	38.72	38.62	38.48
保加利亚	61.43	59.62	60.28	57.70	54.22	52.96	50.90	48.57	46.82	57.46	55.14	54.79	52.27	51.54	50.83
塞浦路斯	39.06	39.24	38.36	39.54	36.63	38.53	34.98	33.27	32.19	35.49	35.79	36.49	38.39	38.98	42.47
克罗地亚	60.28	59.34	58.39	59.48	60.29	61.14	61.03	60.69	59.91	65.90	65.57	64.02	63.51	63.92	62.77
匈牙利	24.19	25.41	29.55	28.57	29.01	30.38	25.98	25.95	26.63	26.46	22.96	21.88	21.04	20.64	19.87
捷克	44.13	43.58	47.95	46.88	43.41	42.59	42.01	41.46	42.89	42.23	38.95	37.66	35.95	36.08	34.01
斯洛伐克	36.58	32.79	33.91	36.25	32.02	28.16	26.62	27.54	28.16	27.57	28.24	25.85	22.59	21.82	20.90
斯洛文尼亚	44.73	44.91	46.42	46.47	43.95	41.23	40.20	39.03	40.28	42.49	40.66	39.37	39.13	39.56	38.97

续表

年份	2000	2001	2002	2003	2004	2005	2006	2007	2008	2009	2010	2011	2012	2013	2014
波兰	63.68	67.02	64.94	61.46	60.54	63.17	59.64	58.33	58.22	58.04	52.59	51.27	52.12	51.88	50.63
罗马尼亚	60.78	56.54	58.28	56.44	55.87	56.86	57.09	58.32	61.08	64.05	61.26	58.75	58.73	59.01	58.81
爱沙尼亚	33.73	34.15	35.00	35.19	33.25	30.71	29.59	29.32	28.24	29.77	25.43	22.11	19.44	20.18	20.27
立陶宛	60.72	56.62	54.84	53.01	51.09	43.97	39.64	36.75	31.99	38.37	34.68	30.98	30.07	28.73	29.65
拉脱维亚	60.22	57.92	58.82	58.33	55.55	54.46	54.49	53.58	53.80	57.51	54.58	51.67	51.14	49.94	49.62
马耳他	23.54	25.29	25.94	25.88	25.58	23.99	21.07	21.69	20.67	20.50	19.28	18.64	19.01	19.76	21.49
土耳其	69.68	69.04	67.03	64.57	61.69	63.01	62.45	62.35	64.12	67.23	64.97	60.32	63.45	58.28	61.96
其他发展中经济体	65.31	65.20	65.30	65.00	62.79	62.03	62.65	62.61	61.91	65.29	64.07	63.31	63.64	62.95	64.10
中国	69.93	70.37	68.12	63.19	61.11	62.02	62.51	62.47	65.06	70.76	68.95	70.15	72.30	73.60	77.00
墨西哥	44.40	43.67	46.85	48.20	45.00	47.01	45.15	46.34	45.69	46.32	45.26	45.00	46.09	47.58	47.66
印尼	64.96	64.18	67.97	72.24	67.18	61.27	66.99	65.32	59.06	64.52	62.58	62.32	61.02	61.01	61.81
巴西	80.60	78.72	80.49	79.21	79.25	80.21	81.31	81.22	78.78	81.59	81.85	81.70	80.14	78.41	78.33
印度	74.21	73.17	72.84	75.00	71.80	68.59	68.13	67.43	66.25	69.48	70.33	70.81	69.61	71.92	73.44
俄罗斯	78.15	80.48	78.54	77.93	79.95	77.60	78.18	80.42	80.87	84.50	84.33	83.34	82.26	80.44	80.30